터틀트레이딩

터틀트레이딩

| 월스트리트를 뒤흔든 14일간의 투자 수업 |

마이클 코벨 지음 | 오인석 옮김

이레미디어

터틀 트레이딩

초판 1쇄 발행 2019년 5월 10일
　　9쇄 발행 2025년 1월 24일

지은이 마이클 코벨
옮긴이 오인석

펴낸곳 ㈜이레미디어
전　화 031-908-8516(편집부), 031-919-8511(주문 및 관리)
팩　스 0303-0515-8907
주　소 경기도 파주시 문예로 21, 2층
홈페이지 www.iremedia.co.kr
이메일 mango@mangou.co.kr
등　록 제396-2004-35호.

편집 이영주, 김은혜, 이치영 **디자인** 9mm **마케팅** 김하경
재무총괄 이종미 **경영지원** 김지선

ISBN 979-11-88279-50-0 03320

• 가격은 뒤표지에 있습니다.
• 잘못된 책은 구입하신 서점에서 교환해드립니다.
• 이 책은 투자를 위한 참고용이며, 투자 손실에 대해서는 법적 책임을 지지 않습니다.

이 도서의 국립중앙도서관 출판예정도서목록(CIP)은 서지정보유통지원시스템 홈페이지(http://seoji.nl.go.kr)와 국가자료종합목록시스템(http://www.nl.go.kr/kolisnet)에서 이용하실 수 있습니다. (CIP제어번호: CIP2019014393)

"아프리카에서 가젤은 아침에 일어날 때마다
가장 빠른 사자보다 더 빨리 달리지 않으면 죽는다는 사실을 상기한다.
사자도 아침에 깨어나면 가장 느리게 달리는 가젤보다
더 빨리 달리지 않으면 굶어 죽는다는 생각을 한다.
당신이 사자 쪽이든 가젤 편이든 이는 중요하지 않다.
어쨌든 해가 뜨면 달리기 시작해야 한다."

• 아프리카 속담 •

"트레이딩은 내가 상상한 이상으로 얼마든지 가르칠 수 있었다.
가르칠 수 있다고 믿는 사람이 나뿐이라 할지라도…….
정말 상상을 초월한 정도로 얼마든 가르칠 수 있는 것이었다."

• 리처드 데니스Richard Dennis •

이 책은 월가 경험이 없는 다양한 배경의 사람들이 어떻게 백만장자 트레이더로 훈련되었는지에 대한 얘기다. 진짜 돈이 오가고 채용과 해고가 이루어지는 실제 세계에서 펼쳐지는 도널드 트럼프Donald Trump의 리얼리티 쇼 〈어프렌티스The Apprentice〉를 생각해보라. 그들은 뉴욕 길거리에서 아이스크림을 팔려는 게 아니었다. 그들은 백만장자가 되려고 다른 시장에서 주식, 채권, 통화, 원유 따위를 매매했다.

이 책의 이야기는 대중문화에서 공들여 만들어진 월가의 전형적인 성공 이미지, 즉 명성과 인맥이 중요하고 시장을 이기는(사실 시장을 이기는 일은 쉽지 않다) 작은 영웅은 설자리가 없는 그런 이미지를 통째로 날려버린다. 전설적 투자자 벤저민 그레이엄Benjamin Graham은, 애널리스트와 펀드매니저는 대체적으로 시장을 이길 수 없다고 일관되게 말해왔다. 넓은 의미에서 이들이 시장이기 때문이다. 더욱이 학자들은 지난 수십 년간 시장이 효율적이라고 주장해왔다. 이 또한 시장 평균수익률을 초과할 수 없음을 시사한다.

하지만 군중을 따르지 않고 틀에서 벗어나면 시장을 이겨 큰돈을 벌 수 있다. 사람들은 분명 시장과 겨루는 싸움에서 이길 수 있다. 하지만 규칙을 잘 지키고 옳은 자세를 가져야 한다. 그런데 이런 규칙과 자세는 인간의 본성과 정면충돌한다.

내가 "월가의 최고 투자자"라는 제목의 특집기사가 실린 〈파이낸셜 월드Financial World〉 1994년 7월호를 무심코 집어 들지 않았다면 이 수련생 이야기는 여태껏 묻혀있었을지도 모른다. 표지에는 체스를 두고 있는 저명한 펀드매니저 조지 소로스Geroge Soros의 사진이 실려있었다. 그해 그는 11억 달러를 벌었다. 이 기사에는 1993년 월가에서 수입이 가장 많은 100명의 명단과 함께 이들이 어디에 살고 얼마나 돈을 벌었으며 어떻게 수익을 냈는지 설명되어있었다. 조지 소로스가 1위였고 5억 달러를 벌어들인 줄리언 로버트슨Julian Robertson이 2위였다. 2억 달러를 번 브루스 코브너Bruce Kovner는 5위, 5,600만 달러를 거둬들인 KKR의 헨리 크라비스Hency Kravis는 11위에 이름을 올렸다. 루이스 베이컨Louis Bacon과 먼로 트라우트Monroe Trout도 명단에 있었다.

이 수입 순위는 월가에서 '떼돈'을 버는 사람들이 누구인지 명백히 보여주었다. 이들은 틀림없는 '게임'의 최고 선수들이었다. 그런데 뜻밖에도 이들 가운데 한 명이 우리집에서 두 시간 거리인 버지니아 리치몬드 외곽에 살고 있었다.

누군가 하면 25위에 오른 체사피크 캐피탈Chesapeake Capital의 제리 파커 주니어R. Jerry Parker, Jr.였다. 그해 정확히 3,500만 달러를 벌어들인 그는 채 마흔도 되지 않았다. 간단한 이력서에는 리처드 데니스(누굴까?)의 제자이며 "터틀 수련생(뭘까?)"이었다고 적혀있었다. 1983년 리처드 데니스 밑에서 '추세추종 기법'을 배우기 시작할 당시 그는 스물다섯 살의 회계사였다고도 나와 있었다. 아울러 마틴 츠바이크Martin Zweig(누구일까?)의 제자였다고 쓰여있었다. 흥미롭게도 마틴 츠바이크는 그해 수입 순위 33위에 올라있었다. 당시 중요한 것은 '리처드 데니스'나 '마틴 츠바이크'라는 이름이 아니었다. 이들이 제리 파커 주니어를 엄청난 부자로 만들었다는 사실이 중요했다.

100명의 명단을 유심히 살펴본 결과, 이들 가운데 오직 제리 파커 주니어만 '트레이딩 훈련'을 받은 것으로 보였다. 당시 나는 이와 비슷한 방법으로 돈을 벌려고 노력하고 있던 터라 그의 이력에 실질적이고 구체적인 방법이 담겨있지 않았음에도 불구하고 즉시 영감이 떠올랐다. 그는 '버지니아 시골구석' 출신이고 컨트리 음악을 즐기며 가급적 월가에서 멀리 떨어져 지내는 것이 좋다고 자랑스럽게 말하고 다니는 인물이었다. 흔히 알고 있는 전형적인 성공 스토리와는 딴판이었다.

그는 뉴욕이나 런던, 홍콩이나 두바이에 있는 강철과 유리 구조의 80층짜리 초고층 빌딩에서 일해야만 성공했다고 여기는 통념을 여지없이 무너뜨렸다. 제리 파커 주니어 사무실은 버지니아 리치몬드에서 약 50킬로미터 떨어진 인적이 없는 마나킨-사보에 있었다. 기사를 읽은 뒤 곧 그의 사무실을 확인하려고 차를 몰아 도착해보니 정말이었다. 주차장에 차를 세우자 이런 생각이 들었다. "이곳에서 그렇게 큰돈을 벌었다고? 농담이겠지."

말콤 글래드웰Malcolm Gladwell은 다음과 같은 유명한 말을 남겼다. "순간의 통찰이 여러 달의 이성적 분석만큼이나 가치 있을 수 있다." 제리 파커 주니어 사무실을 본 순간 나는 마치 전기충격을 받은 듯, 장소가 중요하다는 고정관념이 머릿속에서 완전히 사라졌다. 그렇지만 당시에는 〈파이낸셜 월드〉 1994년 7월호에 실린 내용 이외에는 제리 파커 주니어에 대해 아는 것이 전혀 없었다. 다른 수련생은 더 없었을까? 그들은 어떻게 수련생이 되었을까? 무엇을 배운 것일까? 그리고 제리 퍼커 주니어와 다른 수련생들을 가르친 리처드 데니스는 도대체 누구일까?

리처드 데니스는 인습 타파주의자로 〈포춘Fortune〉 500대 기업이나 대형 투자은행과는 전혀 관련 없이 선물시장을 대상으로 개인적으로 매매하는 트레이더였다. 남 말하기 좋아하는 그곳 사람들은 거래소에서 리처드 데니스가 "마지막 남은 것까지 베팅한다"고 말하고 다녔다. 남의 돈을 더해 수백 달러로 시작한 그는 서른일곱살이 되던 1983년에 이미 수억 달러를 벌었다. 정식 훈련이나 다른 사람의 지도 없이 혼자 힘으로 채 15년도 지나지 않아 이룬 업적이었다. 그는 계산된 위험 아래 엄청난 레버리지를 일으켜 투자했다. 마음에 드는 매매가 있으면 할 수 있는 한 최대한 많은 수익을 냈다. 아울러 선물시장에서 '베팅'하는 것을 업으로 삼았다.

리처드 데니스는 행동재무 이론을 설파한 교수에게 노벨 경제학상이 수여되기 수십 년 전부터 이를 이용해 실제 세계에서 돈 버는 방법을 터득했다. 경쟁자들은 모든 종류의 시장에서 비이성적인 시장의 움직임을 지속적으로 활용하는 그의 능력을 결코 따라올 수 없었다. 확률과 그 기댓값에 대한 그의 이해는 남달랐다.

리처드 데니스는 한마디로 자기만의 방식으로 매매했던 것이다. 신문들이 그의 수입에 대한 많은 추측 기사를 냈지만 그는 언론을 피했다. 그는 "언론에는 서투르다"라고 밝히기도 했다.[1] 그는 자신의 매매기법이 별 것 아니라는 점을 증명해 보이는 데 더 관심이 많았기 때문에 본인의 재산 규모에만 초점을 맞추려는 언론을 피했던 듯하다. 그는 누구든 제대로만 배우면 매매기법을 익힐 수 있다고 생각했다.

그의 동료인 윌리엄 에크하르트William Eckhardt는 생각이 달랐다. 그래서 결국 논쟁 끝에 1983년과 1984년 두번의 '트레이딩 교실'을 열고 한 무리의 예비 수련생을 모집해 실험을 하기에 이르렀다. 그렇다면 "터틀"이라는 이름은? 리처드 데니스가 자기 수련생들에게 붙여준 별명이었다. 그는 싱가포르 여행을 갔을 때 거북이 사육농장에 들른 적이 있었다. 커다란 통 안에서 꼼지락거리는 거북이들을 보고는 "나도 저 거북이들처럼 트레이더를 양성해내겠어."라고 다짐했다.

리처드 데니스와 윌리엄 에크하르트가 제리 파커 주니어 같은 초보자들에게 엄청난 돈을 버는 매매기법을 전수하고 '트레이딩 수업'을 끝낸 뒤, 이 실험은 약간의 구체적 사실을 기반으로 전설이 되어 오랫동안 구전되었다. 〈내셔널 인콰이어러National Enquirer〉가 소개한 이 스토리는 1989년 다음과 같은 제목으로 〈월스트리트 저널Wall Street Journal〉 헤드라인을 장식했다. "뛰어난 매매기법은 전수될 수 있는가? 아니면 운 좋은 몇몇만이 지니는 일종의 육감처럼 타고난 것일까?"

1980년대는 오래전이어서 터틀 수련생 이야기가 지금도 유효한지 의문을 던지는 사람도 많으리라. 하지만 이 스토리는 그 어느 때보다도 쓸모 있다. 예를 들어 리처드 데니스가 수련생들에게 가르쳤던 매매 철학과 규칙은 수십억 달러를 운용하는 수많은 헤지펀드들이 쓰는 트레이딩 전략과 비슷하다. 사실 CBNC 일간 뉴스에 매달리고 온갖 주식정보를 좇아 매매하는 일반 투자자들은 이 스토리를 듣지 못했겠지만 '실제로' 돈을 버는 월가 전문가들은 안다.

리처드 데니스는 누구나 아는 이름이 아닌 데다 1983년 이후 월가에 수많은 일들이 벌어졌기 때문에 아직까지도 일반 대중은 자세한 내막을 모른다. 실험이 끝난 뒤 등장인물들, 즉 스승과 제자들이 각자의 길을 떠나면서 이 중요한 실험은 망각 속에 묻혀있었다. 오늘날에도 여전히 의미가 있는데도 말이다.

자세한 내막을 세상에 알리려는 나의 노력은, 첫 번째 책인《추세추종Trend Following》을 출간한 뒤 볼티모어에 있는 레그 메이슨Legg Mason 본사에 초대받았던 2004년에 탄력을 받기 시작했다. 점심식사 후 건물 꼭대기 층에 있는 강의실에서 빌 밀러Bill Miller를 만났다. 그는 180억 달러에 이르는 레그 메이슨 밸류 트러스트 펀드Legg Mason Value Trust fund, LMVTX를 운용하고 있었다. 빌 밀러는 15년 연속 S&P500지수를 웃도는 수익률을 거둬 워런 버핏Warren Buffet과 비슷한 반열에 올라있었다. 그는 리처드 데니스처럼 위험을 정교하게 계산해 투자했고 대체로 이 방법은 잘 들어맞았다.[2] 그날 빌 밀러는 열심히 배우려는 사람들로 꽉 찬 교실에서 강의를 하고 있었다.

그런데 갑자기 그가 내게 강연을 청하며 나를 연단으로 불러올렸다. 질문은 그와 레그 메이슨 수석투자전략가인 마이클 모바신Michael Mauboussin에게서 나왔다. "리처드 데니스와 수련생들에 대해 말씀해 주십시오." 순간, 월가의 이 두 거물이 리처드 데니스와 그의 실험, 그리고 수련생에 대해 알기 원한다면 틀림없이 훨씬 더 많은 사람들이 이 이야기를 알고 싶어 할 것이라는 생각이 들었다.

그렇지만 서로 경쟁하는 등장인물과 상충하는 의견이 아주 많은 상황에서, 1983년 터틀 실험 현장을 직접 목격하지 않은 내가 객관적 시각으로 이야기를 쓰기란 결코 쉽지 않았다. 이 스토리에 생동감을 불어넣을 수 있는 방법은 실제 경험을 얘기해줄 수 있는 사람을 만나 탐정처럼 일일이 확인하는 것뿐이었다. 한편, 이 책의 출간을 기를 쓰고 막으려 했던 몇몇 터틀 수련생의 극적인 뒷이야기는 그야말로 한 편의 소설이라 할 만하다.

이와 같은 스토리의 가장 큰 걸림돌은 대부분의 사람들이 진짜 프로들이 엄청난 돈을 어떻게 벌었는지 제대로 파악하려 하지 않는다는 데 있다. 보통은 아무런 노력 없이 부자가 되는 길을 찾는다. 리처드 데니스와 제리 파커 주니어의 정반대 편에 있는 짐 크래머Jim Crammer에게 매혹된 대중을 보라. 물론 짐 크래머는 똑똑하지만, 엄청나게 인기를 끄는 그의 TV 쇼 〈매드 머니Mad Money〉를 보면 마치 자동차 사고를 목격하는 것 같다. 그의 분석에 따른 주식 매수 신호와 과장되고 우스꽝스러운 몸짓에 환호성을 지르는 청중도 있다. 한마디로 '엉터리'다.

그런데도 고등교육을 받았다는 사람들조차 짐 크래머의 투자 방식이 부자가 되는 길이라 믿는 사례가 많다. 일반 대중은 투자 결정을 내릴 때 통계적 분석 대신 이런저런 감정에 휘둘려 즉흥적 '느낌'으로 투자를 계속한다. 결국 사람들은 이익 앞에서는 위험을 회피하고 손실 앞에서는 위험을 추구하는 옳지 않은 행동을 한다. 이런 식이면 곤경에 처할 수밖에 없다.

일반 초보 투자자의 매매방식은 그리 바람직하지 않다. 친구들이 하니까 따라서 투자한다. 강세장일 때에는 언론들이 개인 투자자들의 성공 스토리를 쏟아낸다. 이들 모두 가격이 '낮은' 주식을 골라 '투자'하기 시작한다. 시장이 원하는 방향으로 급등하면 거꾸로 폭락할 수도 있다는 생각은 전혀 하지 않는다('돈이 모두 여기에 몰려있어서 결코 떨어질 수 없어!'). 시장의 거품이 과거와 다를 바 없는데도 이들은 폭락이 다가오고 있음을 눈치 채지 못한다.

언론에서는 일반 투자자들이 이제 위험에 대한 개념을 이해했다고들 하지만 여전히 그들은 확률은 무시하고 수익 기회에 대해서는 지나치게 걱정한다.[3] 사람들은 손실이 자명해 보이는 일에 돈을 걸고 정리해야 할 때 오히려 두 배로 투자를 늘려 거액을 날린다. 이런 식으로는 평생 올바른 투자방법을 결코 접할 수 없다. 그렇지만 이런 대중과 달리 위험을 제대로 평가하고 언제 사고팔아야 하는지 파악하는 능력이 탁월한 소수 투자자들이 있다.[4]

리처드 데니스는 20대 초반에 이런 기술을 통달했다. 그는 '느낌'에 의존해 투자결정을 내리는 일반 투자자와는 달리 수학적 도구를 사용해 위험을 계산하고 그 위험을 자신에게 유리하게 활용했다. 그가 터득해 수련생들에게 가르친 기법은 짐 크래머가 떠들어대는 주식 정보와는 전혀 다르다. 더욱 중요한 점은 그가 시장에서 돈을 번

것이 운이 아니라 실력 덕분이었음을 증명했다는 사실이다. 리처드 데니스 수련생들은 대부분 초보자로 시작했지만 그와 자신들 몫으로 수백만 달러를 벌었다.

실제 이야기는 어떨까? 그리고 터틀 수련생들은 어떻게 기법을 터득했을까? 이들이 배운 매매기법은 무엇이며, 오늘날 일반 투자자들이 이 기법을 자신의 포트폴리오에 어떻게 활용할 수 있을까? 실험 이후 터틀 수련생들에게는 어떤 일이 일어났을까? 리처드 데니스와 그의 수련생들의 협조가 있든 없든 이 질문에 대한 답을 찾는 일은 정말 흥미로울 것이라는 생각이 1994년 이후 내 머릿속에서 떠나지 않았다.

나뿐만이 아니었다. 얼마전 스티브 개브리엘Steve Gabriel도 〈야후! 파이낸스Yahoo! Finance〉에 다음과 같이 썼다. "우리가 원하기만 하면 업으로 하는 매매를 배울 수 있음을 보여주는 실험은 이미 끝났다. '터틀'이 중요한 이유가 바로 여기에 있다."

터틀은 성공적인 매매기법이 선천적인지 후천적인지 따지는 해묵은 논쟁에 종지부를 찍었다. 아울러 월가에서 돈 버는 법을 가르친 가장 유명하고 유일한 투자 교실을 열어 직접 실험하고 증명해 보였다.

> "나에게 규정 운운하지 마시오, 지금은 전쟁 중이오,
> 크리켓 경기가 아니란 말이오."
>
> • 영화 〈콰이강의 다리〉의 사이토 대령 •

저스틴 밴더그리프트Justin Vandergrift는 터틀 트레이딩 규칙에 생명을 불어넣는 데 도움을 주었을 뿐만 아니라 수많은 관련 차트를 작성해주기도 했다. 셀리아 스트라우스Celia Straus는 처음부터 끝까지 탁월한 편집자 역할을 수행해주었다. 저스틴과 셀리아의 조언은 정말 가치가 있었다. 아트 콜린스Art Collins를 '찾을' 수 있도록 도와주고 귀중한 통찰력까지 얻게 해준 숀 조던Shaun Jordan에게도 특별히 감사의 말을 전한다. 사라 시아Sara Sia, 트리시아 루세로Tricia Lucero, 마리아 신토Maria Scinto도 집필하는 내내 도움을 주었다. 아래 사람들도 책이 나오기까지 많은 기여를 했다.

마크 에이브러햄Mark Abraham, 살렘 에이브러햄Salem Abraham, 조디 알

링턴Jody Arlington, 크리스천 바하Christian Baha, 랜디 볼린Randy Bolen, 피터 보리시Peter Borish, 켄 보일Ken Boyle, 세라 브라운Sarah Brown, 윌리엄 브루베이커William Brubaker, 린지 캠벨Lindsay Campbell, 마이클 카Michael Carr, 마이클 카발로Michael Cavallo, 에바 청Eva Cheung, 레베카 클리어Rebecca Clear, 제롬 코벨Jerome Covel, 조해나 코벨Johanna Covel, 조너선 크레이븐Jpnathan Craven, 게리 드모스Gary DeMoss, 샘 드나르도Sam DeNardo, 짐 디마리아Jim DiMaria, 애덤 일런드Adam Elend, 엘리자베스 엘런Elizabeth Ellen, 찰스 포크너Charles Faulkner, 이선 프리드먼Ethan Friedman, 마이클 기븐스Michael Gibbons, 제프리 고든Jeffrey Gordon, 로먼 그레고리그Roman Gregorig, 크리스천 헬퍼Christian Halper, 마틴 헤어Martin Hare, 에스먼드 함스워스Esmond Harmsworth, 래리 하이트Larry Hite, 스콧 호덱Scott Houdek, 그레이스 헝Grace Hung, 위서스 헐리Withers Hurley, 켄 자쿠브작Ken Jakubzak, 아제이 자니Ajay Jani, 얼 키퍼Erle Keefer, 피터 클라인Peter Kline, 제프라 코피워더Jeffrey Kopiwoda, 에릭 라잉Eric Laing, 찰스 르 보우Charles Le Beau, 엘리너 리Eleanor Lee, 제프 막스Jeff Marks, 하워드 린드존Howard Lindzon, 마이클 마틴Michael Martin, 마이클 모바신Michael Mauboussin, 빌 밀러Bill Miller, 브라이언 믹슨Brian Mixon, 아치 무어Archie Moore, 로버트 모스Robert Moss, 제리 물린스Jerry Mullins, 존 오도넬John O'Donnell, 로버트 파도Robert Pardo, 제리 파커Jerry Parker, 티 분 피켄스T. Boone Pickens, 폴 라바Paul Rabar, 배리 리트홀츠Barry Ritholtz, 크리스 로버츠Chris Roberts, 제임스 오 로어박James O. Rohrbach, 톰 롤링거Tom Rollinger, 제이 로서Jay Rosser, 브래들리 로터Bradley Rotter, 마이크 런들Mike Rundle, 조지 러시George Rush, 잭 슈웨거Jack Schwager, 폴 스크리븐스Paul Scrivens, 에드 세이코타Ed Seykota, 톰 생크스Tom Shanks, 마이클 섀넌Michael Shannon, 마크 쇼

어Mark Shore, 배리 심스Barry Sims, 아론 스미스Aaron Smith, 래리 스미스Larry Smith, 피터 스파버Peter Sparber, 밥 스피어Bab Spear, 셀리아 스트라우스 Celia Straus, 랜달 설리반Randall Sullivan, 지셋 테이Gisete Tay, 어브 타워스Irve Towers, 존 발렌타인John Valentine, 데이비드 와첼David Wachtel, 솔 왁스먼Sol Waksman, 로버트 웹Robert Webb, 허셜 웨인그로드Herschel Weingrod, 조엘 웨스 트브룩Joel Westbrook, 폴 위그더Paul Wigdor, 콜 윌콕스Cole Wilcox, 토머스 시 윌리스Thomas C. Willis, 토머스 알 윌리스Thomas R. Willis, 리카 하이드먼Rika Heidemann, 앤지 리Angie Lee, 팔로마 마티네즈Paloma Martinez, 에리카 네머스 Erica Nemmers, 벤 스타인벅Ben Steinberg에게 감사한다.

《터틀 트레이딩》을 저술하는 동안 광범위한 연구를 했다. 터틀들 의 인용문이나 코멘트처럼 자료를 참조하지 않은 내용들은 이 책을 위해 특별히 진행된 인터뷰에서 직접 따왔다.

1

리처드
데니스의
실험

매매능력은 타고나는 것인가, 터득할 수 있는 것인가

> "내게 열두 명의 건강한 아기와 이들을 양육할 수 있는
> 나만의 특별한 환경이 주어진다면 이들 중 임의로 한 명을 선택해 내가 원하는
> 전문가로 얼마든 키울 수 있음을 보장한다. 부모의 재능이나 기호, 성향이나 능력,
> 직업이나 인종과 상관없이 의사나 변호사, 예술가나 상인이나 주방장, 심지어 거지나 도둑으로 키울 수 있다."
>
> • 존 왓슨John B Watson, **20세기 초 미국 심리학자** •

1980년대 초 시카고 시장을 지배하던 트레이딩의 왕자, 리처드 데니스가 실험을 실행하기로 결정했을 즈음 월가는 뜨겁게 달아오르고 있었다. 주식시장은 엄청난 강세장 초입에 있었다. 대외적으로는 이라크가 이란을 침공했다. 로터스 디벨로프먼트 Lotus Development는 로터스 1-2-3을 출시했고 마이크로 소프트는 새로운 워드 프로세서 프로그램인 '워드 Word'를 시장에 내놓았다. 로널드 레이건 Ronald Reagan 대통령은 진보 성향인 리처드 데니스에게는 애석하게도 "성경의 해"를 선포했다.

리처드 데니스는 특별히 키울 수련생들을 모집하는 데 평범한 방법을 피했다. 그가 운영하는 회사인 C&D 커머더티스C&D Commodities는 〈월스트리트 저널Wall Street Journal〉, 〈배런스Barron's〉, 〈인터내셔널 해럴드 트리뷴International Herald Tribune〉에 1983년 늦가을과 1984년 사이에 수련생을 모집한다는 1만 5,000달러짜리 구인광고를 냈다. 구직란을 열심히 찾는 사람이라면 다음과 같은 모집광고를 볼 수 있었다.

C&D 커머디티스의 리처드 데니스 씨는 기존의 트레이딩 그룹을 확장하기 위해 상품 선물을 매매할 지원자를 모집함. 데니스 씨와 임직원들은 회사 고유 자금 운용 부문에 소규모 지원자 그룹을 투입해 훈련시킬 계획임. 이 과정을 성공적으로 통과한 사람들은 데니스 씨만을 위해 트레이딩을 하게 되며, 자신이나 제3자를 위한 선물 트레이딩을 금함. 대신 매매 수익의 일정 비율을 성과급으로 받으며 이 중 일부는 인출할 수 있음. 트레이딩 경험은 참고사항이지만 필수는 아님. 지원자는 한 문장의 지원 사유와 함께 간단한 이력서를 아래 주소로 보내기 바람.

데일 델루트리 앞
C&D 커머더티스
141 W. 잭슨, 2313 스위트
시카고 일리노이 60604

지원서 접수 마감 1984년 10월 1일
전화 문의 사절

전국 일간지 뒷면 구석에 실린 이 광고는 리처드 데니스가 제시한 조건에 비하면 지원자들을 의외로 조금밖에 끌어들이지 못했다. 당시에는 여기에 지원하면 돈을 확실히 벌 수 있을 것이라고 누구도 생각하지 못했을 것이다.

이 광고는 시카고에서 가장 잘나가는 트레이딩 회사에 들어갈 수 있는 초대장이었고 덤으로 '매매기법을 익힐 수 있는 기회'이기도 했다. 이것은 프로미식축구 팀인 워싱턴 레드스킨스가 나이, 체중, 미식축구 경험과 상관없이 선수를 뽑겠다는 광고나 마찬가지였다.

가장 놀라운 점은 C&D 커머더티스가 자신들만의 고유한 운용기법을 가르친다는 사실이었다. 엄청난 돈을 벌게 해주는 매매기법은 통상 꼭꼭 숨겨놓기 때문에 이런 제안은 당시로서는 (물론 지금도) 전례 없는 일이었다.

지금은 미국 소비자 광고 웹사이트인 크레이그 리스트Craig's List에 광고를 내면 연쇄반응을 일으켜 어떤 직업이든 단 몇 시간만에 수천 통의 이력서가 쏟아져 들어오지만, 리처드 데니스가 광고를 낸 시점은 1983년이었다. 즉 블로그 포스팅 하나면 세상 어디든 닿을 수 있었던 시대가 아니었다.

최종 채용된 수련생들은 당시 광고를 보고 깜짝 놀랐다고 밝혔다. 이들의 공통된 반응은 이랬다. "도저히 상상할 수 없어." 이 광고는 시카고 선물시장의 살아있는 최고 트레이더의 문하생이 되어 그의 돈으로 매매도 하고 수익도 일부 챙길 수 있다는 대박 초대장이었다. 백 년에 한 번 있을까 말까 한 최고의 트레이딩 훈련을 제공하는 이 기회에 응한 사람들은, 지원 사유를 1달러짜리 지폐에 써 보낸 지원자부터 "당신을 위해 돈을 벌어 드리겠습니다."라고 평범하게 적은 사람까지 다양했다. 솔직히 말해, 바깥세상과 동떨어져 지내는 별난 백만장자가 지원자의 어떤 점을 보고 다음 단계인 대면 인터뷰까지 갈지 추측하는 것 자체가 전례 없는 일이었다.

이처럼 다양한 부류의 지원자를 모집한 것은, 동료인 윌리엄 에크하르트와 10년간 벌여온 논쟁의 답을 찾기 위한 리처드 데니스 계획의 일부였다. 매매능력이 선천적인가, 후천적인가에 대한 논쟁이다. 그는 트레이딩 능력이 타고나는 것이 아니라고 믿었다. 시장이 마치 모노폴리 보드게임 같다고 여겼다. 전략, 규칙, 확률, 숫자 등을 객관적으로 바라보았고 얼마든지 배울 수 있다고 생각했다.

리처드 데니스는 시장에 대한 것은 무엇이든 가르칠 수 있다고 생각했다. 다만, 돈을 바라보는 관점이 적절해야 한다는 전제가 우선적으로 필요하다고 보았다. 그는 돈을 대부분의 사람들처럼 쇼핑몰에서 물건을 사는 수단으로만 여기지 않았다. 점수를 매기는 도구라고 생각했다. 수를 셀 때 자갈을 사용하듯 말이다. 누가 보면 그는 돈에 대한 애착이 없는 듯 보였다. 실제로 리처드 데니스는 종종 이렇게 말했다. "제가 5,000달러를 벌고 나면 더 많이 베팅할 수 있으니 어쩌면 2만 5,000달러까지 벌 수 있습니다. 그리고 실제 2만 5,000달러를 번다면 다시 25만 달러를 목표로 베팅을 할 수 있습니다." 그는 투자할 때 레버리지 관점에서 접근했다. 물론 이도 가르칠 수 있는 것이라 여겼다.

반면, 윌리엄 에크하르트는 훌륭한 트레이딩은 타고난 재주가 있어야 가능하다는 믿음이 확고했다(타고나든지 그렇지 않든지 둘 중 하나다).

리처드 데니스는 이 논쟁과 관련해 다음과 같이 밝혔다. "동료인 빌과는 고교 시절부터 친구로 지냈습니다. 우리는 상상할 수 있는 모든 것에 대해 철학적 의견이 달랐습니다. 여러 쟁점 중 하나는 성공한 트레이더의 매매기법이 몇 가지 규칙으로 정리될 수 있는가라는 것이었습니다. 저는 그렇다고 봤습니다. 그렇지 않다면, 훌륭한 트레이더가 되기 위해서는 신비롭고 형언할 수 없으며, 주관적이고 직관적인 그 어떤 것이 있어야 하겠지요. 이 논쟁이 오래 지속되다 보니 헛바퀴 같은 공론에 조금은 싫증이 났던 것 같습니다. 결국 제가 나섰습니다. "이 논쟁을 영원히 종식시킬 방법이 있어. 수련생들을 모집해 교육시킨 다음 결과를 보면 되지." 그가 맞장구쳤습니다. 이는 지적인 실험이었죠."[1]

윌리엄 에크하르트는 트레이더를 양성할 수 있다고 믿지 않았지만 약자에 대한 신의는 있었다. 그는 물려받은 재산으로 매매를 시작해 전 재산을 날린 백만장자를 많이 알고 있었다. 이들이 돈을 몽땅 날린 원인은 손실을 보고 있을 때 '고통'을 느끼지 않기 때문이라고 보았다. "매매를 시작할 때에는 감당할 수 있을 만큼 적은 자본으로 시작하는 게 좋습니다. 저는 처음부터 수백만 달러로 매매하는 사람보다 수천 달러로 시작하는 사람 편에 서겠습니다."[2]

리처드 데니스와 윌리엄 에크하르트의 지적 실험의 실행은 여론과 편견의 판도라 상자를 연 것이나 마찬가지였다. 사회에서는 주로 IQ, LSAT(법학대학원 입학시험) 성적, 학점, 학위 따위로 사람들을 평가한다. 하지만 IQ나 시험 성적이 성공의 유일한 열쇠라면 성공한 사람들은 똑똑한 수재들로 넘쳐나겠지만 현실은 그렇지 않다.

작고한 미국의 위대한 고생물학자이자 진화생물학자이며 과학사학자인 스티븐 제이 굴드Stephen Jay Gould는 지능에 대한 사회의 편견을 늘 배격했다. "우리는 미국이 평등주의 전통이 충만하고 자유라는 이념으로 세워진 나라이며 만인은 동등하게 태어났다는 믿음에 기반을 둔 나라라고 여깁니다."[3] 하지만 그는 미국이 각종 측정치와 비율을 성공을 예측하는 유일한 수단으로 여기는 오류에 빠져있고, 국민들은 한계가 있는 IQ를 유전적으로 해석해 활용하는 사례가 더욱 증가하고 있다는 사실에 질겁했다.[4]

리처드 데니스도 스티븐 제이 굴드와 마찬가지로 IQ를 유전적으로 해석하는 편견에 사로잡히지 않았다. 그의 목적은 자신의 정신적 소프트웨어를 수련생들의 뇌에 심은 뒤 통제된 환경에 집어넣은 다음 이들이 어떻게 반응하고 성과를 내는지 보는 것이었다.

리처드 데니스처럼 위상이 높고 크게 성공한 사람이, 매매능력은 타고난 것이 아니라 배울 수 있다는 것을 증명하려는 마음에 자신의 트레이딩 기법을 다른 사람들에게 전수하려는 시도 자체도 보기 드문 일이다. 물론 동료는 리처드 데니스가 엄청난 수준의 자기 돈을 아마추어 손에 맡기겠다는 결정에 크게 놀랐다.

검은 수염과 구레나룻에 이마가 벗겨져 묘하게 레닌을 닮은 윌리엄 에크하르트는 근육질에 에너지가 넘치는 모습으로, 180센티미터가 넘고 둥실둥실한 리처드 데니스와는 전혀 딴판이었다. 그는 시카고대학에서 수학 석사학위를 취득하고 박사과정에서 수리논리학을 4년 동안 연구한 진정한 수학자였다. 그러나 매매능력이 선천적인지 후천적인지에 대한 논쟁에서는 단호한 생물학적 결정론자 편이었다.

그래서 동료인 리처드 데니스가 내향적이기는 하지만 트레이딩 분야에서는 타고난 유전자를 지닌 천재라 확신했다.

오늘날에도 여전히 '생물학적 결정론'을 지지하거나 유전자가 신체 능력과 행동 특성을 결정짓는다는 관념을 뒤집기는 어렵다고 주장하며 리처드 데니스에 반대하는 사람이 많다.[5] 이는 훌륭한 유전자를 물려받지 못하거나 IQ가 높지 않은, 성공을 꿈꾸는 트레이더나 모든 분야의 사업가에게 좋지 않은 소식이다. 리처드 데니스의 실험이 성공한 지 20년이 넘었는데도 시장에서 거둔 성공이 사실상 IQ라는 카스트 제도 덕분이라 믿는 사람이 아직도 많은 것은 아이러니가 아닐 수 없다.

리처드 데니스의 터틀 실험을 의심하는 사람들은, 응시자들이 어떻게 신문 귀퉁이에 실린 작은 광고를 보고 운 좋게 지원했겠느냐며 계속 따졌다. 이들은 그 광고가 (제리 파커 주니어처럼) 월가 최고의 트레이더 100인에 들 수 있는 행운의 티켓이라는 사실을 내부자 외에는 알 수 없다고 주장했다. 워런 버핏이 말한 '난자 복권ovarian lottery' 같은 이 광고가 어떻게 아무 관련이 없는 사람들에게 전달돼 수백만 달러를 벌 수 있게 해준다는 말인가? 사람들은 있을 수 없는 일이라며 할리우드 시나리오 같은 각본이라 의심했다.

정말 좁은 세상

리처드 데니스는 다양한 사람을 캐스팅하는 MTV의 〈리얼 월드 Real World〉 프로그램처럼 성격이 서로 다른 사람들을 채용하고 싶어 했다. 그래서 극우 보수주의자도 뽑았고 열혈 자유주의자도 선발했다. 1,000명이 조금 넘는 지원자 중에서 고졸 출신도 뽑았고 MBA 출신도 채용했다. 다양성을 원하는 그의 의도가 잘 반영되어 최종적으로 선발된 수련생들은 정말 각양각색이었다.

출신 학교를 보면 버팔로 뉴욕주립대학(경영학), 오하이오 마이애미대학(경제학), 뉴잉글랜드 음악대학(피아노, 음악이론), 버지니아 페럼대학(회계), 센트럴코네티컷대학(마케팅), 브라운대학(지질학), 시카고대학(언어학 박사), 매캘러스터칼리지(역사학), 미 공군사관학교 등으로 다양했다.

이들이 최근에 다녔던 회사도 쿠쉬만 웨이크필드(경비). 캐터필러 트랙터(판매원), 콜린스 커머디티(브로커), 그라운드라운드 레스토랑(부매니저), A. G. 베커(전화 상담원), 팔로미노 클럽(바텐더), 던전 앤 드래곤(보드게임 디자이너) 등 여러 가지였다. 한 학생은 '무직'이라고 밝혔다. 최종 합격자들은 조리사, 교사, 죄수 상담사, 배달원, 회계보조원, 웨이터 등 최근 경력이 아주 평범했다. 1980년대에는 시카고 거래소가 '모두 남자들'로 가득했지만 리처드 데니스는 여성도 한 명 선발했다. 신입 오리엔테이션 때 알았는지는 모르겠지만 동성애자 수련생도 뽑았다. 수련생들은 성품이 온화한 학자 스타일에서부터 평범한 블루칼라 타입과 성격이 거칠고 들쭉날쭉한 사람까지 천차만별이었지만, 리처드 데니스가 그들에게 바라는 것을 갖고 있었다. 그는 위험을 정확히 계산해 확률이 큰 곳에 과감히 투자하는 스타일의 수련생을 원했다. 군중과는 뭔가 다른 특출한 지원자들은 유리했다. 지금도 마찬가지지만 1980년대 초에는 이런 채용 방식이 일반적이지 않았다. 참고로 요즘 MBA 출신들은 지적으로 엄밀히 따지며 회사를 운영하지만 실제로는 자기 손을 더럽히는 일은 꺼린다. 이들은 IQ와 연줄이 전부라 여긴다. 어려운 일을 하려고 하지 않고 웬만해서는 모험을 하지 않는다.[6]

리처드 데니스는 이런 부류는 원치 않았다. 확률 게임을 즐기는 사람을 찾고 있었다. '승률'의 관점에서 생각하는 수련생을 찾고자 했다. 라스베이거스 '핸디캡 사정원'처럼 생각하는 사람이라면 인터뷰 기회를 얻을 가능성이 아주 컸다. 리처드 데니스를 아는 사람들은 이것들이 그리 놀랍지 않다. 지금까지 그는 타인들이 결코 보지 못하는 기회를 적극 활용하는 삶을 살아왔다.

이런 스토리를 보면 지난 수년간 내려온 전설을 상상하기는 어렵지 않다. 이 실험은 입에서 입으로 전해져 숭배의 대상이 되기도 했다. 더욱이 위대한 트레이더들을 모델 삼아 이야기하는 찰스 포크너 Charles Faulkner는 리처드 데니스가 실행한 실험의 심오한 의미에 곧바로 탄복했다. 이를 리처드 데니스가 어떻게 '알았는지' 궁금해하며 다음과 같이 말했다. "저는 빌의 회의주의 편에 서겠습니다. 설령 매매 기법을 가르칠 수 있다 하더라도 분명 그가 허용한 기준보다 훨씬 더 많은 노력과 시간이 들 것입니다. 이 실험, 그리고 이보다 훨씬 더 중요한 결과는 노력, 공과, 보상에 대한 내 믿음에 위반됩니다. 쉽게 배울 수 있다면 보상이 적어야 하며 그 반대도 마찬가지입니다. 이것이 함축하는 사고의 범위와 깨달음, 추론에 감탄했습니다."

리처드 데니스와 윌리엄 에크하르트는 채권, 통화, 옥수수, 오일, 주식, 그 외 다른 모든 것을 매매하는 데 필요한 모든 기법을 단 2주

동안 가르쳤다. 수련생들이 매매기법을 배운 것은 수신호가 난무하는 트레이딩 플로어가 아니었다. 그들은 텔레비전도 컴퓨터도 없이 전화기 몇 대만 있는 조용한 사무실에서 매매를 배웠다.

수련생들은 수업을 마친 뒤 각자 투자금을 백만 달러씩 배정받았다. 이익이 나면 15퍼센트는 수련생 몫이었고 85퍼센트는 리처드 데니스가 가져가는 구조였다. 본래 그의 돈으로 시작했기 때문에 그가 이익의 대부분을 챙기는 것은 당연했다.

실험을 시작하기 직전인 1983년 11월 리처드 데니스는 실험은 자산사업이 아니기 때문에 본인이 이익 대부분을 가져간다고 솔직히 밝혔다. 그는 이 실험을 포트폴리오 분산 차원에서 접근했다. 그는 '매매 경험이 없는' 수련생들이 돈을 모두 날릴 수도 있다고 생각했지만 이 모든 것이 재산을 굴리는 방법 중 하나라고 보고 이렇게 털어놓았다. "외진 콘도 구석에 박혀 트레이딩하는 것도 지겹네요." [7]

콘도에서 본인이 직접 매매하는 대신 여러 대리인을 시켜 트레이딩하는 아이디어는 훌륭한 결정이었다. 여러 수련생들이 4년 넘게 연간 100퍼센트 이상의 수익을 올렸기 때문이다. 엄청난 성공이었다. 1980년대 초의 성공보다 훨씬 더 중요한 것은 그 실험에 참가했던 수련생 세 명의 최근 실적이다. 실험이 끝나고 긴 세월이 지난 2007년 현재, 윌리엄 에크하르트와 수련생 출신인 제리 파커 주니어와 폴 라바Paul Rabar는 30억 달러가 넘는 자금을 운용하고 있다. 이들은 아직까지도 터틀 실험 때와 아주 비슷한 방식으로 트레이딩하고 있다.

터틀과 관련된 성공 이외에도 훌륭한 실적을 거둔 트레이더가 수백 명 더 있다. 지식과 경험을 기꺼이 나눠준 리처드 데니스에게 고

마워해야 하는 사람들이다. 아울러 (그에게서 훈련을 받지는 않았지만) 비슷한 매크로 전략으로 매매하는 부르스 코브너Bruce Kovner, 루이스 베이컨Louis Bacon, 폴 튜더 존스Paul Tudor Jones 등 리처드 데니스와 견줄 만한 트레이더들은 오늘날 월가에서 최고의 수입을 올리고 있다.

물론 리처드 데니스의 제자가 매매하는 30억 달러는, 오늘날 수십억 달러로 시작하는 헤지펀드 이야기를 담은 헤드라인에 비하면 '그리' 많아 보이지 않는다. UBS 출신 존 우드John Wood가 50억 달러가 넘는 돈으로 펀드를 출시하고, 하버드대 기금을 운용했던 잭 메이어Jack R. Meyer가 컨벡시티 캐피탈Convexity Capital을 출범시키면서 60억 달러를 모집한 것에 비하면 리처드 데니스의 제자들이 번 30억 달러는 그리 인상적이지 않다.[8]

사실 리처드 데니스의 '족보 없는' 접근법은 한물갔다고 주장하는 사람들도 있다. 최근 골드만 삭스에서 일하는 스물일곱의 트레이더의 이야기가 기사로 났다. 매사추세츠 토니 디어필드 아카데미와 듀크대학에서 '잘 훈련받은' 그는 A급 트레이더의 특징을 모두 갖춘 것으로 묘사되었다. 한 동료가 다음과 같이 늘어놓았다. "그는 똑똑하고 일에 몰두하죠. 누구에게도 뒤지지 않는 친구입니다. 주목할 만합니다."[9]

이 칭찬은 곰곰이 생각해볼 필요가 있다. 어느 트레이더가 유명한 골드만 삭스에서부터 경력을 쌓기 시작한다면 그는 이 투자은행의 자금, 사무실, 인맥의 도움으로 몸값이 올라간다. 최고 은행의 유리한 조건을 활용할 수 있다는 점이 성공의 열쇠인 셈이다.

하지만 투자은행이 자수성가한 위대한 트레이더들의 성공 루트는 결코 아니다. 리처드 데니스가 희망을 주는 이유가 여기에 있다. 그처럼 독립적으로 생각하는 반골 기질의 트레이더들은 관료주의 사다리를 타고 높은 곳에 오른 것이 결코 아니다. 사내 정치를 하며 20년을 기다리지도 않았다. 리처드 데니스와 그 친구들은 〈포춘Fortune〉 500대 기업의 위계질서와도 전혀 무관하다. 이들은 자신들만의 매매 기법으로 시장에서 절대수익을 올리겠다는 단 하나의 목표가 있었다. 위험도 컸지만 보상도 컸다.

리처드 데니스의 터틀 실험은, 조건이 동일하다면 수련생들이 매매기법을 익혀 엄청난 돈을 벌 수 있다는 사실을 증명했다. 하지만, 조건이 동일하고 이들이 떼돈을 벌 수 있는 '올바른' 매매기법을 익혔다 하더라도 보스턴 레드삭스의 거포인 데이비드 오티스David Ortiz처럼 날마다 '끝내기 홈런'을 치겠다는 각오가 없었다면 실패로 끝났을 것이다.

훌륭한 훈련만으로는 장기전을 승리로 이끌기에는 충분치 않다. 결국 용기라는 적절한 처방에 승리하기 위한 끊임없는 노력이 리처드 데니스의 수련생들이 오래 생존할 수 있었던 요인이리라.

터틀 수련생들에게서 '실제' 어떤 일이 일어났고 누가 승자이고 패자인지 그리고 그 이유는 무엇인지 알아보기 전에, 이렇게 리처드 데니스를 첫 번째로 살펴보게 된 배경을 아는 것 또한 중요하다. 시카고 사우스사이드에 살던 한 평범한 사람이 어떻게 겨우 스물다섯이었던 1970년대 초에 백만 달러를 벌었고 서른일곱이었던 1980년대 초에는 2억 달러를 벌었는지 알아보는 것이 터틀 실험의 성공 비결을 알 수 있는 첫 단추다.

거래소의
왕자

단숨에 억만장자가 된 천재 트레이더의 등장

> "위대한 투자자는 문제를 개념화할 때 일반인과
> 다르게 접근한다. 이들이 성공한 것은 다른 사람보다 더 좋은 정보가
> 있어서가 아니라 그 정보를 다르게 해석하기 때문이다."
>
> • 마이클 모바신Michael J. Mauboussin, 레그 메이슨 캐피탈 매니지먼트의 수석전략가 •

　　1986년은 리처드 데니스에게 최고의 해였다. 그해 8,000만 달러
나 벌었기 때문이다(2007년 가치로 따지면 1억 4,700만 달러다). 이쯤이면 월
가 최고 스타로 같은 해 1억 달러를 번 조지 소로스와 8,000만 달러의
수익을 낸 정크본드의 왕, 드렉셀 번햄 램버트Drexel Burnham Lambert의 마
이클 밀켄Michael Milken과 어깨를 견줄 만하다.[1]

　　하지만 리처드 데니스처럼 엄청난 수익을 올리려면 쓰라린 고통
도 견뎌야 한다. 그는 하루에 1,000만 달러의 손실을 기록했다가 회

복한 적도 있었다. 이런 급등락이라면 보통 사람들은 한숨도 못 잤으리라. 하지만 리처드 데니스는 그런 엄청난 변동성에도 아기처럼 곤히 잤다고 호기롭게 말했다.[2]

그가 돈을 버는 스타일은 여러 번 삼진을 당한 뒤 초대형 홈런을 날리는 식이었다. '비결'이 있다면 손실을 심리적으로도 견디고 생리적으로도 감내할 수 있어야 함을 알았다는 것이다. 왕년의 프로 트레이더가 '손실' 앞에서 초연했다고는 하지만 1986년은 한참 전이고 기억도 가물가물하다.

리처드 데니스가 한창 이름을 날리던 1970년대와 1980년대 그리고 1990년대 중반 그와 알고 지낸 사람들은 그를 다양하게 묘사했다. 거래소의 전설적 트레이더라고 말하는 사람도 있었고 트레이딩의 대가라고 평가한 지인도 있었다. 투자은행인 드렉셀 번햄과 함께 펀드를 출시했다고 아는 사람이 있는가 하면 박애주의자라고 보는 이도 있었다. 적극적인 정치 활동가나 업계 최고 펀드매니저라고 말하는 사람도 있었다.[3] 딱히 이런 사람이라고 규정하기 어려운 인물이었던 리처드 데니스는 이와 같은 자기각색의 묘사를 싫어하지 않았다.

하지만 그를 '도박사'라고 폄하하는 것에는 유일하게 거부감을 드러냈다. 그는 스스로를 라스베이거스 스타일의 도박사라 여긴 적이 결코 없기 때문이다. 그는 확률을 잘 계산하는 등 금융 다위니즘을 아주 잘 이해하고 있었다. 더불어 다른 모든 사람들이 그를 이기려 한다고 여기고 '게임'에 임했다. 금융 선물의 개척자 리처드 샌더Richard Sander는 그를 다음과 같이 평가했다. "시장이 혼돈 속에 있을 때 가장 중요한 것은 바로 생존이다. 이런 점에서 그는 20세기 가장 뛰어난 투자자라 평가받을 만하다."**4**

리처드 데니스는 터틀 실험을 시작하기 훨씬 전부터 성공의 길을 걷기 시작했다. 그는 1950년대 칙칙한 시카고 사우스사이드 거리에서 놀며 자랐다. 부모님이 부자도 아니었고 든든한 배경의 친구가 있는 것도 아니었다. 한마디로 금수저도 아니었고 이렇다 할 연줄도 없었다.

내성적이었던 십대 시절 리처드 데니스는 두꺼운 안경을 끼고 폴리에스테르 바지를 입고 다녔다. 남학생만 있는 시카고 성로렌스프리스쿨에 다닐 때 3달러짜리 '죽음기' 회사 주식을 사는 것으로 처음 매매를 시작했다. 그렇지만 이 회사는 도산하고 말았다. 이렇게 첫 투자는 실패로 끝났지만 그는 직관으로 승률을 파악하는 등 타고난 포커꾼이었다.

리처드 데니스를 가르쳤던 스승들은 그에 대해 또렷이 기억하고 있었다. 그에게 신학과 유럽 역사를 가르친 제임스 셔먼James Sherman은 그가 무엇이든 액면 그대로 보는 법이 없었다고 말했다. 리처드 데니스와 친구들은 서로 편을 갈라 논쟁을 벌이는 것을 즐겼다. 제임스 셔먼이 덧붙였다. "당시 누군가가 리처드 데니스가 상품 선물 매매로 엄청난 부자가 될 것이라고 말했다면 저는 그 말을 믿지 않았을 겁니다." 어떤 스승은 그가 벽난로 앞에서 스웨터 차림으로 파이프 담배를 빨며 우주에 대해 강의하며 살리라 예상했다고 말했다.**5**

리처드 데니스는 열일곱 살에 시카고상업거래소에서 시급 1.6달러짜리 사환 일을 하며 여름을 보냈다. 거래소 플로어는 앞다투어 주문을 내느라 아우성치는 수백 명의 트레이더로 날마다 북적였다. 거래가 트레이딩 플로어에서 이루어진다는 점 말고는 물건을 사고파는 분위기는 경매장과 똑같았다. 태클이 난무하는 미식축구를 실내에서 한다고 보면 정확한 묘사일 듯하다.

리처드 데니스는 직접 트레이딩하기를 원했지만 플로어에서 매매하려면 스물한 살이 넘어야 했다. 그는 아버지에게 부탁해 자기 대신 플로어에서 트레이딩하도록 하여 이 난관을 넘었다. 시카고 시청 소속 블루칼라 노동자였던 아버지는 아들이 보내는 수신호에 따라 트레이딩을 하는 대리인이 되었다.

리처드 데니스는 십대에 트레이딩으로 돈을 꽤 벌었지만 드폴대학에 들어가 (회계학에서 낙제한 뒤) 고교 때부터 지녔던 철학에 대한 열정을 다시 불살랐다. 그는 세상을 비교적 단순하게 바라보는 영국 철학자 데이비드 흄David Hume과 존 로크John Locke에 심취했다. "내게 증명해 보이시오."라는 주장이 이들의 기본 시각이었다.

데이비드 흄은 마음을 '백지 상태tabula rasa'로 비유하고 그곳을 경험으로 채워야 한다고 주장했다. 그는 인간은 세상 속에서 활동하고 살아가기 때문에 사람들이 어떻게 하는지 잘 관찰해야 한다고 했다. 인간 신념의 근원을 밝히는 것이 핵심 원리였다.[6] 한편 존 로크는 인간의 정신에 선천적으로 가지고 있는 관념 따위는 없다고 주장했다. 그러면서 이런 질문을 던졌다. "지력은 어떻게 갖춰지는가?" 존 로크는 이성과 지식이 어디서 오는지를 알고자 했다. 그가 찾은 답은 바로 '경험'이었다.

데이비드 흄과 존 로크는 경험주의 학파에 속한다. 경험주의는 지식이 실험, 관찰, 경험에서 나온다는 생각에 뿌리를 두고 있다. 18세기의 이 두 영국 철학자의 작고 간단한 상식 덩이들이 감수성 예민한 한 대학생을 사로잡았다. 이들은 그의 우상이 되었다.

리처드 데니스는 다음과 같이 주장하며 자신이 믿는 철학을 당당히 밝혔다. "저는 머리부터 발끝까지 경험주의자입니다. 데이비드 흄과 버트런드 러셀Bertrand Russell 등이 제시한 영국 철학을 굳게 믿고 따릅니다." 리처드 데니스는 데이비드 흄이 심한 회의론자라고 생각했다. 데이비드 흄은 동세대에 신성불가침으로 여기던 것들에 대항했고 리처드 데니스는 그의 이런 반항적 모습을 사랑했다.[7]

리처드 데니스를 회의주의자로 만든 것은 영국 철학만이 아니었다. 1960년대 후반과 1970년대 초반에 자라다 보니 반체제적 세계관이 자연스레 형성되었다. 그는 1968년 폭동 당시 숭엄한 시카고상품거래소 바로 옆에서 시위자들이 시카고 경찰에 의해 두들겨 맞는 모습을 직접 목격한 적이 있다. 이 사건이 전환점이 되었다.

"트레이딩을 하면서 통념을 그대로 받아들이면 안 된다는 점을 배웠지요. 제가 트레이딩으로 돈을 벌었다는 것은 다수 의견이 옳지 않다는 증거입니다. 대다수는 십중팔구 틀립니다. 시장은 때때로 미친 군중처럼 비합리적이라는 것을 알게 되었습니다. 일반 대중의 경우 잔뜩 긴장하면 대개 잘못된 방향으로 갑니다."[8]

리처드 데니스는 드폴대학을 졸업한 후 튤랑대학으로부터 입학 장학금 제의를 받았으나 이를 바로 거절하고 며칠 뒤 시카고 거래소로 돌아와 전업 트레이딩을 시작했다. 그는 부모님으로부터 빌린 돈으로(일부는 자신 명의로 된 보험증권으로 마련했다) 미드아메리칸 상품거래소 회원권을 구입했다. 하지만 매매를 위해서는 현금이 더 필요했다. 초기 투자자금 100달러는 형제인 톰이 피자 배달로 마련한 것이었다.

가족 모두가 트레이딩에 매달리지는 않았다. 리처드 데니스는 아버지가 시장을 '혐오'했다고 솔직히 밝혔다. "할아버지가 대공황 때 주식에 투자했다가 전 재산을 날렸어요. 투자에 대한 욕구가 한 세대 건너뛰어 나타났죠." 리처드 데니스는 아버지의 생각이 자신에게 결코 도움이 되지 못함을 잘 알고 있었다.

"돈에 대해 어떤 판단기준을 정해놓으면 트레이딩을 잘할 수가 없어요. 무슨 뜻일까요? 예컨대, 아버지는 30년간 시카고 시청에서 근무했는데 삽으로 석탄 캐는 일을 한 적이 있습니다. 시카고 거래소에서 단 몇 초만에 50달러를 잃었다고 하면 아버지가 이를 어떻게 받아들일지 상상해보세요. 이는 석탄 채굴 작업을 여덟 시간 더해야 한다는 뜻입니다. 이것이 돈에 대한 아버지의 판단기준이었어요."[9]

리처드 데니스의 아버지는 얼마 지나지 않아 아들이 트레이딩으로 돈을 버는 능력이 탁월하다는 사실을 알아챘다. 리처드 데니스는 스물네 살이 되던 1973년 초까지 10만 달러를 벌었다. 그 무렵 그는 시카고 신문에 다음과 같이 당당히 주장했다. "아침에 일어나 이렇게 말할 수 있으면 좋겠습니다. '1년에 10만 달러를 벌었군. 하지만 아직 멀었어.' 이 말이 유익한 자극일지 아닐지 모르겠지만 저는 이런 생각이 저를 이끄는 원동력의 일부라 생각합니다."[10] 그가 돈을 너무나

빨리 벌었기 때문에 그의 인터뷰는 내용이나 맥락이 무엇이든 불과 몇 주나 며칠만에 한물간 얘기가 되어버렸다.

뼛속까지 반골이었던 리처드 데니스는 처음부터 괴짜 기질을 보였다. 리처드 닉슨 대통령과 자기 생일이 같다는 게 아주 못마땅하다고 대놓고 말하고 다녔다. 이는 라살 스트리트 거래소의 보수주의 동료들에게 날린 조용한 공격이기도 했다. 청바지를 즐겨 입은 그는 기성세대를 지렛대 삼아 백만장자가 된 반체제 인사였다.

리처드 데니스가 처음으로 큰돈을 벌 무렵 사회는 갈라져있었다. 1974년은 트레이딩에 집중하기 어려운 해였다. 고든 리디Gorden Liddy가 워터게이트 사건으로 유죄판결을 받고 심비오니스 해방군이 패트리시아 허스트Patricia Hearst를 납치하는 등 혼란이 끊이지 않은 격동의 시기였다. 더구나 리처드 닉슨 대통령은 역사상 최초로 임기 도중 사임했다.

사회가 시끄러웠는데도 리처드 데니스는 1974년 대두 가격이 급등하는 동안 레버리지를 이용해 50만 달러를 벌었다. 그해 말 스물다섯의 나이로 그는 백만장자가 되었다.[11] 리처드 데니스는 자신의 성공을 대단치 않게 생각했지만 그렇다고 숨길 수는 없었다. 하루는 그가 1967년산 구닥다리 쉐보레 자동차가 고장 나는 바람에 대두를 매매하는 플로어에 늦었다고 투덜대자 동료 트레이더가 그에게 수백 배나 더 비싼 새 차를 살 수 있지 않느냐고 핀잔을 준 적이 있다.

리처드 데니스는 성격도 유별났지만 트레이딩 능력도 남달랐다. 그는 침착함을 유지하고 트레이딩을 할 때 과도한 직관에 빠질 위험을 경계하고 점검하기 위해 경제지표나 작황과는 무관한 〈사이콜로지 투데이Psychology Today〉를 읽었다. 일일 기상 보고서와 이에 대한 농무부의 평가 등 농산물 거래에 필요한 온갖 정보를 읽기 위해 일찍 일어나는 대부분의 트레이더와 달리 그는 늦잠을 자다가 거래소 개장 직전에야 출근하는 것을 자랑스럽게 여겼다.[12]

그 무렵 그는 은행에 예금하러 갔을 때 기자와 인터뷰를 한 적이 있다. 그때 예치하려던 금액은 32만 5,000달러였다(1976년 당시 그가 2주면 버는 액수였다). 1970년대 중반에 이 정도 예치금은 일반적인 수준이 아니었다. 그래서 그 금액의 수표를 입금할 때마다 그는 실랑이를 벌여야 했다.[13] 당시 리처드는 은행원이 자신이 평생 번 돈 전부보다 더 많은 액수의 수표를 보며 의아해하고 있다는 사실을 알아채지 못했다. 더욱이 그 은행원보다 어렸을 그는 서명도 깔끔히 하지 못했다.[14]

리처드 데니스의 유명세가 퍼져나가면서 〈시카고 트리뷴Chicago Tribune〉, 〈뉴욕 타임스New York Times〉, 〈배런스〉 같은 전국지가 젊은 나이에 성공한 그의 스토리를 대서특필했다. 평소 입이 무거운 시카고 거래소의 거물 트레이더들 사이에서는 흔치 않은 일이었다.

리처드 데니스는 이를 즐겼고 심지어 자신의 성장 배경과 그 과정에서 지니게 된 독특한 신념을 대놓고 말하고 다녔다.

"저는 시카고 사우스사이드 아일랜드계 가톨릭 집안에서 자랐습니다. 제 가치관은 혼란스러워 보일 수도 있지만 아주 확고합니다. 가톨릭 성당, 민주당, 시카고 화이트삭스가 삼위일체가 되어 저의 가치관을 만들었습니다. 어린 시절의 가치체계가 제게 일정 부분 영향을 주었습니다. 아버지가 저를 헐리스 태번에 데리고 갔을 때 술 취한 사람들이 의자에서 떨어지는 걸 봤습니다. 위스키를 마시며 '아일랜드 팝송'을 부르는 사람들에게서 나타나는 광경이었죠." **15**

성당, 야구, 민주당, 아일랜드풍 음주문화가 그의 유년 시절에만 영향을 끼친 것은 아니었다.

"이 삼위일체는 이제 어른인 제게 얼마나 영향을 주고 있을까요? 화이트삭스는 지속적으로 깊이 신뢰하고 있습니다. 보상이 전혀 따르지 않는 민주당에 대한 믿음은 강하지 않고 심지어 사라지고 있습니다. 아마 성당에 대해서는…… 16년 동안 받은 가톨릭 교육의 영향으로 제가 회의론자로 남아있는 것 같습니다." **16**

스물여섯의 백만장자가, 왼쪽에 아버지가 앉아있는데도 사진기자는 안중에도 없는 듯 소파에 늘어져있는 1976년 〈뉴욕 타임스〉 사진을 보라. 카메라를 바라보는 눈이 얼마나 반체제적인지 쉽게 알 수 있을 것이다. 사진에 붙은 설명도 그의 특이함만 부각시켰다. "리처드 데니스는 값싼 구닥다리 차를 몰고 다니고 싸구려 니트를 입는다. 돈을 쓰지 않고 쌓아놓기만 한다."

젊은 나이에 각종 언론에 오르내리자 예상치 않은 일들이 벌어졌다. 돈을 달라며 손을 내미는 사람들이 나타났다. 그는 이렇게 회상했다. "대부분 아주 딱한 사람들이었습니다. 어떤 사람은 이렇게 말했습니다. '트레이딩하는 법을 배우고 싶으니 좀 도와주세요. 빚이 있거든요.' 5,000달러나 1만 달러만 있으면 아주 행복할 것처럼 말하는 사람들도 있었어요. 이런 편지들만 답장할 만한 가치가 있었습니다. 그들에게는 돈이 있다고 해서 별로 달라질 게 없다고 설명해주었습니다."[17]

스물여섯의 젊은이들 가운데 이와 같은 서민적 금언을 활용해가며 언론을 다룰 수 있을 만큼 성숙한 사람은 많지 않을 것이다. 그렇지만 주변의 소용돌이가 자신의 돈벌이를 방해하도록 그냥 두지는 않았다. 그의 매매기법은 계절적 가격 차이를 이용하는 방식으로 아주 간단했다. 다시 말해 대두처럼 계절적 특성이 있는 시장을 활용하는 것이 그의 초창기 특기였다. 리처드 데니스는 동일한 시장이나 관련 선물시장에서 가격이 오르면 수익이 나는 롱 계약과 시장이 하락하면 돈을 버는 쇼트 계약을 동시에 매수했다.

미드아메리칸거래소에서 쌓은 경험

리처드 데니스는 미드아메리칸거래소(이전에는 시카고 오픈 보드Chicago Open Board라 불렀다) 회원권을 얻자마자 바로 투자를 시작했다. 처음에는 어떻게 해야 할지 몰랐지만 카지노 운영자처럼 생각하는 법을 익힐 만큼 빨리 배워나갔다.

"처음 시작할 때 제게는 '전혀 모름'이라는 시스템이 있었습니다. 4년 동안 그저 에지edge만 챙겼죠. 누군가 제게 25센트 에지를 주며 귀리 계약 하나를 사라고 하면, 저는 그도 제대로 알지 못한다고 여겼습니다. 저는 그저 25센트 에지를 받는다는 사실만 생각했습니다. 결국에는 에지가 제 수입의 대부분이 되겠죠. 분명, 개별 건으로는 그렇지 않을 수도 있지만 길게 보면 그렇게 됩니다. 저는 카지노 하우스처럼 되려고 노력했습니다. 이는 새롭지 않았습니다. 상품거래소 사람들은 늘 그렇게 해왔으니까요. 하지만, 미드아메리칸거래소에서는 이런 발상이 혁명적이었습니다. 당시에는 거래량을 늘려서 위험을 적절한 수준으로 맞출 수 있다는 사실을 이해하는 사람이 없었기 때문입니다. 저는 이렇게 시작했습니다."[18]

리처드 데니스는 미드아메리칸거래소에서 전례 없이 빠르게 치고 나갔다. 어떻게 그런 전략을 그렇게 빨리 습득했는지는 수수께끼다. 그는 트레이더들에게 자멸하는 경향이 있음을 알고 자신과의 싸움에 힘을 쏟았다. "밀턴 프리드먼Milton Friedman의 적자지출에 대한 논평보다 프로이트의 자살충동 개념을 아는 것이 훨씬 더 중요하다고 생각합니다."[19] 일과 후 월가로 나가 대형 은행에서 연봉 50만 달러를 받는 잘나가는 트레이더들을 만나보라. 수백만 달러의 수익을 올리는 데 프로이트 이론이 주요 역할을 했다고 말하는 사람은 거의 없을 것이다.

트레이딩은 리처드 데니스가 밝힌 것보다 더 어려웠다. 초기에는 급등락으로 타격이 컸지만 따끔한 맛을 본 뒤 몇 달 안에 교훈을 터득했다. "실패 과정을 정신적으로 극복해야 합니다." 그가 털어놓았다. "현대인들이 저지를 수 있는 실수를 모두 저지른 날도 있습니다. 너무 크게 베팅했죠. 공포에 질려 가격이 바닥을 찍을 때마다 팔았습니다. 그때까지 번 돈이 대략 4,000달러였는데 개장 직후 단 두 시간만에 1,000달러를 날린 적도 있었습니다. 이런 쓰라린 아픔을 극복하는 데 대략 사흘이 걸렸는데, 그동안 겪어보지 못했던 가장 값진 경험이었습니다."[20]

동료 트레이더 톰 윌리스Tom Willis와 로버트 모스Robert Moss가 리처드 데니스를 만난 시점은 1972~1973년 즈음이었다. 이들은 리처드 데니스를 따르는 막역한 친구이자 트레이딩 동료로서 여러 해 동안 함께 출근했다. 이 친구들도 리처드와 마찬가지로 아르마니 같은 고급스러운 옷을 입고 다니지 않았다. 구레나룻을 넓게 기르고 머리는 다듬지도 않은 채 중고차 세일즈맨들이나 입고 다닐 법한 재킷을 걸치고 다녔다. 겉모습만 봐서는 이들이 일주일 내내 경쟁자들을 압도하는 수익을 올리려고 위험을 철저히 따져 투자하는 프로임을 전혀 알 수 없었다.

리처드 데니스와 마찬가지로 톰 윌리스도 노동자 집안에서 자랐다. 우유 배달원을 거쳐 빵 배달 일을 하던 그의 아버지는 톰이 스물한 살이 되었을 때 1,000달러를 들여 미드아메리칸거래소 회원권을 사주었다. 그는 〈시카고 트리뷴〉에 실린 '이타적인 곡물 트레이더의 성공'이라는 표지기사를 보기 전까지는 거래소가 무엇인지 전혀 알지 못했다. 이 기사에 나온 트레이더는 스물두 살 반 즈음의 리처드 데니스였다.

톰 윌리스는 반체제적 세계관을 가진 그에게 바로 동질감을 느꼈다. 리처드 데니스는 유진 맥카시Eugene McCarthy를 지지한다고 거리낌 없이 말하고 다녔고, 자신이 급진적이라고 해서 꼭 택시운전사가 되어야 한다고 생각하지도 않았다. 몇 년 뒤 그는 더욱더 거침없이 자신의 생각을 피력했다. "시장은 생계를 위한 합법적이고 도덕적인 수단입니다. 트레이더라고 해서 꼭 보수적일 필요는 없습니다."[21]

하지만 톰 윌리스의 눈길을 처음 사로잡은 것은 그의 정치적 성향이 아니었다. 늘 계급과 차별이 진입을 가로막는 세계에서 돈을 버는 것에 대한 그의 태도였다. 톰 윌리스는 더 생각할 것도 없이 바로 차에 올라타 시카고 시내 한가운데 있는 피셔 빌딩으로 향했다. 처음으로 미드아메리칸거래소에 갔을 때 곧 자신의 롤 모델이 될 리처드 데니스가 눈에 확 들어왔다. "리치가 거래소 피트에 있었습니다. 〈시카고 트리뷴〉에서 본 사진 때문에 그를 알아볼 수 있었죠."

톰 윌리스가 미드아메리칸거래소에서 트레이딩을 시작하면서, 자신과 함께 가장 젊은 축에 속하는 리처드 데니스와 친하게 지낼 법했지만 둘이 바로 가까워진 것은 아니었다. 구닥다리 의자에 침 뱉는 그릇까지 있는 이곳의 트레이더들은 대부분 나이가 예순다섯에서 여든에 이르렀다. 의자에 느긋이 앉아있는 이들을 내려다보고 있는 젊은 리처드 데니스의 모습은 눈에 띌 수밖에 없었다.

시카고상품거래소에서 몇 블록 떨어진 곳에 자리한 미드아메리칸거래소는 당시 2부 리그 수준인 거래소로 겨우 40평 남짓할 정도로 작았다. 톰 윌리스는 이 거래소에서 첫발을 뗀 후 삶이 어떻게 전개될지 몰랐지만(결국 30년 넘게 트레이딩에 몸담았다) 리처드 데니스는 훨씬 더 큰 미래를 보고 있을 것이라고 확신했다.

그때에도 시카고상품거래소의 중요 인물들이 리처드 데니스로부터 투자 아이디어를 얻으려고 리무진을 타고 미드아메리칸거래소로 왔다. 리처드는 톰 윌리스가 파산하지 않을 정도로 트레이딩도 꽤 잘하고 나이도 자기와 비슷해 먼저 톰에게 다가가 가깝게 지냈다.

그는 톰 윌리스에게 이런 팁도 줬다. "밀을 산 뒤 5포인트 상승하고 반대로 대두는 너무 많이 하락하면, 매수했던 밀을 매도하는 대신 대두를 파는 게 어때?" 이는 아주 통찰력 있는 전략이었다. 사실 요즘에도 가격이 '오를' 때 사고 '내릴' 때 판다면 투자자들은 어리둥절해 할 것이다. 저가에 매수해서 고가에 매도하는 방법과는 정반대이기 때문이다.

천생 선생 스타일인 리처드 데니스는 다른 트레이더들에게 자신의 지식을 이미 전수하고 있었다. 그는 자기나 톰 윌리스의 아파트에서 거래소의 젊은 회원들을 가르쳤다. 그때마다 톰 윌리스는 치킨 200조각과 감자 샐러드를 한 보따리씩 사들고 갔다. 리처드 데니스가 매매기법에 대해 강의하는 방 한 칸짜리 아파트에는 50~60명이 들어찼다.

수강생이 이렇게 많았던 데에는 이유가 있었다. 미드아메리칸거래소는 온갖 부류의 트레이더들에게 신규 회원권을 팔고 있었는데 이들 가운데에는 매매경험이 전혀 없는 사람들도 많았기 때문이다. 리처드 데니스와 톰 윌리스는 특히 '유동성'을 강조해 가르쳤다. 미드아메리칸거래소가 시장의 신뢰를 얻어 살아남기 위해서는 매수자와 매도자 수가 일정 수준을 넘어야 했다. 이 교육으로 양질의 트레이더도 많아지고 거래소 사정도 나아졌다. 그리고 이런 트레이더들이 돈을 벌기 시작했다. 이 모든 결과는 거슬러 올라가면 리처드 데니스 덕분이었다.

크레이그Craig와 게리 라크로스Gary Lacrosse, 이라 샤이먼Ira Shyman, 존

그레이스John Grace, 웨인 엘리엇Wayne Elliott, 로버트 탤리언Robert Tallian, 데이비드 웨어David Ware 등은 리처드 데니스로부터 배운 시카고 트레이더 출신이다. 이들은 누구나 알 정도로 잘 알려지지는 않았지만 트레이딩으로 엄청난 돈을 벌었다. 이들의 성공은, 자신의 재능을 남들과 아낌없이 나눈 리처드 데니스의 너그러움 덕도 있었다.

아파트에서 진행된 교육이 끝나면 각자 집으로 돌아갔지만 이들은 다음날 거래소 피트에서 다시 만났다. 장중에 이들은 리처드 데니스에게 다가가 묻곤 했다. "이것이 어제 말한 내용이죠?" 그가 답해주었다. "맞아요." 리처드 데니스는 지식을 아무런 대가 없이 나눠줬다.

시카고상품거래소

리처드 데니스는 마이너리그라 할 수 있는 미드아메리칸거래소에서 멋진 경험도 하고 돈도 많이 벌었지만 더 큰 시장이 필요했다. 그는 이전부터 세계 최대 선물시장인 시카고상품거래소Chicago Board of Trade의 큰손들과 겨뤄 이겨보려는 계획을 구상하고 있었다. 시카고상품거래소에서 매매를 시작한 그는 차분한 스타일로, 플로어에서 거친 몸동작과 고성으로 매매신호를 보내는 다른 트레이더들과 대조를 이루었다. 이들 중에는 경력이 수십 년인 백만장자 트레이더도 많았다. 리처드 데니스는 트레이딩 카드가 손에서 미끄러져 바닥에 떨어질 정도로 아주 느긋이 매매하기도 했지만 자신만의 '베팅' 스타일로 얼마 지나지 않아 경쟁자들을 압도하기 시작했다.

리처드 데니스가 시카고상품거래소로 옮긴 것은 역사적 사건이었다. 톰 윌리스는 믿을 수 없다는 듯 말했다. "리처드 데니스는 시카고상품거래소로 옮기더니만 엄청난 홈런을 날렸습니다. 그곳 사람들은 처음 보는 일이었죠. 이 젊은 친구가 피트 전체를 휘어잡았습니다. 으스대거나 과시를 원해서가 아니었습니다. 옥수수 선물 가격이 상승하고 대두가 2포인트 오른 뒤 옥수수가 3포인트 떨어지면 리처드 데니스는 다른 트레이더들로부터 대두를 1.5포인트나 올려 100만 부셀을 사들입니다. 그런데 장이 마감될 때에는 대두가 7포인트나 상승해있습니다. 대두를 매도했던 사람들이 수군거립니다. "저 친구 뭐지?" 톰 윌리스는 리처드 데니스가 시카고상품거래소에 첫발을 내디뎠을 때 혼쭐을 내준 고참 트레이더들 이름을 밝히기를 꺼렸다. 이들 중에는 오늘날까지도 현업에 있는 트레이더들이 많기 때문이다.

리처드 데니스로부터 배운 사람들은, 그가 자신의 신체 조건을 성공 배경의 하나로 믿는다고들 한다. "스승님이 왜 그렇게 엄청나게 성공할 수 있었는지 들어본 적이 있습니까? 키는 180센티미터가 넘고 몸집은 기차만 했습니다. 사람들을 내려다볼 수 있었고, 더욱 중요한 것은 트레이더들이 그분을 어디서든 볼 수 있었다는 겁니다. 늘 눈에 띄었다는 얘기죠. 스승님은 솔직히 그것이 자신이 성공한 이유라고 여기고 계십니다."

리처드 데니스의 키와 몸무게가 그의 성공 요인을 모두 설명하지는 못한다. 스물다섯에 백만장자가 된 데에는 180센티미터가 넘는 키와 135킬로그램이 넘는 몸무게 말고 다른 이유가 더 있었다. 동료들은 그가 몸무게는 엄청났지만 플로어에서 매매할 때에는 고양이처럼 재빠르게 대응했다고 밝혔다.

피트를 떠나다

당시 거래소 피트에서 하는 매매는 생동감이 넘쳤지만 오늘날의 시카고상품거래소 안은 조용하다. 그렇다고 해서 거래가 죽었다는 뜻은 아니다. 오히려 그 반대다. 전자거래가 상상할 수 없을 정도로 빠르게 옛날 방식을 대체하고 있다.

1970년대 트레이딩 플로어는 매우 역동적이었지만 더욱 크게 성공하기 위해서 리처드 데니스는 거래소를 떠나야만 했다. 시카고 거래소에는 각기 다른 상품을 거래하는 피트가 여럿 있었다. 여러 상품을 매매하려면 플로어를 지나쳐 이 피트에서 저 피트로 분주히 옮겨 다녀야 했다.

리처드 데니스는 피트를 떠나면서 강세에 사고 약세에 파는 전략을 더욱 잘 활용할 수 있게 되었다. 기존 전략이 대두와 옥수수 시장에서 잘 작동한다면 금과 주식시장, 그리고 다른 모든 시장에서도 통한다고 보았다.

동시에 세계 경제가 더욱 개방되고 확장되면서 새로운 시장이 정신이 없을 정도로 빠르게 열리면서 월가도 진화하고 있었다. 채권 선물시장이 열리고 1975년에는 외환을 주식처럼 매매할 수 있는 국제통화시장International Monetary Market도 개설되어 누구든 거래할 수 있었다. 리처드 데니스는 이 모든 변화가 무엇을 뜻하는지 알고 있었다.

그는 더욱더 큰 세상에서 거래하기 위해 아수라장 같은 트레이딩 피트를 뒤로하고 시카고상품거래소 건물 23층으로 사무실을 옮겼다. 1975년 11월 그는 이사를 하는 동시에 래리 캐롤Larry Carroll과 파트너

십 회사를 차렸다. 단순하게 두 사람의 성을 딴 C&D 커머더티스가 탄생한 것이다.

둘은 미드아메리칸거래소에서 만났지만 래리 캐롤에 대해서는 공개된 정보가 거의 없다. 데니스라는 성의 첫 글자인 D가 사명의 뒤에 있었지만 이 파트너십은 의사결정과 이익 배분을 동등하게 하지는 않았다. 대장은 늘 리처드 데니스였다. 얼마 지나지 않아 C&D 커머더티스는 세계 최대 독립 트레이딩 회사 반열에 올라섰다. 곧 살로먼 브라더스Salomon Brothers와 필스버리 컴퍼니Pillsbury Company 같은 대형 회사들과도 어깨를 견주게 되었다.[22]

하지만 피트를 장악하던 그가 플로어를 떠나자 함께 일했던 거래소 트레이더들은 깜짝 놀랐다. 플로어를 떠나는 것은 미치지 않고서는 내릴 수 없는 결정이라 여겼다. 밖에서는 플로어의 '에지edge'를 유지할 수 없기 때문에 필스버리 컴퍼니나 살로먼 브라더스를 상대로 싸우는 것은 자살 행위나 다름없어 보였다. 리처드 데니스 자신도 피트가 가장 안전한 장소라고 늘 강조했었다.

그는 사무실을 옮긴 뒤 거의 침몰할 뻔했다. 플로어를 벗어나자 어려움을 겪었다. 1970년대 말 시장은 그를 괴롭혔다. 톰 윌리스는 리처드가 분투하는 모습을 이렇게 회상했다. "그는 조금 환멸을 느꼈습니다. 솔직히 약간은 평정심도 잃었죠." 둘은 술집에서 대책을 논의했다. 항복할 마음이 없던 리처드 데니스는 톰 윌리스를 보며 말했다. "이봐, 1년에 5,000만 달러를 벌 수 있는 좋은 방법이 떠올랐어."

현재로 치면 1년에 2억 달러를 벌 수 있는 트레이딩 기법이 생각났다고 말하는 것이나 다름없었다. 정상적인 방법으로 벌 수 있는 돈의 50배가 넘는 숫자였다. 다른 사람들도 그랬겠지만 톰 윌리스도 입이 쩍 벌어졌다. "그를 몰랐다면 이렇게 말했을 겁니다. '상태가 생각보다 심각하군. 제정신이 아니야.' 1979년에 5,000만 달러를 벌겠다니 미쳤다고 생각할 수밖에 없지만 저는 이 말을 믿었습니다. 그리고 그는 이를 실제로 해냈습니다. 기대수익이나 아이디어가 좋으면 바로 스크린 앞으로 가서 실행에 옮겼죠. 실제로 결과가 괜찮으면 스크린으로 가서 20명이 똑같이 거래하도록 했습니다. 사실 이는 훌륭한 아이디어를 활용해 수익을 기하급수적으로 증가시키는 데 매우 안정적인 방법이었습니다."

거래할 수 있는 모든 시장에서 매매해 돈을 더 많이 벌겠다는 그의 목표는 1년 안에 계획대로 달성되었다. 수익을 훨씬 더 많이 올렸지만 변한 것은 하나도 없었다. 새 사무실은 대리석도 통유리도 없었다. 바깥 복도는 거무칙칙한 갈색이었다. "C&D 커머더티스, 리처드 J. 데니스 앤 컴퍼니"라고 쓰인 회사 간판은 전등식 표지판도 아니었다. 사무실 바로 옆에는 남자 화장실이 붙어있었다.

래리 캐롤의 조카인 마틴 헤어Martin Hare는 고등학교를 다니던 열여섯에 리처드 데니스 사무실에서 일하기 시작했다. 현재 샌디에이고 메릴린치의 임원으로 있는 그는 1982년부터 1989년까지 리처드 데니스의 평범하지 않았던 사무실에서 일했다. 마틴 헤어는 당시의 방과 후 일자리를 떠올릴 때면 여전히 생생한 듯 말했다. "3년 동안 여름방학 때마다 그의 사무실에서 결제 가격을 정리하는 일을 도왔습니다. 주급은 120달러였는데 90달러였다가 오른 것이었죠. 사무실은 감청색이었습니다. 낮잠을 잘 수 있는 방이 하나 있었는데 주로 리처드 데니스가 이용했고 냉장고에는 늘 고급 맥주가 가득했습니다."

리처드 데니스는 트레이딩 플로어에서는 사라졌지만 은둔고수처럼 트레이딩 마법을 부리며 제우스처럼 시장 위를 활공했다. 피트로 엄청난 주문이 들어오면 리처드 데니스의 거래임을 모두가 알아차렸다. 사람들은 그에게 맞서서는 안 된다는 사실도 잘 알았다. 그렇지 않으면 순식간에 쓸려가 버릴 수도 있기 때문이다. 일부 비판자와 감독당국은 그가 너무 많이 거래해 시장을 불공정하게 좌지우지한다고 생각하기도 했다. 하지만 리처드 데니스는 코웃음 쳤다. "생트집을 잡는군."

이런 비판은 돈을 잃은 사람들을 위한 변명에 불과했다. 리처드 데니스는 자신의 성공을 헐뜯는 말은 참지 않았다. "제가 백만장자로 알려져 조금은 민망하기도 합니다." 그가 민주당 주지사인 아들라이 스티븐슨Adlai Stevenson에게 기부한 25만 달러가 일리노이 역사상 가장 큰 정치헌금이었다는 기사를 읽고 이렇게 말했다. "10만 달러를 가지고 있는 사람을 십만장자라고 부르지는 않습니다. 어느 극빈자가 1달러를 기부한다고 해서 '마지막 지폐 한 장'을 기부했다고 말하지도 않습니다." [23]

리처드 데니스는 날마다 재산이 불었지만 사무실에는 여전히 반핵 포스터가 걸려있었고 거래소의 서로 어울리는 분위기와도 떨어져 있었다. 그는 주목받는 것을 즐기지 않았다. "그와 접촉이 많지 않습니다." 거래소의 어느 트레이더가 한 말이다. [24]

리처드 데니스의 동료들은 고급 빈티지 자동차와 맨션을 사 모았지만, 그는 주로 유행이 지난 폴리에스테르 바지를 자꾸 불어나는 허리 위로 추켜 입고 다녔다. 시끄러운 식당으로 싸구려 햄버거를 먹으러 나가는 것이 운동의 전부였다. 리처드는 넥타이를 매지 않고 반팔 티셔츠를 입은 채 야구연감에 나오는 기이한 기록에 열성적으로 매달리는 모습으로 가장 흔히 목격되었다. 결국 그는 화이트삭스 야구팀 지분을 일부 인수했다. 야구팀을 소유하게 되자 경영진에게 빌 제임스 스타일의《머니볼Money Ball》을 참조하면 좋겠다고 제안했지만 그들은 들은 척도 하지 않았다.

그의 제자 중 한 명인 마이클 섀넌Michael Shannon은 리처드 데니스의 친구들이 그를 사우스사이드에 있는 원룸형 아파트에서 끌어내 말끔히 변신시키려 했던 적이 있다고 회상했다. "실제로 빌 에크하르트와 다른 친구들이 지위에 어울릴 만한 곳으로 그를 강제로 이사하도록 했습니다."

리처드 데니스에게 돈은 게임 스코어나 다름없었다. 그는 공공연하게 말했다. "트레이딩은 야구 베팅과 비슷합니다. 평균 타율이 꼭 얼마가 되어야 한다고 생각하는 순간 타격에 집중할 수 없습니다. 돈은 트레이더에게 평균 타율과 같습니다." [25]

독특한 사고를 지닌 이 유명 야구팬은 시각적으로도 강한 이미지를 남겼다. 가까운 동료들은 리처드 데니스의 양말에 대해서도 지적했다. 그의 제자 한 명은 웃으며 이렇게 말하기도 했다. "신고 있는 양말 색이 같은지 잘 확인해봐."

리처드 데니스의 첫 투자자로 알려진 육사 출신의 브래들리 로터 Bradley Rotter는 그의 별스러움을 목격한 적이 있었다. "독립기념일을 맞아 그의 집에서 테니스 파티를 하고 있었습니다. 그런데 리처드는 내내 보이지 않다가 파티가 끝날 무렵 흰 테니스 셔츠와 반바지에 검정 양말과 신발을 신고 나타났죠. 그 모습을 결코 잊을 수 없습니다."

브래들리 로터는 그를 조롱하는 것이 아니었다. 어느 시장에서도 추세추종 기법을 잘 활용하는 그를 존경했다. 야구에서 말은 쉽게 할 수 있지만 실제 타석에 들어서면 어쨌든 방망이를 움직여 공을 맞춰야 한다. 리처드 데니스는 있는 힘껏 휘둘렀다. 단타는 노리지 않았다. 베이브 루스Babe Ruth처럼 담장을 넘기는 홈런을 쳐내 떼돈을 노리는 스타일이었다.

리처드 데니스는 트레이딩에서는 베이브 루스 같았지만 일상생활에서는 기본적인 것도 챙기지 못했다. 개인 우편물과 청구서는 그가 전혀 신경을 쓰지 않아 회사 총무가 처리했다. 심지어 회사에서 집으로 화장지를 보내주기까지 했다. 골드코스트 콘도에 있는 역도 연습실은 사실상 방치 상태로 있었다. "가끔씩 역기를 만지작거리기는 합니다." 리처드 데니스가 말했다.[26] 그는 자기 시간의 3분의 1은 꼼짝도 하지 않고 지내기를 좋아했다.

다른 제자인 얼 키퍼Erle Keefer는 그의 기이함을 넘는 탁월한 트레이딩 실력을 다음과 같이 극찬했다. "리처드 데니스는 제가 만난 사람 중에서 가장 뛰어난 총잡이입니다. 엄청난 압박을 잘 견디며 돈을 꼭 붙들고 있다가 다른 사람들이 지쳤을 때 방아쇠를 당깁니다. 정말 대단하죠. 매매기법이 뛰어나다기보다 타고났다고 볼 수밖에요." 그의 실력이 선천적인지 후천적인지는 논란의 대상이다. 바로 이 논쟁이 터틀 실험의 핵심이다.

정치적 야망

리처드 데니스의 성공은 결국 심각한 문제를 불러일으켰다. 1980년대 중반 비판자들을 그를 시장의 폭력배라 비난했다. 너무 커진 시장 변동성을 그의 탓으로 몰아세웠다. '결탁' 같은 말도 떠돌았다. 리처드 데니스는 이렇게 일축했다. "한 트레이더의 변동성은 다른 사람에게 이익을 가져다줄 수 있습니다."**27**

1984년 리처드 데니스가 한 라디오쇼에 손님으로 초대되었을 때였다. 어떤 청취자가, 그가 아주 오랫동안 매매하면 결국 그동안 번 돈을 모두 토해내게 될 것이라고 장담했다.**28**

그 청취자의 목소리에는 분노가 섞여있었다. 젊은 사람이 돈을 엄청나게 벌었다는 사실 자체를 달가워하지 않는 사람들이 있었다. 거래소에는 투기자도 있어야 한다는 점을 누구나 알지만 위험을 무릅쓰는 이런 투기자들이 돈을 버는 것을 싫어하는 사람들도 많다. 한번은 리처드 데니스가 '시장의 효율성(이 말이 정확히 무슨 뜻인지 모르겠지만)'에 관한 국회 청문회에 출석한 적이 있었다. 감독당국이 그의 매수매도 규모가 거래소가 정한 한도를 넘지 않았다고 결론을 내리자 그를 폄하하는 사람들은 침묵했다.

그는 곧 완전히 새로운 차원의 정치 싸움에 동참했다. 모범적인 정치인과 여러 사회적 약자에 특히 관대했던 그는 미국에서 민주당에 가장 많이 후원하는 사람 중 한 명이 되었다. 매 맞는 여성을 위한 쉼터나 마리화나 합법화 추진 단체 등 대중의 관심이 더욱 필요한 부분에 관심을 더 가졌다(해마다 수익의 10퍼센트를 기부했다). 그는 자칭 진보

자유주의자였지만 극좌익 흑인단체에서 활동한 적이 있던 보비 러시 Bobby Rush에게도 1,000달러를 기부했다.

리처드 데니스는 단순히 돈을 기부하는 데 그치지 않았다. 빌 브래들리Bill Bradley 상원의원과 친분을 유지했으며 대통령에 출마하는 월터 먼데일Walter Mondale(1984년 출마)과 브루스 배빗Bruce Babbitt(1988년 출마)을 적극 후원하기도 했다. 그는 자신의 정치적 이념에 대해 다음과 같이 정당화했다. "모두가 싫어하지만 본인은 옳다고 생각한다면 이는 꼭 해야 하는 일입니다. 왜냐하면 아무도 하지 않을 것이기 때문입니다." [29]

하지만 사회적 약자를 지지한다는 이념을 기반으로 성공적인 정치인이 되는 것은 큰돈을 버는 일만큼 쉽지 않았다. 단순한 자금 지원으로는 충분하지 않았다. 그래서 리처드는 그들과 함께 '행동'하고 장애물을 정면 돌파하기를 원했다.

하지만 정치는 승패가 확실한 제로섬 게임이 아니었다. 결국 그는 좌절했다. "어처구니없게도 정치인들은 주관도 없이 자기 선거구민들이 원하는 것만 좇습니다. 사람들은 고통스러운 진실을 외면하고 있고요." [30]

리처드 데니스는 워싱턴 정치인들의 사교댄스 모임에 초대되었을 때 자신의 의견을 거침없이 말해 상대방의 기분을 상하게 하기도 했다. 그는 연방준비제도 이사회 의장이었던 폴 볼커Paul Volcker도 한 차례 만났는데 폴 볼커는 리처드 데니스와 몇 마디 나누고는 "당신이 시카고에서 벌이는 카지노를 좋아하지 않아요."라고 말했다고 한다. [31]

리처드 데니스는 자기가 부자라서 멋대로 행동해도 사람들이 받아주고 뭔가 중요한 말을 할 때 귀기울여준다는 것을 잘 알고 있었다. 리처드는 1982년 워싱턴에 루스벨트 미정책연구소Roosevelt Center for American Policy Studies라는 싱크탱크를 신설했을 때부터 곤경에 처하기 시작했다.

워싱턴은 돈을 아무리 많이 가지고 있어도 상대하기 어려운 시장이었다. 이제 민주당도 그를 실망시키고 있었다. 그는 불만을 이렇게 토로했다. "모두를 부자로 만들면 가난한 사람도 부자가 된다는 사실을 진보주의자들조차 이해하지 못한다니, 정말 짜증스럽습니다. 가능성도 따져보지 않으니 정말 안타까울 뿐이죠."[32]

리처드 데니스가 시카고의 트레이딩 플로어에서 하는 방식이 의회 플로어에서는 통하지 않았다는 점이 문제였다. 미국 헌법 원본 6권 중 하나를 보유하고 있는 것(그는 이것을 실제로 가지고 있었다)과 현대 정치인들을 움직이는 것은 완전히 별개였다. 그는 더 이상 참을 수 없었다.

결국 그는 리버티 미디어 회장 존 맬런John C. Malone, 페덱스 대표이사 회장 프레데릭 스미스Frederick W. Smith 같은 거물들을 지원하는 자유주의 케이토 연구소Libertarian Cato Institute 이사회의 일원이 되었다. 아울러 다른 진보 연구단체인 리즌 파운데이션 이사회에도 합류했다.

리처드 데니스의 짧은 정치 여정은 결코 순탄하지 않았다. 그가 다른 사람들과 의견을 조율하려 하지 않았기 때문에 깡패나 다름없다고 비판하는 정치가들도 있었다.[33] 이와 같은 혹평은 정치판이 뒤흔들리는 것을 두려워하며 출세만 노리는 전형적인 정치꾼들 입에서 나왔다.

마약 합법화 운동은 그가 행동으로 나선 전형적인 예였다. 그는 당시 '마약단속국장'이었던 빌 베네트Bill Bennet의 '단순한 금지' 정책이 마약 폭력의 근본적 해결책이 아니라고 보았다. 리처드 데니스는, 자신에게 해롭더라도 남을 해치지만 않는다면 사람들이 원하는 것을 마음대로 할 수 있도록 놔둬야 한다고 주장했다.

"마약과의 전쟁은, 남에게 바라는 만큼 해주라는 황금률에 반합니다. 악과 유혹에서 자유로운 사람은 아무도 없습니다. 도덕적으로 모자라다고 해서 수감되는 것을 찬성하는 사람이 있을까요? 우리의 십대 아이가 마약을 소지한 죄로 체포된다고 하면(십대의 58퍼센트가 불법 마약에 손을 대기 때문에 이는 충분히 가능한 일이다) 젊은 호기심의 희생양이 된 이 아이를 정말 감옥에 보내야 할까요?"**34**

리처드 데니스는 피트에서 다른 트레이더들로부터 엄청난 돈을 땄지만 이와 동시에 분명히 다른 사람들의 복지에 대해서도 걱정했다. 그는 모순덩어리였다.

거친 바다

1986년 리처드 데니스는 크나큰 성공을 맛보기 전 여러 어려움을 겪었다. 아마 정치적 열망 때문에 초점을 잃을 듯했다. 자기 돈 이외에 남의 자금까지 운용하게 되면서 책임이 더욱 무거워졌다. 고객 돈을 맡아 굴리는 일은 그의 장기가 아니었다. 그는 이렇게 고충을 토로했다. "남이 맡긴 자금을 운용하다 손실이 나면 훨씬 더 힘들었습니다. 쉽지 않았죠. 집에 가서도 걱정해야 했으니까요."[35]

고객들은 이런 변명을 듣고 싶어 하지 않았다. 1983년 수탁고가 2,500만 달러로 최고치에 이르렀을 때 고객 계좌 운용이 난기류에 빠졌다. 1월에 53퍼센트의 수익을 기록하는가 싶더니 2~3월에는 33퍼센트나 하락했다. 그러자 조지 소로스가 두 달 전 그에게 맡겼던 200만 달러를 바로 회수했다. 4~5월에 일부 손실을 만회했지만 다시 반토막이 났다. 15만 달러를 들여 구입한 1983년산 컴퓨터는 성난 고객들에게 별 위안을 주지 못했다.

원금이 회복되기까지 2년 넘게 걸린 고객들이 많았다. 투자자 대부분이 끝까지 붙어있지 않아 결국 1984년 몇몇 계좌를 청산할 수밖에 없었다. 손실 고객에게는 운용보수를 모두 돌려주었다. 고객 자금을 자신의 돈으로 하듯 공격적으로 운용하면 투자자들이 심리적으로 견디기 어렵다는 점을 리처드 데니스는 인정하지 않을 수 없었다.[36] 공격적 운용의 결과 월별 수익률은 어땠을까?

리처드 데니스는 엄청난 수익률로 유명해졌고 그에게 돈을 맡긴 고객들도 그런 수익을 기대했다. 투자자들은 항해를 하다 보면 성난 파도를 만날 수도 있다는 사실을 잘 알고 있었지만 배가 크게 흔들리면 멀미가 난다는 사실은 쉽게 잊었다. 이들은 처음 만난 거친 파도에 손실을 보자 항해를 중단하고 리처드 데니스를 비난했다. 그는 이 경험을 통해 사람들이 비합리적 기대를 한다는 뼈아픈 교훈을 배웠다.

2005년, 그는 고객 자금을 운용하면서 겪었던 어려움을 이렇게 회상했다.

표 2.1 | 리처드 데니스의 트레이딩 실적 (1982. 7~1983. 12)

날짜	VAMI	월간 수익률	연간 수익률	운용 규모(백만)
1983. 1	3475	53.33%		
1983. 2	3284	−5.49%		
1983. 3	2371	−27.82%		$18.7
1983. 4	3058	29.01%		
1983. 5	3184	4.11%		
1983. 6	2215	−30.42%		$19.0
1983. 7	1864	−15.88%		
1983. 8	1760	−5.57%		
1983. 9	2057	16.87%		$14.6
1983. 10	2671	29.89%		
1983. 11	2508	−6.10%		
1983. 12	2160	−13.90%	−4.70%	$13.5

VAMI(Value Added Monthly Index): 투자원금 1,000달러가 매월 어떻게 달라지는지 나타내는 지수

출처: 바클레이즈 성과보고서(www.barclaysgrp.com)

"맡긴 돈에 손실이 발생해도 편하게 운용할 수 있도록 놔두는 고객이 거의 없다는 점이 문제입니다. 맡긴 기관이 누구든 중간에 늘 대리인이 있기 마련이죠. 고객 자금을 운용할 때 보통은 '손실을 크게 문제 삼지 않을' 사람들의 비위를 맞추려 애씁니다. 하지만 최종 고객들에게 '당장은 손실이 크지만 훌륭한 성과를 얻기 위해 노력하고 있다'고 말할 수 있어야 합니다." [37]

그렇지만 1983년 리처드 데니스는 고객 돈을 맡아 운용하는 생쥐 경주에서 벗어날 필요가 있었다. 이론만 앞세우기보다 마리화나 합

법화 운동에 더욱더 집중하거나, 참을성 없고 지식이 부족한 고객들에게 의존할 필요가 없는, 어떤 전반적인 전략을 구상하는 쪽으로 방향을 돌리고 싶었다.

여러 면에서 터틀 수련생 실험은 자신의 인생 2막을 여는 것임을 그는 알고 있었다. "여러분들은 제자들의 영광을 떠올리며 살고 싶지 않겠지만 저는 다릅니다. 상품 선물시장에서 터틀 수련생을 가르친 경험이 제 생애 최고의 일이라 생각합니다."**38**

하지만 그때만 해도 리처드는 그가 자부한 생애 최고의 일이 자신의 삶도 바꾸고 트레이딩의 역사를 상상할 수 없을 정도로 변화시켰다는 사실은 꿈에도 생각하지 못했다.

1983년 리처드 데니스는 영광과 전설을 말끔히 뒤로했다. 그에게 이제 가장 시급한 일은 구인광고에 응한 수천 명의 지원자 중에서 터틀 수련생을 뽑는 일이었다.

3

터틀
수련생

경비원, 이민자, 게임 개발자… 이들이 트레이더가 된다고?

> "트레이딩에서 운은 얼마나 작용할까?
> 장기적으로는 운이 작용할 확률은 제로다. 정말 그렇다.
> 트레이딩에서 끝까지 행운이 따른 덕에 돈을 번 사람은 없다."
>
> • 리처드 데니스 •

1983년 겨울에 시작된 리처드 데니스의 터틀 수련생 실험에 대한 애기가 나올 때마다 이를 아는 사람들이 십중팔구 에디 머피Eddie Murphy와 댄 애크로이드Dan Aykroyd 주연의 〈대역전Trading Places〉을 떠올리는 일이 수년간 이어졌다. 지난 20년간 극장에서든 TV에서든 이 영화를 본 관객은 수백만에 이른다.

이 영화의 아이디어는 1893년에 발표된 마크 트웨인의 단편소설 〈100만 파운드 은행권The 1,000,000 Bank Note〉에서 나온 듯하다. 이 유명한 소설은 영문을 모른 채 호주머니에 100만 파운드 은행권을 갖게 된 아주 정직한 미국인을 런던에 데려다놓았을 때 어떤 일이 벌어지는 지를 다룬 내용이다.

〈대역전〉에서는 백만장자 상품 브로커 형제인 모티머 듀크와 랜돌프 듀크가, 한 귀족 출신(댄 애크로이드가 분한 루이스 윈스럽 3세)을 범죄자로 만들고 거리의 불법행상(에디 머피가 분한 빌리 레이 발렌타인)을 훌륭한 트레이더로 변신시킬 수 있는지를 놓고 내기를 한다. 영화에서 모티머 듀크는 흄과 로크의 이론에 반론을 제기한다. "그의 유전자라면 루이스 윈스럽을 어느 위치에든 올려놓을 수 있어요. 심지어 꼭대기에 올리는 것도 가능합니다. 경주마처럼 잘 기르면 됩니다. 유전자가 좋기 때문이죠."[1]

리처드 데니스의 터틀 실험 전에 이 영화 시나리오가 나왔다고 백 퍼센트 확신하던 차에 시나리오 작가인 허셀 웨잉로드Herschel Weingrod가 전말을 밝혔다. 그는 대본을 완성한 1982년 당시 리처드 데니스에 대해 전혀 들어보지 못했다고 단언했다. 1980년대 초부터 시카고 트레이더들에 대해 조사도 하고 대본도 썼는데 리처드 데니스에 대해서는 금시초문이었다는 것이다. 믿기 어려운 얘기다.

하지만 영화의 기본 내용이 리처드 데니스의 실험에 영향을 끼쳤다고 보는 것이 논리적으로 가장 타당하다. 이는 필자만의 생각이 아니다. 리처드 데니스의 수련생 중 한 명인 마이크 카Mike Carr도 실험에 대한 얘기가 나올 때마다 영화 내용 같다고 말한 사람을 여럿 접했다. "터틀 실험에 대해 설명해주자 이들은 이렇게 말했습니다. '아, 〈대역전〉이라는 영화 같네요.' 물론 내용 전개가 비슷합니다. 리처드 데니스와 빌 에크하르트에게 확인해봐야 하겠지만 정말 우연의 일치가 아닐 수 없죠."

마이크 카가 그렇게 말한 이유를 쉽게 추측할 수 있다. 리처드 데니스는 영화가 구상되기 전부터 경험론을 신봉했다. 적어도 영화는 그가 터틀 실험을 실행에 옮기도록 하는 데 촉매 역할을 했음에 틀림없다. 리처드 데니스는 터틀 실험이 영화 〈대역전〉의 영감을 받은 것이냐는 질문에 아니라고 대답했다. "결코 아닙니다. 사실 그 영화는 터틀 실험 뒤에 개봉되었습니다. 그 영화 내용이 현실 세계에서도 가능하면 얼마나 좋겠어요! 정말 재미있게 봤습니다. 저희가 터틀 실험을 한 까닭은 매우 논리적인 빌 에크하르트를 포함해 사람들이 타고나야 트레이딩을 잘할 수 있다고 믿었기 때문입니다. 직감과 트레이딩에 대해 곰곰이 생각해봤는데 저는 이 둘이 서로 어울리지 않는 것 같았습니다."**2**

리처드 데니스의 세 번째 제자인 마이크 섀넌Mike Shannon은 마이크 카의 생각과 전혀 달랐다. "솔직히 말씀드리죠. 그 빌어먹을 영화가 터틀 실험에 영향을 끼쳤다고 맹신하는 사람들이 있습니다. 무조건 그렇다고 생각하죠. 그가 부인하든 말든 당연히 그렇다고 생각하는 겁니다."

리처드 데니스가 그렇지 않다고 했지만 터틀 실험과 영화는 우연의 일치라고 보기에는 너무나도 비슷하다. 그는 자신의 논쟁거리를 스크린 속 랜돌프와 모티머 듀크 형제가 시험하는 것을 보았다. 랜돌프는 에디 머피의 지위는 불우한 환경의 산물이라 굳게 믿은 반면, 모티머는 이것이 터무니없는 생각이라 여겼다.

영화와는 달리 리처드 데니스와 윌리엄 에크하르트가 실험을 하게 된 계기가 정확히 무엇인지 (설령 있다고 해도) 알려지지 않았다. 그렇지만 그의 터틀 실험이 구상되기 전에 〈대역전〉의 흥행수입은 1억 달러를 넘었다.

리처드 데니스는 이제 제2의 윌리 웡카가 되려했다. 윌리 웡카가 아이들을 초콜릿 공장으로 유인했듯 그도 사람들을 자신의 '공장'인 C&D 커머더티스로 불러들이기 시작했다. 위험이 따르는 일이었다. 수련생들이 그의 기대를 저버릴 수도 있었고 더 나아가 그의 비법을 훔쳐갈 수도 있었다. 하지만 그는 주저하지 않았다. "실험을 '말리는' 사람도 있었습니다. 하지만 저는 (트레이딩 기법은) 전수할 수 있다고 생각했습니다. 가르칠 수 있고 신비롭지도 않다는 게 확실해보였습니다. 신비스러울 것이 없다면 다른 사람들도 그렇게 하게 할 수 있다고요. 더 이상 쓸데없는 논쟁으로 시간을 허비하고 싶지 않았고, 트레이딩에 수수께끼 같은 대단한 비법 따위는 없다는 점도 증명하고 싶었습니다."[3]

어쩌다······인생역전

지원자들은 리처드 데니스의 관심을 얻기 위해 온갖 노력을 했다. 수련생에 선발된 사람들이 기울인 노력 중 짐 멜닉Jim Melnick의 경우가 가장 두드러지고 특이했다. 과체중의 그는 보스턴 노동자 출신으로 시카고 교외 술집에서 일했다. 짐은 작정하고 리처드 데니스와 최대한 가까워지려고 했다. 그는 사실 리처드에 대한 얘기를 듣고 시카고로 건너왔고 결국 시카고상품거래소 경비원이 되어 리처드 데니스가 건물에 들어올 때마다 "데니스 선생님, 안녕하세요."라고 인사했다. 때마침 구인광고가 났고 짐 멜닉도 수련생으로 선발되었다.

능력 있는 백만장자인 리처드 데니스가 거리의 사람을 데려다 새 삶을 시작할 기회를 준 셈이었다. 짐 멜닉 이야기는 그야말로 무일푼에서 거부가 된 대표적 사례다. 그는 리처드 데니스에게 다가가면 기회가 생길 수도 있다고 확신했을까? 물론 그렇지는 않았겠지만 바람은 있었을 것이다. 그 믿음이 전조가 되었다.

리처드 데니스의 다른 수련생은 짐 멜닉이 '아주 평범한' 인물이었다고 밝혔다. "그는 꼭 트럭 운전사 같았습니다. 그런데 마술처럼 '터틀 수련생'이 되었습니다. 어떻게 왜 그렇게 되었는지 짐 멜닉 본인도 의아해하고 있습니다. 저도 마찬가지고요."

열여섯에 학교를 그만두고 배우가 된 마이크 섀넌도 문을 두드렸다. 그는 이렇게 회고했다. "저는 브로커로 일했습니다. 하지만 아주 형편없는 상품 브로커였습니다." 그는 수많은 플로어 브로커로부터 구인광고 소식을 들었다. 그렇지만 자신의 경력은 보잘 것 없었다. 해결책을 찾아야 했다. "거짓 이력서를 꾸며 리처드 데니스에게 보냈습니다. 합격하기 위해 대담한 짓을 했죠." 보통은 이력서 내용이 거짓이면 해고되거나 적어도 채용되지 못한다. 하지만 별난 C&D 커머디티스 대표에게 이런 비상식이 통했다.

반면, 노틀담대학 출신으로 TV 드라마 《오지와 해리엇Ozzie and Harriet》에서 튀어나온 것 같은 짐 디마리아Jim DiMaria는 지원 당시 트레이딩 플로어에서 리처드 데니스와 함께 일하고 있었다. 짐 디마리아는 가끔씩 트레이딩 플로어에서 1천 무더기(선물 1천 계약 같은 엄청난 주문량의 속칭) 매매주문이 들어왔다는 사실을 기억했다. 누구인지 궁금했다. '누가 이렇게 엄청난 주문을 내는 것일까?' 부유한 치과의사라는 말도 있었는데 종종 트레이딩을 하는 의사들이 있었기 때문에 그럴듯한 추측이라 생각했다. 그렇지만 보고 들은 애기를 종합해보니 '부유한 치과의사'라고 여겼던 고객은 바로 리처드 데니스였다.

리처드 데니스가 경비원과 플로어 트레이더만 찾은 것은 아니었다. 고학력자도 원했다. 마이클 카발로Michael Cavallo는 하버드대학 MBA 출신이다. 덥수룩한 갈색머리에 금속테 안경을 쓴 마이클이 자신의 인생을 바꿀 수도 있는 광고에 대해 알아챘을 때 보스턴의 잘나가는 대기업에서 일하고 있었다.

마이클 카발로는 광고를 접했을 때 이미 리처드 데니스에 대해 알고 있었다. 그는 다음과 같이 회상했다. "광고를 처음 봤을 때 의자에서 떨어질 뻔했습니다. 그는 뛰어난 유격수를 찾고 있었습니다. 믿을 수 없었죠. 바로 제가 꿈꾸던 직업이었으니까요. 그래서 서둘러 지원했습니다."

잠재적 수련생들이 실험에 대해 알게 되기까지 정말 뜻밖의 경우가 많았다. 전직 미공군 조종사였던 얼 키퍼Erle Keefer를 터틀로 이끈 건 정말 우연이었다. 그가 데니스의 신문광고를 본 것은 뉴욕 시내 사우나에서 쉬고 있을 때였다.

당시 《대역전》에서 열연했던 제이미 리 커티스Jamie Lee Curtis도 남자친구와 함께 사우나장에서 쉬고 있었다. 그때 얼 키퍼는 〈배런스〉를 읽고 있었다. "광고를 봤을 때 저는 리처드 데니스를 이미 알고 있었기 때문에 이렇게 중얼거렸습니다, '우와, 결국 일을 저질렀군.' 하지만 그는 자신이 합격할 가능성이 아주 작다고 생각했다.

1980년대 초 상품 선물거래는 완전히 남자들만의 세계였지만 여성 지원자도 있었다. 여성 앵커 케이티 쿠릭Katie Couric처럼 작지만 당찬 이미지의 리즈 체블Liz Cheval도 그중 한명이었다. 분명 그녀는 자신이 여성이기에 눈에 확 띌 것임을 알았으리라. 당시 리즈 체블은 증권회사에서 일했지만 영화 제작을 적극 고려하고 있었다.[4]

리즈 체블의 직장 상사였던 브래들리 로터Bradley Rotter도 이 모집이 흔치 않은 기회임을 알았다. "저는 이전부터 리처드 데니스에게 제 돈도 맡겼습니다. 잘한 결정이었죠. 리즈 체블이 제가 다가와 지원을 고려하고 있다며 지원해야 할지 말지 묻더군요. 두말할 것도 없다고 말했습니다. 일생일대의 기회였으니까요."

그즈음 작은 변호사 사무실을 차려 일하고 있던 제프 고든Jeff Gordon도 우연히 신문을 뒤적이다 광고를 보았다. 《기숙사 대소동 Revenge of the Nerds》에 캐스팅된 적이 있는 호리호리한 체격의 그도 이것이 엄청난 기회가 될 것을 직감했다. "모두가 리처드 데니스처럼 트레이딩을 잘해 떼돈을 벌기를 원하지." 그가 설레는 마음으로 인생을 뒤바꿀 이력서를 쓰기로 결정한 것도 이처럼 우연히 일어났다.

리처드 데니스가 별스럽다는 점을 감안하면 공산국인 체코슬로바키아에서 이민을 온, 누가 봐도 허우대는 좋은데 약해 보이는 지리 조지 스보보다Jiri George Svoboda가 뽑힌 것은 전혀 놀라운 일이 아니다. 그는 《브레이킹 베이거스Breaking Vegas》 출간과 1990년대 그 유명했던 MIT 공대 출신의 블랙잭 팀 이야기 훨씬 이전에 라스베이거스를 뒤

혼들었던 블랙잭의 대가였다.

리처드 데니스는 톰 생크스Tom Shanks도 선발했다. 검은 머리칼의 미남으로 여자를 다루는 재주가 뛰어난 그는 낮에는 헐 트레이딩Hull Trading에서 컴퓨터 프로그래머로 일하고 밤에는 라스베이거스에서 블랙잭으로 돈을 벌었다.

톰 생크스와 지리 조지 스보보다는 블랙잭을 하면서 서로 알게 되었다. 두 사람이 시카고에서 우연히 마주쳤을 때 지리 조지 스보보다가 톰 생크스에게 말했다. "안녕하세요, 저는 리처드 데니스 면접을 보러 왔어요. 그에 대해 들어보셨나요?" 톰 생크스는 금시초문이었지만 이렇게 대답했다. "저도 데려가주면 좋겠네요." 결국 둘은 같은 날 오후 함께 선발되었다.

이 두 사람의 별난 전력에 대해 알고 있는 얼 키퍼는 다음과 같이 털어놓았다. "지리 조지 스보보다는 체코 친구들을 동원했고 톰 생크스는 꼭 부츠 안에 컴퓨터를 숨기고 게임을 했죠." 톰 생크스는 "다시는 그런 부츠를 보고 싶지 않아요."라고 말하곤 했는데, 컴퓨터를 분해해 부츠 안에 숨기는 방법을 터득했지만 나중에는 신물이 났던 것이다. 대신 그는 다른 발명품을 만들어 딜러가 나눠주는 카드를 거의 정확히 맞췄다.

1970년대에 컴퓨터를 부츠 안에 숨기는 재주가 있는 사람을 어떻게 뽑지 않겠는가? 리처드는 그렇게 노력하는 친구라면 "이기기 위해서는 무슨 짓이든 할 수 있다"고 보았다.

반면 마이크 카는 온라인 전략게임인 던전 앤 드래곤Dungeons and Dragons을 개발해 명성을 쌓고 자신이 만든 '전투 게임'을 신봉하는 추종자들까지 거느리고 있었다. 그 뒤 제1차세계대전 당시의 공중전투를 모델 삼아 '파이트 인 더 스카이Fight In The Skies'라는 보드게임도 개발했다. 마이크 카는 6개월 만에 처음으로 〈월스트리트 저널〉을 집어들었는데 우연히 그 광고를 보게 되었다. 이를 보고 이렇게 외쳤다. "하늘이 내린 기회야."

면접을 통과한 제리 파커Jerry Parker는 선발되기만 하면 인생이 바뀔 수도 있다는 사실을 알아차렸다. 독실한 기독교 신자이자 겸손한 회계사로서 머리를 단정하게 옆으로 넘기고 다니는 그는 C&D 커머더티스 광고를 보기 전까지는 트레이더의 길에 대해 생각하지 않고 있었다. "리처드 데니스가, 버지니아 린치버그 시골 출신인 저를 평범한 삶에서 구제해준 셈입니다."[5]

제리 파커 말처럼 그저 평범한 학생들이 정식으로 '구제'되기 위해서는 험난한 선발과정을 통과해야만 했다. 서류심사를 통과한 지원자들은 합격통지서를 받은 뒤 시험을 치렀다.

통지서 내용은 간단했다. 리처드 데니스의 '열정이나 마음' 따위는 전혀 느낄 수 없었다. 법전에 나오는 무미건조한 문구처럼, 선발되면 짧은 훈련과 테스트 기간을 거친 뒤 매매이익의 15퍼센트를 받을 수 있다고 적혀있었다. 선발된 사람들은 모두 시카고로 옮겨와야 한다고도 씌어 있었다. 아울러 대학 입학성적도 제출하도록 요구받았다. 성적표를 내지 못하면 그 이유를 설명해야 했다.

이뿐만 아니었다. '예-아니요'로 답해야 하는 63개의 질문도 있었다. 이 문제들은 얼핏 보기에는 쉬운 듯했지만 다시 생각해보면 함정이 있었다. 다음과 같은 질문들이었다.

1. 트레이딩은 매수나 매도 둘 중 하나다. 동시에 할 수는 없다.
2. 모든 시장은 같은 계약 수의 선물을 매매한다.
3. 위험 한도가 10만 달러면 개별 매매 시의 위험 한도는 2만 5,000달러여야 한다.
4. 거래할 때에는 손실 발생 시 빠져나올 가격을 미리 알고 있어야 한다.
5. 이익을 실현하는 한 결코 파산할 수 없다.
6. 트레이더 대부분은 항상 틀린다.
7. 평균이익은 평균손실보다 3~4배쯤 되어야 한다.
8. 트레이더는 이익이 손실로 바뀌어도 감내할 수 있어야 한다.
9. 거래할 때마다 거의 대부분 이익을 내야 한다.
10. 돈에 대한 필요와 욕구는 훌륭한 트레이딩을 위한 좋은 동기 부여 요소다.
11. 사람의 타고난 성향은 트레이딩 의사결정을 내릴 때 좋은 가이드 역할을 해준다.
12. 장기적으로 행운은 성공적인 트레이딩의 요소다.
13. 매매할 때 직감을 따르면 좋다.
14. 추세는 지속될 수 없다,
15. 거래할 때 계속 매수해 평균단가를 낮추면 좋다.
16. 트레이더는 이익보다는 손실에서 교훈을 얻는다.
17. 시장에 떠도는 다른 사람의 의견을 따르면 좋다.

18. 가격이 떨어질 때 사서 비쌀 때 파는 것은 좋은 전략이다.
19. 대부분의 경우 이익을 실현하는 것이 중요하다.

대학입시처럼 서술 형식으로 답해야 하는 문제들도 있었다. 예-아니요 문제지 뒷면에는 한 문장으로 답을 적어야 하는 문제들이 있었다.

1. 좋아하는 책이나 영화 제목, 그리고 그 이유는 무엇인가?
2. 존경하는 역사적 인물, 그리고 그 이유는 무엇인가?
3. 이 직업에서 성공하고자 하는 이유는 무엇인가?
4. 위험을 무릅쓴 일과 그 이유는 무엇인가?
5. 그밖에 덧붙이고 싶은 말은 무엇인가?

데니스는 후보들의 성품을 파악하고 그것이 트레이딩에 이로울지 해로울지 판단하는 서술형 질문들도 준비했다. 더불어 그는 지원자들이 훌륭한 트레이더가 되고 싶은지, 운이 좋은 트레이더가 되고 싶은지도 알고자 했다. 이 질문의 답을 찾는 데 도움이 될 만한 참고서는 어디에도 없는 듯했다.

네 번째 서술형 질문에 대해 농구 입장권을 구입하지 않은 채 차를 한 시간이나 몰아 경기장에 갔다고 답한 사람도 있었고 자동차 트렁크에 위스키를 싣고 몇 달간 사우디아라비아를 여행했다고(중동에서는 이런 짓을 결코 해서는 안 된다) 적은 사람도 있었다. 입장권을 미리 구하지 않은 후보는 선발되었지만 쓸데없이 위험을 무릅쓴 사람은 떨어

졌다.[6]

C&D 커머더티스에서 프로그래머로 근무하다 결국 수련생들을 관리하는 매니저로 일하게 된 데일 델루트리Dale Dellutri는 채용 전략에는 '즉흥적 요소'가 있었다며 이렇게 덧붙였다. "저희는 똑똑한 사람과 독창적으로 생각하는 수련생을 찾고자 했습니다. 실험적 요소가 일부 있었죠."[7]

그렇지만 리처드 데니스는 찾으려는 대상이 분명했다. 수학적 소질이 뛰어나고 대입 성적이 높은 사람을 원했다. 컴퓨터나 매매기법에 관심이 있는 후보도 찾았다. 시스템 짜는 일을 한 사람들에게는 가산점을 주었다. 그는 다음과 같이 밝혔다. "채용된 지원자들 대부분 게임에 관심이 많았습니다. 체스나 주사위 게임을 잘해 그 내용을 이력서에 적은 친구도 있었습니다."[8]

수학적 능력이 유일한 선발 기준은 아니었다. 리처드 데니스와 윌리엄 에크하르트는 장기적으로 트레이딩에서 성공하는 것과 높은 IQ 사이에 직접적인 관련이 없음을 알고 있었다. 그들은 후보자들에게 확률적으로 사고하는 능력이 있는지 알고 싶었다. 이것은 라스베이거스에서 블랙잭 게임을 할 때 필요한 것이기도 하다. 돈을 추상적으로 다룸으로써 돈을 더 많은 수익 창출을 위한 도구로 활용하는 데 집중할 수 있는, 정서적 심리적으로 뛰어난 사람을 원했다.

무엇보다도 리처드 데니스는 자신의 자아를 집단에 포함시킬 수 있는 사람에게 특히 관심을 보였다. 선발된 후보 중에 (적어도 뽑히기 전까지는) 〈타임〉지 표지에 나오기 원했던 사람은 아무도 없었다. 결국 배움을 받아들이는 능력을 지녔다고 판단되는 사람을 뽑았다. 리처드 데니스와 함께하는 동안 이들은 백지 상태가 되어야 했다.

군이 되풀이하자면 선발된 수련생들은 부류가 정말 다양했다. 문화적, 사회적, 성적, 정치적 기질 면으로도 각양각색이었다. 《지구마을 It's a Small World》이라는 명작을 만든 월트 디즈니도 리처드 데니스의 개방적 접근법을 자랑스럽게 여겼으리라.

일생일대의 면접

시험을 통과한 후보들은 겨울 동안 시카고의 C&D 커머더티스 사무실에서 개별 면접을 치렀다. 절차는 전반적으로 비슷했다. 데일 델루트리가 각 후보를 면접실로 안내하면 리처드 데니스와 윌리엄 에크하르트가 인터뷰했다. 면접생들은 친근하고 격식 없는 인터뷰에 충격을 받았다.

이력서 내용을 부풀려 쓴 마이크 섀넌은 사전에 이런저런 준비를 많이 했다. 리처드 데니스에 대해 알 수 있는 데까지 철저히 조사하기 위해 〈시카고 트리뷴Chicago Tribune〉 언론사의 지하 자료실까지 찾아갔다. 나중에 알고 보니 질문에 대한 답의 90퍼센트 이상이 기사에 나온 것들이었다. 마이크 섀넌은 리처드 데니스가 무슨 옷을 즐겨 입는지도 조사했다. "그가 정장구두를 좋아하지 않는다는 사실을 확인했습니다. 양복 따위도 싫어했죠. 그래서 저는 낡은 스포츠 코트에 청바지를 입고 양말도 없이 캐주얼 구두를 신었습니다."

리처드 데니스와 마이크 섀넌은 공통점이 하나 있었다. 둘 다 어렸을 때 '리스크Risk'라는 보드게임을 좋아했다는 사실이다. 마이크 섀넌이 밝혔다. "리처드 데니스가 십대일 때 그 게임을 즐겼음을 알아 냈습니다. 같은 게임을 즐겼다는 사실이 어색한 분위기를 누그러뜨리는 데 도움이 되었다고 생각해요."

이 게임에 생소한 독자를 위해 설명하자면, 리스크는 세계지도를 놓고 하는 영토 정복 게임이다. 상대 영토를 얻기 위해 공격도 하고 자기 땅을 지키기 위해 수비도 해야 한다. 리처드 데니스는 예측하기 어려운 사람이었지만 결국 승리했다. '리스크' 게임이 의미하는 바도 마찬가지다. 즉, 상대를 공격해 승리하라.

폴 라바Paul Rabar는 수련생 중 트레이딩 경험이 가장 많은 것으로 밝혀졌다. 그는 UCLA 의대를 중퇴하기 전 정통 피아노 교육을 받은 적이 있었고 리처드 데니스에게 선발되기 전에는 척 리 보Chuck Le Beau 밑에서 트레이딩을 익혔다. 척 리 보는 1970년대 말과 1980년대 초 미국 서부 해안의 E.F 허튼E.F Hutton & Co 증권사 지점장으로 일했다. 폴 라바를 가르친 곳이 바로 여기였다.

우연의 일치로 1980년대 초 E.F 허튼 증권사는 불명예스러운 빌리어네어 보이즈 클럽Billionaire Boys Club의 증권계좌를 관리해준 적이 있었다. 이 클럽은 조 갬스키Joe Gamsky(후에 조 헌트로 개명했으며 여러 TV 드라마의 소재가 된 인물)가 만든 것으로 갬스키는 1980~1984년 사이 시카고 상업거래소에서 엄청난 금액을 투자하면서 유명해졌다. 그는 사기꾼으로 판명나기 전 시카고 트레이딩 플로어와 언론에서 리처드 데니스만큼이나 유명세를 탔다. 다시 말해 그도 신동이라 불렸다.

하지만 척 리 보와 폴 라바는 나쁜 짓은 하지 않았다. 이들은 여러 부류의 고객 돈을 맡아 거래해주는 단순 브로커였다. 데니스는 폴 라바가 조 갬스키의 매매 행태에 대해 알았는지 알아보기 위한 더 심도 있는 인터뷰를 할 생각이었을까? 그런 정도는 데니스라면 능히 캐낼 수 있었으리라.

폴 라바 인터뷰에서는 트레이딩과 관련된 아주 세부적인 부분까지 다뤄졌다. 리처드 데니스가 함정이 숨어있는 질문을 던지기도 했다. "만약 매수한 계약이 5일 연속 상승한다면 어떻게 하겠습니까?" 폴 라바는 자신만만하게 답했다. "다시 오르면 또 사겠습니다." 폴 라바의 채용은 그의 지식 덕분이었다고 할 수 있지만 그는 특별한 케이스였다. 리처드 데니스는 폴 라바 같은 사람들로만 수련생을 채우고 싶지 않았다.

반면, 얼 키퍼는 영국 경험주의에 대한 얘기로 리처드 데니스와 대화를 시작했다. "현실이란 무엇인가?"라는 주제를 놓고 얘기한 직후 조지 버클리George Berkeley의 소설 《하일라스와 필로누스Hylas and Philonous》에 대해 깊이 있게 토론했다. 알고 보니 데니스가 얼 키퍼에게서 찾고자 했던 특징 가운데 하나는 현실에서 자신의 믿음을 일시적으로 정지시킬 수 있는 능력이었다.

윌리엄 에크하르트는 철학에서 빠르게 벗어나 주제를 바꿔 얼 키퍼에게 질문을 던졌다. "중심극한정리를 믿습니까?" 얼 키퍼가 대답했다. "저는 중심극한정리가 하루에 딱 두 번만 맞는 멈춰있는 시계와 같다고 생각합니다." 그는 나중에 이렇게 털어놓았다. "우리가 하려는 게임에 대해 도무지 알 수 없었습니다."

윌리엄 에크하르트는 그들의 트레이딩 전략이 주사위를 던졌을 때 6이라는 숫자가 연달아 여섯 번 나오는 경우가 사람들이 알거나 기대하는 것보다 더 자주 발생한다는 점에 기반을 두고 있음을 암시하고 있었다. 다시 말해 그들은 평균회귀법칙을 따르는 트레이더가 아니라는 사실을 말하고 있었다. 평균회귀법칙을 믿는 트레이더들은 시장이 일정 범위 안에서 움직이며 그 범위를 벗어나면 평균으로 되돌아오는 경향이 있다는 가정하에 베팅을 한다. 윌리엄 에크하르트는 시장에는 추세가 있으며 그 추세는 예상과 다른 모습으로 형성될 수 있음을 풀어 설명하고 있었다. 이로써 얼 키퍼는 면접관들이 옵션 트레이더가 아니라는 사실을 알아챘다.

마이클 카발로는 다른 면에서 가산점을 얻었다. 그는 이렇게 재미있게 치른 면접은 처음이었다고 밝혔다. 그는 '아주 똑똑한 사람과 심도 있는 대화'를 한다는 자체가 만족스러웠기 때문에 면접에서 떨어져도 상관없다고 생각했다. 리처드 데니스와 윌리엄 에크하르트는 날카로운 질문을 던졌다. 시장에 대한 그의 지식을 0점부터 100점 사이의 점수로 답하라고 물었다. 마이클 카발로는 당시 상황을 떠올렸다. "60점이라고 했어요. 좋은 인상을 심어주기 위해서가 아니라 실제 그 수준이라고 생각해 그렇게 말했습니다."

나중에 리처드 데니스는 모든 후보에게 같은 질문을 던졌다고 기꺼이 밝혔다. 커티스 페이스Curtis Faith는 '99점'이라고 했고 리즈 체블은 '1점'이라고 대답했다. 리처드 데니스는 늘 다정하게 털어놓았다. "이들이 상품에 대해 어디까지 아는지 파악할 수 있었기 때문에 둘 다 채용했습니다."

리처드 데니스가 바라는 답이 무엇인지 도무지 추측할 수 없었다. 하지만 솔직히 '하버드 MBA 졸업생'처럼 답했다면 불리했을 가능성이 크다. 카발로는 〈포춘〉 선정 500대 기업의 면접에서 커티스 페이스나 리즈 체블처럼 대답하면 떨어진다는 사실을 알고 있었다. 그는 이런 예를 들었다. "다른 곳에서는 대부분 이렇게 말할 겁니다. '으음, 이 친구 너무 오만하군. 잘난 척해서 결국 곤란에 빠지겠군.' 이렇게 말하는 곳도 있겠죠. '그 여자는 너무 소심해.' 사실 다른 회사들이 선호하는 답을 따라할 필요는 없죠."

하지만 누구를 가장 존경하느냐는 리처드 데니스의 질문에 대한 마이크 카의 대답은 정치적으로 잘못 해석될 여지가 충분히 있었다. 마이크 카는 이렇게 회고했다. "리처드 데니스 대표가 "왜 롬멜이죠?"라고 물었던 것으로 기억합니다. '사막의 여우'로 유명한 어윈 롬멜 Erwin Rommel 육군원수를 존경하는 사람으로 꼽은 사람은 저밖에 없었습니다. 제2차세계대전 때 활동했던 롬멜 장군은 독일 사람이었지만 나치는 아니었습니다. 무엇보다도 그분은 장군으로서 남자로서 아군과 적군 모두로부터 아주 존경받는 인물이었습니다."

인터뷰를 마쳤을 때 다른 함정이 기다리고 있음을 알아챈 터틀 후보는 마이크 카발로뿐이었다. 면접실을 나왔다고 해서 인터뷰가 끝난 것이 아니었다. 방을 나오자 데일 델루트리가 마이크 카발로를 엘리베이터로 안내하며 물었다. "그래, 인터뷰는 어땠습니까?" 마이클 카발로는 더할 나위 없이 좋았다고 대답했다. 하지만 그 질문 자체도 인터뷰의 일부라는 사실을 바로 알아챘다. "리처드 데니스와 윌리엄 에크하르트를 아주 좋아한다고 말했습니다. 아마 다른 면접생들은 '말도 마세요. 정말 힘들었어요.'라고 말하거나 이와 비슷하게 답했을 겁니다."

데니스의 참모는 패를 보여주고 있었던 것이다. 후보들은 상대의 '게임'에 맞춰 응해야 한다. 면접은 잘했지만 엘리베이터 관문을 통과하지 못해 탈락한 후보들도 있었을 것이다. 엄연한 현실이다. 아마도 떨어진 사람들 가운데 이 글을 읽는다면, 탈락 사유가 엘리베이터 앞에서 쓸데없는 소리를 했기 때문이라는 사실을 깨달았을 것이다. 인생은 공평하지 않다.

마이크 카발로는 리처드 데니스가 자기 같은 후보를 염두에 두고 있지 않다는 사실을 분명히 알고 있었다. 그런데 놀랍게도 최종 면접까지 왔다. 사실 리처드 데니스와 윌리엄 에크하르트는 마이크 카발로나 폴 라바 같은 수련생들 위주로 뽑으면 버려야 할 나쁜 습관이 너무 많아 문제일 수 있다고 생각했다.

하버드 MBA가 성공의 유일한 열쇠라고 생각한다면 착각이다. 카발로의 경우는 예외일 뿐 그런 규칙 따위는 없다. 리처드 데니스와 윌리엄 에크하르트는 하버드 MBA로만 뽑으면 망하기 십상이라고 보았다.

모든 후보들은 인터뷰를 각자 다른 관점에서 바라보았다. 제프 고든Jeff Gordon은 선발 기준이 결국 '게임' 관련 기질로 귀결된다고 판단했다. "당시 저는 이력서를 채울 경력이 없어서 법대 재학 시절 공부보다는 체스에 더 많은 시간을 쏟았다는 내용으로 썼습니다. 재미있는 사실은 제 여자친구가 그걸 읽고 '그렇지 않잖아!'라고 지적했죠. 그래서 이렇게 답했죠. '맞아, 사실이 아니지. 하지만 리처드 데니스는 별난 사람이어서 좀더 특이한 사람을 찾을 것 같거든.'"

인터뷰 도중 제프 고든이 당연히 리처드 데니스와 윌리엄 에크하르트가 배울 점이 엄청나게 많은 사람들이라고 생각한다고 말하자 이런 답변이 돌아왔다. "그렇다면 실망할 수도 있습니다." 당시 리처드 데니스는 수억 달러의 가치를 지닌 사람이었지만 겸손하게 자신을 낮췄다.

마이크 카는 던전 앤 드래곤 관련 경력이 C&D 커머더티스의 까다로운 면접을 통과하는 데 핵심 역할을 한 듯하다. 데일 델루트리와 윌리엄 에크하르트 모두 자기 아들이 그 게임을 즐긴다고 했기 때문이다. 마이크 카가 밝혔다. "그 경력으로 손해 볼 건 없었죠." 한편, 마이크 카는 리처드 데니스의 트레이딩 스타일에 대해 전혀 모르고 있던 탓에 인터뷰 도중 약간 헤맸다. "리처드 데니스는 기술적 분석가로 유명했는데 당시 저는 그 사실을 모르고 있었습니다." 그래서 면접 도중 엉뚱한 질문을 던졌다. "트레이딩할 때 기술적 분석으로 하십니까? 기본적 분석으로 하십니까?" 리처드 데니스가 답했다. "기술적 분석으로 합니다." 그러자 마이크 카가 다시 물었다. "기본적 분석은 죽었다고 보십니까?" 이에 리처드 데니스가 빈정대는 투로 응수했다. "그렇지 않았기를 바랍니다."

이미 리처드 데니스의 브로커로 일해 내부자라 할 수 있는 짐 디마리아는 트레이더로 성공하겠다는 포부에 출신지가 얼마나 중요한지 알고 있었다. "제게는 시카고의 기질이 있습니다. 만약 볼티모어나 로스앤젤레스 출신이라면 결코 지금처럼 되지 못했을 겁니다."[9] 하지만 짐 디마리아는 수련생으로 선발되기 전부터 단순 브로커가 아니라 스스로 매매결정을 내리는 트레이더가 되겠다는 야망을 품고 있었다.[10] 그 길을 찾던 차에 리처드 데니스의 수련생 기회가 나타났던 것이다. 하지만 짐 디마리아는 선발 기준을 전혀 알지 못했다. "저야 그렇다 치고 다른 사람들도 본인들이 뽑힌 이유를 알까 의문입니다. 리처드 데니스의 측근들을 관리자로 선발했다는 얘기를 듣기는 했습니다. 대충 찾다가 그냥 저로 정하지 않았을까요? 확실히는 모르겠습니다."

모든 후보 수련생들은 앞으로 일이 어떻게 펼쳐질지는 잘 몰랐지만 일생일대의 기회가 기다리고 있다는 사실은 알고 있었다. 예를 들어, 인터뷰가 끝나갈 무렵 면접에서 좋은 인상을 남겼다고 생각한 리즈 체블은 다리에 힘이 쭉 빠졌다. "그 면접이 복권에 당첨되는 것만큼이나 중요한 것임을 알았다면 끝까지 인터뷰를 해내지 못했을 겁니다."[11] 리즈 체블은 그 자리까지 온 것만도 믿기지 않았기 때문에 인터뷰에 자신 있게 응했다. 선발되기만 하면 적어도 몇 주일 동안 리처드 데니스 밑에서 일했다는 사실을 이력서에 넣을 수 있었기 때문에 솔직히 잃을 게 없었다.

한마디로 선발 과정은 헤드헌팅 회사가 일반적으로 진행하는 절차와는 완전히 딴판이었다. 리처드 데니스와 윌리엄 에크하르트는 인력 채용 관련 교육을 공식적으로 받은 적도 없었고, 능력이 뛰어나거나 학습 의지가 강한 사람을 뽑기 위한 질문서를 작성하는 법도 따로 배우지 않았다. 트레이딩으로 엄청난 돈을 버는 것과 살아 있는 인간을 대상으로 '선천적 능력이 중요한지 후천적 교육이 중요한지' 알아보기 위해 실험하는 것은 완전히 다른 일이었다.

터틀 계약

　일단 리처드 데니스 수련생 프로그램에 합격한 사람들은 "트레이딩 자문 수련생 계약"이라는 엄격한 비밀유지 약정서에 서명해야 했다. 계약 기간은 5년이며 리처드 데니스 쪽에서 예고 없이 언제든 일방적으로 계약을 해지할 수 있다는 조항도 있었다. 계속 남아있을 수 있다는 보장은 없었지만 리처드 데니스의 자금으로 매매하면서 생길 수 있는 손실에 대한 책임이 없다는 내용도 명시되어있었다. "수련생은 미리 지급받은 돈을 반환할 의무가 없고 이를 향후 얻게 될 성과보수에서 차감하지도 않는다. 또한 수련생은 좋지 않은 트레이딩 결과로 생기는 손실에 대한 책임도 없다." 수련생이 앞으로 터득하게 될 리처드 데니스의 '비법'으로 서둘러 돈을 벌겠다고 생각할 경우, 이를 묶어두는 조항도 있었다. 계약 기간 중 자신의 돈을 운용할 수 없고 리처드 데니스 외의 다른 사람의 자금을 굴리는 행위도 금지되었다. 리처드 데니스에 대항하거나 수련 기간 중 알게 되는 비밀 또는 고유 정보도 누설하지 못하도록 했다. 마지막으로 리처드 데니스 고유의 트레이딩 기법을 계약 종료 후 5년 동안 공개할 수 없도록 했다.

　법률 지식이 있는 사람이라면 서명하기 어려운 조항들이었으리라. 그렇지만 실질적 보장도 없고 향후 활동을 제약하는 조항이 많았음에도 불구하고 터틀 프로그램 참여를 거부하는 사람은 아무도 없었다. 계약이 체결되자 터틀 수련생들은 바로 훈련을 받기 시작했다.

　1984년 1월 터틀 수업이 시작될 당시 시카고는 전혀 다른 도시로 변해있었다. 해리 캐레이Harry Caray가 리글리 필드Wrigley Field의 아나운

서가 되었고 라인 샌버그Ryne Sandberg가 신인으로 활동하고 있었다. 애플 매킨토시가 첫선을 보였고 헐크 호건Hulk Hogan이 세계레슬링협회 챔피언십에서 아이언 셰이크Iron Sheik를 물리쳤다. 정치적으로는 월터 먼데일이 로널드 레이건에게 참패하자 리처드 데니스는 아주 언짢아했다.

세상이 이렇게 돌아가고 있을 때, 큰돈을 굴리는 법을 교육받기 위해 선발된 운 좋은 몇몇 수련생들은 워런 버핏도 고개를 숙이게 만들 트레이딩 규칙을 열심히 체득했다. 매수해서 보유하거나 저가에 사서 고가에 매도하는 전략 따위는 아니었다. 이들이 배워야 하는 내용은 세계 유수 대학에서 가르쳤고 지금도 다루고 있는 투자이론과는 완전히 상충하는 것이었다. 대학에서 재무이론을 가르치는 교수에게 이 얘기를 들려주고 반응을 보면 알 것이다.

터틀 수업

실험 당시 리처드 데니스가 고작 10만 달러밖에 벌지 못했다면 터틀 수련생들이 수업에 그토록 열중했었을까? 아닐 것이다. 그는 수련생들이 자기를 맹목적으로 추종하는 유일한 이유는 자신이 2억 달러를 벌어들였기 때문임을 잘 알고 있었다.

리처드 데니스가 "월요일에 S&P500 선물지수가 정확히 35틱 상승하면 꼭 매수해야 합니다."라고 말하면 모든 수련생들은 매수주문을 내기 위해 절벽이라도 뛰어넘었을 것이다. 한 수련생은 이렇게 비유했다. "2억 달러의 수익을 올린 사람이 '여러분은 물 위를 걸을 수 있습니다.'라고 말한다면, 사람들은 '그래요, 물 위를 걸을 수 있습니다.'라고 말할 겁니다. 놀랍게도 마음속에 있는 심리적 장벽을 뛰어넘게 되죠."

매매에서든 야구에서든 '심리적 장벽'을 뛰어넘는다는 것은 어떤 지적, 심리적 장벽에 부딪혔을 때 "나는 할 수 있어."라며 자신 있게 대응하는 것을 뜻한다. 리처드 데니스의 명성과 천 명 이상의 지원자 중에서 선발되었다는 자긍심 덕분에 수련생들은 장벽을 쉽게 뛰어넘을 수 있었다. 두 명의 트레이딩 슈퍼스타에게 선택받았다는 사실만으로도 이들에게는 충분히 동기부여가 되었다.

2006년 디트로이트 타이거스를 우승으로 이끈 짐 레이랜드Jim Leyland 야구감독도 이와 같았다. 몇 년 전만 해도 디트로이트 타이거스는 1년에 백 번 넘게 지는 참담한 기록을 남긴 팀이었다. 하지만 이제는 무조건 믿고 따를 수 있는 짐 레이먼드 감독이 있었다. 더 이상은 접전 상황에서 고개를 숙이는 팀이 아니었다. 당시 투수로 활약한 토드 존스Todd Jones는 이렇게 회고했다. "다음날 제가 4번 타자로 선발되어 출전하기만 하면 충분히 쳐낼 수 있다는 믿음이 있었습니다." 물론 투수가 공을 잘 때릴 것이라는 기대를 하지는 않지만 말이다.

터틀 수련생들도 이와 비슷한 자신감으로 충만했다. 2주간의 교육은 마치 리처드 데니스와 윌리엄 에크하르트가 수련생들에게 뛰라고 크게 외치면 이들이 "얼마나 높게 뛸까요?"라고 대답하는 것과 같았다. 하지만 세월이 흘러 이 얘기가 전설이 되면서 수련생들의 훈련 과정은 실제보다 훨씬 더 고상하고 세련되게 과대 포장되었다.

수련생들의 수업 장소는 시카고 시내에 있는 유니언 리그 클럽이었다. 마이크 카발로는 그곳을 "신문을 읽으며 꾸벅꾸벅 졸고 있는 노인들이 많은 옛날식 클럽"이었다고 회상했다.

그의 말은 과장이 아니었다. 2006년 톰 윌리스와 나는 점심을 먹으러 그곳에 갔다가 청바지를 입었다는 이유로 출입을 거부당했다. 유니언 리그 클럽은 오래전 시장에서 큰돈을 번 사람들을 위한 구닥다리 요새였다. 어두운 색의 나무 벽재, 낡은 오리엔탈 카펫, 가죽 천을 댄 가구, 노동조합 출신의 느릿느릿한 늙은 종업원 등은 한물간 분위기를 그대로 드러냈다.

터틀 수련생들이 그곳에 처음 간 이후로 지금까지 바뀐 것이 별로 없었다. 기존 체제를 거부했던 리처드 데니스가 1983년에 그 클럽의 회원이었다는 사실은 아이러니가 아닐 수 없다. 그렇지만 이유는 간단했다. 클럽이 시카고상품거래소뿐만 아니라 C&D 커머더티스와 가까이 있었기 때문이다.

터틀 수련생들도 유니언 리그 클럽에서 2주 동안 수업을 받았다. 이들은 모두 리처드 데니스와 마찬가지로 재킷을 입고 타이를 매야 했다. 트레이닝 룸에 있는 24명 이상의 수련생 중 절반만이 터틀이었다. 여기서 터틀은 리처드 데니스의 돈을 맡아 운용한 수련생을 뜻한다. 이는 분명 HBO의 인기 드라마 〈안투라지Entourage〉 같았다.

리처드 데니스는 크리스마스 연휴이면 성대한 칵테일파티를 즐겼던 터라 훈련이 시작되기 직전 터틀 수련생들은 환영 파티에 참석할 수 있었다. 신참 수련생들은 리처드 데니스의 시카고 사교생활을 엿보기도 하고 서로 인사도 나눴다. 그렇지만 파티가 이들의 초조함을 누그러뜨리지는 못했다. 수업 첫날 많은 수련생들이 초등학교에 처음 입학한 듯 무척 초조해했다. 이들은 잔뜩 긴장한 채 교실에 들어갔다.

리처드 데니스, 윌리엄 에크하르트, 데일 델루트리는 면접할 때와 같은 방식으로 수업을 진행했다. 알고 보니 이 C&D 커머더티스의 전문가들은 성로렌스 미드아메리칸 고등학교에서 서로 만난 적이 있었다. 알파벳 순서로 앉은 수련생들은 운명처럼 서로 가까운 친구가 되었다.

터틀 수업 첫날 핀이 떨어지는 소리까지 들릴 정도로 조용했지만 흥분의 분위기는 느낄 수 있었다. 리처드 데니스처럼 큰돈을 벌 수도 있다는 생각에 모두 들떠있었다. 처음 몇 시간은 델리 델루트리가 전반적인 과정에 대해 안내해준 뒤 트레이딩 경험이 전혀 없는 수련생들에게 기초적인 내용들을 설명했다.

델리 델루트리는 터틀 '팀의 어머니' 역할을 맡았다. 그는 터틀 수련생들에게 수업 도중 궁금한 점이 있으면 언제든 물으라고 했지만 처음에는 질문이 거의 나오지 않았다. 실망스럽게도 리처드 데니스는 첫 수업에 모습을 드러내지 않았다. 대신 윌리엄 에크하르트가 첫 강의 주제인 위험관리에 대해 설명해주었다.

신참 트레이더들은 위험관리가 첫 강의 주제일 것이라고는 전혀 생각하지 못했다. 윌리엄 에크하르트가 위험관리라는 내용으로 첫 수업을 시작한다는 것은 터틀 수련생들이 색다른 여행을 떠날 것이라는 일종의 메시지였다. 윌리엄 에크하르트는 돈 버는 법에 대한 강의로 시작하는 대신 돈을 잃었을 때 어떻게 대처해야 하는지에 대한 기초부터 가르쳤다.

C&D 커머더티스의 다른 직원인 로버트 모스Ronert Moss가 가끔씩 수업에 들어와 매매주문을 실행하는 방법을 설명했다. 그는 수련생들에게 실제 트레이딩 피트에서 매매주문이 들어가면 어떻게 돌아가는지 알려주었다. 그는 이렇게 밝혔다. "수련생들 중 몇 명은 업계 경험이 전혀 없었기 때문에 빌과 리치는 이들이 매매주문이 어떻게 실행되는지 완전히 파악할 수 있기를 원했습니다."

시간이 지나면서 긴장이 사라지자 수련생들은 질문도 던지고 토론도 하기 시작했다. 그렇더라도 수업은 주로 강의와 그 내용을 받아적는 식으로 이루어졌다. 경험 있는 터틀 수련생들은 리처드 데니스와 윌리엄 에크하르트가 자기들보다 훨씬 더 많이 알고 있음을 금방 알아챘다. 마이크 카발로는 다음과 같이 회상했다. "강의 내용 중 많은 부분이 이미 아는 것들이었지만 그들이 매우 중요하게 여기는 사항들은 처음 접하는 것들이 많았습니다."

터틀 실험에 대해 잘 아는 사람들의 일반적인 생각과는 반대로, 리처드 데니스가 수업 첫날 나타나지 않은 것은 기행이 아니었다. 사실 2주간의 수업 중 터틀 수련생들에게 많은 내용을 가르친 사람은 윌리엄 에크하르트였다(두 번째 해에는 수업을 일주일만 진행했다).

아이러니하게도 훈련으로 트레이딩 능력을 향상시킬 수 없다는 쪽에 베팅한 윌리엄 에크하르트가 수련생들에게 기초적인 내용들을 많이 가르쳤다. 트레이딩 현장에서 벌어진 전쟁 같은 이야기와 일화에 대한 일련의 강의를 한 사람은 리처드 데니스였다.

이들을 가까이에서 본 사람들은 리처드 데니스가, 여러 주를 고생해야 풀 수 있는 수학 문제를 한순간에 풀어 설명하는 능력을 지녔다는 사실을 알았다. 심지어 윌리엄 에크하르트까지도 그의 '직관력'에 감탄했다. "이것이 무슨 뜻인지 보세요. 여기에 깊숙이 숨어있는 원리를 확인해보세요. 작동하고 있잖아요." 그렇지만 윌리엄 에크하르트는 수학 천재였고 확률의 대가였다. 결국 이들의 능력이 결합해 마술 같은 결과가 나왔다.

마이크 섀넌은 이들의 공생 관계의 중요성을 잘 알고 있었다. "사실 트레이딩 시스템의 많은 부분은 리처드 데니스가 아닌 빌 에크하르트가 발전시켰습니다. 트레이딩 시스템은 둘 사이에서 부화되었고 책임도 두 사람이 함께 졌습니다."

많은 사람들이 윌리엄 에크하르트가 터틀 실험에서 정신적인 측면에만 기여하고 숟가락만 얹었다고 알고 있는 듯하다. 그렇지만 그는 터틀 실험에 자신이 기여한 부분을 분명히 인정받기 원했다. 현재에도 그는 시스템도 '공동으로 개발했고' 수련생들도 '함께 가르쳤다'는 사실을 공식적으로 강조한다. 윌리엄 에크하르트가 없었다면 터틀도 없었을 것이다.

마이크 카발로는 둘 사이의 협력 관계에서 미묘하지만 더욱 중요한 점이 있다고 여겼다. "빌은 시스템을 개발할 때 실제 수학적인 작업을 많이 수행했습니다. 그는 리치 같은 트레이딩 천재는 아니었죠. 그래서 가장 중요한 부분에 대해 리치는 시스템이라 강조했고 빌은 천재성이라 주장했다고 봐요."

윌리엄 에크하르트는 오늘날까지도 매우 탁월한 트레이딩 성과를 기록하고 있다. 장기적으로는 리처드 데니스보다 더 많은 돈을 벌었다. 그의 헤지펀드는 현재 거의 8억 달러에 이른다. 하지만 윌리엄 에크하르트와 리처드 데니스가 처음으로 함께 일을 시작했을 때 트레이딩으로 돈을 번 사람은 리처드 데니스였고 윌리엄 에크하르트는 그로부터 트레이딩 기법을 배운 터틀 1호였다.

마이크 섀넌에게는 리처드 데니스가 윌리엄 에크하르트보다 재산도 훨씬 일찍 모았고 트레이딩 경험에서도 많이 앞서있는 것이 확실해 보였다. 그는 이렇게 설명했다. "당시 빌은 큰돈을 버는 데에도 신경을 쓰기는 했지만 트레이딩 전략 자체에 대해 더 많은 지적 관심을 보였습니다." 시간이 지나면서 윌리엄 에크하르트는 사업 목적과 실제 트레이딩 사이에 균형을 이루어야 한다는 사실을 깨달았다. 마이크 섀넌이 덧붙여 말했다. "아마 빌의 재산이 더 많지 않나 싶습니다만, 일단 2억 5,000만 달러가 넘으면……."

윌리엄 에크하르트는 트레이딩의 선천성과 후천성 논쟁에서 자신이 졌다고 늘 순순히 인정했다. 그는 길거리에 있는 아이들을 데려다 트레이딩 기법을 가르친다고 해서 좋은 성과를 낼 수는 없다는 입장이었다. "저는 트레이더라면 기계적 프로그램에 압축해 넣을 수 없는 그 무언가를 잘하는 사람이라 생각했습니다. 하지만 제 생각이 틀렸습니다. 대체로 터틀 수련생들은 트레이딩 기법을 정말 잘 터득했습니다. 기법을 잘 가르치면 트레이딩을 잘할 수 있느냐는 문제에 대한 답은 확실히 '네'입니다."[12] 아울러 그는 터틀이 순전히 운이 좋아 성공했다는 주장을 일축했다. "순전히 운으로만 성공을 거두고 이를 이어갈 확률은 제로에 가깝습니다. 우리가 전수한 기법은 수년간 잘 작동했습니다. 이를 다른 사람들에게도 가르쳤는데 똑같이 좋은 결과로 이어졌습니다. 타인의 자금운용에 적용했을 때에도 마찬가지였습니다." 그는 자신들의 업적이 운 덕분이었을 수도 있다는 점을 부인하지는 않았지만 그 가능성은 정말 희박하다고 보았다.[13]

윌리엄 에크하르트는 무한 원숭이 이론도 믿지 않았다. 이는 원숭이 수백만 마리를 데려다 키보드를 제멋대로 치게 하면 그중 한 마리는 결국 셰익스피어 전집 내용을 타이핑할 수도 있다는 주장이다. 오늘날까지도 많은 사람들이 윌리엄 에크하르트나 터틀의 성공이 무한 원숭이 이론처럼 그저 운이 좋았기 때문이라고 치부한다.

터틀 실험이 성공한 까닭이 아주 똑똑한 사람들만 선발했기 때문이라고 비판하는 사람들도 있다. 사실 마이클 카발로는 눈을 감은 채다섯 명을 상대로 체스를 해도 바로 이길 수 있을 만한 실력자다. 그는 C&D 커머디티스에 지능이 떨어지는 사람이 없었다는 사실을 보여주는 대표적인 인물이다. 하지만 윌리엄 에크하르트는 훌륭한 트레이딩과 지능 사이에는 상관관계가 높지 않다고 강조하며 이 같은 주장을 반박했다.

"몇몇 탁월한 트레이더는 아주 지능이 높지만 그렇지 않은 사람들도 있습니다. 지능이 정말 뛰어난 사람들 중 상당수는 트레이딩 실력이 형편없습니다. 평균적인 지능이면 족하죠. 지능보다는 심리적 능력이 더 중요합니다. 트레이딩은 첨단 로켓 과학이 아닙니다. 어떻게 매매해야 하는지를 배우는 것보다 이를 현실에서 제대로 실행하는 일이 훨씬 더 어렵습니다."[14]

윌리엄 에크하르트는 인생살이에서 늘 그렇듯 많은 사람들이 무엇이 올바른 일인지는 잘 알지만 실제로 이를 제대로 실천하지는 못한다고 말한 것이다. 트레이딩도 마찬가지다.

리처드 데니스의 파트너이자 오른팔로서 초창기 리처드 데니스를 보좌했던 그는 1970년대 시카고에서 일하던 다른 많은 젊은 트레이더처럼 제대로 실행하는 일이 얼마나 어려운지를 몸소 터득했다. 1978년 11월 1일, 그는 리처드 데니스와 함께 충격적인 경험을 했다. 지미 카터 대통령이 미 달러화 가치 하락을 저지하려고 나섰을 때였다. 이때 윌리엄 에크하르트의 머릿속에 영원히 각인된 '의연함'의 중요성에 대한 교훈을 얻었다. 당시 금리가 인상되었고 통화 시장 개입도 있었는데 이는 리처드 데니스와 윌리엄 에크하르트에게는 좋지 않은 소식이었다. 이들은 금, 외국 통화, 곡물 시장에서 엄청난 롱 포지션을 들고 있었기 때문이었다. 시장이 열리자마자 가격이 곤두박질쳤다. 금 선물은 일일 가격 제한폭인 온스당 10달러나 떨어지고 거래마저 없어 도무지 빠져나올 수 없었다. 은 선물도 가격이 급락했지만 여전히 거래는 이루어지고 있었다. 뉴욕상품거래소에서는 은을 거래할 수 있다는 소식이 들려왔다. 그래서 이들은 은 선물을 '매도' 하기 시작했다. 은 가격 하락에 따른 이익으로 금 가격 폭락에 따른 추가 손실을 방어할 목적이었다. 그렇지만 은 가격이 폭등하면 어쩔까하는 우려도 있었다. 결정을 서둘러야 했다. 그야말로 엄청난 돈이 걸린 일이었기 때문이다.[15]

리처드 데니스가 윌리엄 에크하르트에게 조용히 물었다. "어떻게 해야 할까?" 윌리엄 에크하르트는 공포에 질린 채 얼어붙어있었다. 리처드 데니스가 은 선물을 매도하자마자 곧 가격이 제한폭까지 급락했다(엄청난 성공이었다). 윌리엄 에크하르트는 감격어린 투로 회고했다. "리처드 데니스가 엄청난 압박 속에서 트레이딩을 실행했다는 점에서 이는 그의 생애 최고의 매매였습니다. 만약 그가 은 선물 매도 결정을 실행에 옮기지 못했다면 우리는 이어진 금 가격 추락으로 파산하고 말았을 겁니다."**16**

한 터틀 수련생은 '사람들이 멍해지고 귀도 멀어 파산하는 상황'에서도 리처드 데니스는 그런 거래를 실행하는 '배짱'을 지녔다며 경외심을 드러냈다. "사람들이 잘못된 쪽으로 가고 있을 때 리처드 데니스는 경이롭게도 방향을 확 바꿔 손실을 완전히 만회했습니다. 그는 엄청난 금액을 아주 침착하게 매매할 수 있는 몇 안 되는 사람 중 하나입니다. 어떤 사람들은 바보처럼 거래하다 무너져 내립니다. 특히 포지션을 반대 방향으로 잡았을 때 그러면 파산하고 맙니다."

많은 사람들이 날마다 적은 금액으로 거래하면서 손실에 대해 별 걱정을 하지 않는다. 그렇지만 예컨대 거래 규모가 두 배 커지면 트레이딩 결정은 더욱 중요해지고 힘들어진다. '많이' 거래할 때에는 이익과 손실 금액을 떠올리게 되어 평정심을 유지하기가 더욱 어려워진다. 감정이 겉으로 드러나고 의연함을 유지하기가 더 힘들어진다. 돈과 트레이딩을 서로 분리해야 한다는 생각은 터틀 수련생들에 아주 중요한 내용으로 각인되었다.

로버트 모스Ronert Moss는 은 선물 거래 사례에서 리처드 데니스의 능력을 확인했다. "돈에 대한 감정적 개입 없이 한 무더기, 두 무더기, 다섯 무더기를 잘 거래하는 사람들도 가끔 있습니다." 하지만 리처드 데니스만큼 잘하는 사람은 본 적이 없습니다. 리처드 데니스를 삼촌이라 부를 정도로 친한, 톰 윌리스의 아들 톰 R. 윌리스는 리처드 데니스가 세상 사람들과는 다르게 특출한 균형 감각을 지녔다고 말했다. "그는 유리하다고 판단하면 엄청난 금액을 베팅합니다."

리처드 데니스는 기회가 왔을 때 방아쇠를 당길 수 있는 능력이 있었지만 그는 재앙 같은 첫해에 거의 파산할 뻔했다. 11월 첫날에만 200만 달러를 잃었다. 이후 한동안 아슬아슬한 상황이 이어졌다. 이 때문에 리처드 데니스와 윌리엄 에크하르트는 트레이딩 관련 모든 사항을 재점검했다. 그들이 "채택했던 아이디어와 트레이딩 기법"을 컴퓨터에 모조리 입력해 테스트했다. "성공하는 트레이더는 자신의 기법을 코드화하고 규칙화하는 사람이에요. 가치가 있다고 여겨지는 아이디어는 반드시 시험해봐야 하죠."[17]

"손실이 200만 달러라. 이는 부자들만의 게임이지 내게는 해당되지 않아."라며 이 얘기를 폄하하지 말라. 이는 완전히 틀린 생각이다. 투자금액은 많을 수도 적을 수도 있다. 1억 달러를 가진 사람이 200만 달러를 잃었다면 큰 문제가 아니다. 5만 달러가 전부인 투자자가 1,000달러의 손실을 보았더라도 큰 걱정거리가 아니다. 둘 모두 손실이 2퍼센트다.

그렇다고 손실을 쉽게 받아들이라는 의미는 아니지만 리처드 데니스와 윌리엄 에크하르트는 터틀 수련생들에게 트레이딩을 돈의 관점으로 바라보지 말라고 가르쳤다. 수련생들이 돈을 하나의 변수로 생각하기를 원했다. 그렇게 하면 규모에 상관없이 늘 올바른 매매결정을 내릴 수 있기 때문이다.

하지만 리처드 데니스와 윌리엄 에크하르트는 수련생들이 외부의 제약 없이 일종의 투기적 거래를 수행한다는 점을 깨닫는 일이 가장 중요하다고 생각했다. 즉, 매매는 제한이 없는 환경에서 이루어졌다. 언제든 어디서든 기회만 있다면 얼마든 베팅할 수 있었다. 그렇지만 제한이 없는 상황에서 자신의 한정된 자본을 지키지 못한다면 머지않아 돈을 모조리 잃을 수 있다.[18]

수업 시간에 나온 교훈들로 이러한 '투기적 거래'의 딜레마가 해결되었다. 수련생들은 시장은 제로섬 게임이므로 조금이라도 이익을 내려면 다른 사람들로부터 돈을 따와야 한다는 사실을 터득했다. 다시 말해 누구나 활용하는 기법을 써서는 게임에서 이길 수 없다.[19]

이는 꼭 돈을 벌지는 못하더라도 장기적으로 일관성 있는 좋은 트레이딩을 해야만 훌륭한 성과를 낼 가능성이 급격히 올라간다는 뜻이다. 한 달, 한 분기, 한 해 손실을 기록해도 큰 틀에서는 그리 문제가 되지는 않는다. 수련생들은 현실세계에서 검증된 탄탄한 트레이딩 기법을 터득하는 것이 가장 중요하다는 사실을 배웠다.[20]

리처드 데니스와 윌리엄 에크하르트는 실제로 수익을 올리는 방법을 고안해냈다. 터틀 수련생들에게 그들의 철학과 매매규칙을 전수한 일은, 비행기를 한 번도 타본 적이 없는 사람들에게 비행기 조종법을 2주 동안 가르치는 것과 다름없었다.[21]

4

투자
철학

성공적인 매매를 하고 싶다면 규칙을 지켜라

"……불가능한 경우를 제거했을 때 남은 것은
그것이 아무리 이상하고 믿기지 않더라도 진실일 수밖에 없다."
• 아서 코난 도일Arthur Conan Doyle, 《셜록 홈즈》의 저자 •

리처드 데니스와 윌리엄 에크하르트가 진행했던 2주간의 훈련에
서는 주로 과학적 방법론으로 접근했다. 이는 그들의 트레이딩 스타
일의 구조적 토대였고 고등학교 시절 벌였던 논쟁의 바탕이기도 했
다. 흄과 로크도 여기에 기반을 두고 있었다.

쉽게 말해 과학적 방법론은 기존 지식을 수정 및 통합하고 새로운
지식을 습득하며 현상을 면밀히 조사하는 일련의 기술이다. 이는 관
찰 및 측정이 가능하고 경험적 증거에 기초를 두며 추론의 법칙의 지

배를 받는다.[1] 과학적 방법론은 일곱 가지 단계로 구성되어있다.

1. 문제에 대한 정의
2. 정보와 자료의 수집
3. 가설 설정
4. 실험 수행과 데이터 수집
5. 데이터 분석
6. 데이터 해석 및 새로운 가설의 출발점이 되는 결론 도출
7. 결과 공표[2]

이는 CNBC에서 들을 수 있는 내용도 아니고 날마다 증권사 브로커로부터 듣는 최신 뉴스도 아니다. 이러한 실용주의적 접근은 하루빨리 부자가 되는 데 도움을 주는 상투적인 팁과는 거리가 멀다. 리처드 데니스와 윌리엄 에크하르트는 수련생들이 트레이더가 되기 전에 먼저 과학자가 되어야 한다는 생각이 확고했다. 이는 '올바른 작업 right thing'을 해야 한다는 신념의 증거이기도 했다.

경험론자인 리처드 데니스는 탄탄한 철학적 기반 없이 트레이딩을 하면 위험할 수 있다고 보았다. 그는 자신의 연구가 컴퓨터에 떠돌아다니는 단순한 숫자에 그치는 것을 결코 원하지 않았다. 이론이 기반을 이루고 숫자는 이를 확인하는 데 쓰여야 한다고 여겼다. 그는 이렇게 설명했다. "시작에도 끝에도 이론적 기틀이 필요합니다."[3]

그의 이런 접근은 시대를 앞선 생각이었다. 그로부터 몇 년 뒤 경제학자 대니얼 카너먼Daniel Kahneman이 일종의 행동재무이론인 '전망이

론prospect theory'으로 노벨상을 받았는데 리처드 데니스는 이 특이한 이론을 자신의 직업에도 적용했을 뿐만 아니라 터틀 수련생들에게도 가르치고 있었다.

리처드 데니스와 윌리엄 에크하르트가 터틀 수련생들에게 전수한 기법은 초창기에 플로어에서 리처드 데니스가 계절적 가격 차이를 이용해 매매한 기법과는 달랐다. 터틀은 추세를 따라 트레이딩하도록 훈련받았다. 이는 다시 말해 돈을 벌려면 '추세'가 있어야 한다는 뜻이다. 추세추종 트레이더들은 늘 시장이 추세를 보일 때를 기다려 투자한다. 수익이 목표이기 때문에 위로든 아래로든 큰 추세를 따라잡아 매매한다.[4]

리처드 데니스는 1983년까지 가장 훌륭했던 트레이딩은 '규칙' 덕분이었다는 사실을 알았기에 터틀 수련생들이 이를 터득하도록 했다. "실패하는 경우는 대부분 주관적 판단 때문이었습니다. 성공적인 매매의 대부분은 규칙 덕분이었고요. 아침에 일어나 이렇게 말하면 곤란합니다. '시장 방향성에 대한 좋은 영감이 떠오르면 좋겠어요.' 그렇게 되면 수없이 많은 판단을 내려야 합니다."[5]

리처드 데니스는 큰돈을 벌려면 정확히 어디를 맞춰야 하는지 알고 있었지만 너무 많은 주관적 판단 때문에 매매를 흐트러뜨린 적이 종종 있었다. 돌이켜보니 트레이딩 피트에서 접한 경험 때문이었다고 토로했다. "피트에서 매매하는 사람들은 일반적으로 시스템 트레이딩에서는 아주 형편없습니다. 우리가 배운 것과는 다르게 눈앞에서 깜빡이는 가격 움직임에 반응합니다."[6]

추세추종 기법은 리처드 데니스와 윌리엄 에크하르트가 창안한 것이 아니다. 1950년대부터 1970년대까지 오랫동안 플러스 수익률을 거둔 리처드 돈치안Richard Donchian이라는 걸출한 추세추종 트레이더가 있었다. 그는 자타가 공인하는 추세추종 트레이딩의 아버지로서 추세추종과 관련한 기록과 어록을 많이 남겼다. 아울러 그는 리처드 데니스와 윌리엄 에크하르트뿐만 아니라 모든 기술적 분석가들에게도 영향을 미쳤다.

리처드 돈치안의 제자 중 한 사람인 바버라 딕슨Barbara Dixon은 다음과 같이 설명했다. "추세추종 트레이더는 가격 움직임을 예측하려는 어떤 시도도 하지 않는다. 더불어 시장에 들어가고 나오는 조건을 엄격히 정해놓고 다른 모든 요소를 배제한 채 이 규칙에 의해서만 움직인다. 이로써 투자결정을 내릴 때 감정적 요소를 제거할 수 있다."[7]

추세추종 기법이라고 해서 매매할 때마다 수익을 내지는 못한다. 사실 거래가 틀렸다면 이를 인정하고 손절하여 다음으로 넘어간다. 하지만 장기적으로는 수익을 올릴 수 있다고 본다.[8] 1960년대 리처드 돈치안은 이 투자 철학을 소위 '주간 매매규칙'으로 요약 정리했다. 이 규칙은 실제 활용하기가 아주 쉽다. "가격이 월요일부터 기산하는 최근 2주(상품에 따라 달라질 수 있다) 최고치를 상향 돌파하면 쇼트 포지션을 정리하고 매수한다. 반대로 2주 최저치를 하향 돌파하면 롱 포지션을 청산하고 매도한다."[9]

리처드 데니스의 제자 톰 윌리스는 오래전에 데니스에게 가격이 왜 믿을 수 있는 유일한 변수인지 배웠다. 이는 돈치안의 트레이딩 규칙의 철학적 기반이기도 하다. 톰 윌리스는 말했다. "알려진 모든 것은 가격에 반영되어있습니다. 저는 카길Cargill(2005년 기준 매출 700

억 달러의 세계 2위 민간기업)과의 경쟁은 엄두를 내지 못합니다. 왜냐하면 이 회사에는 전 세계의 모든 대두 관련 정보를 샅샅이 뒤져 본사에 보고하는 대두 전문가들이 있기 때문입니다." 톰 윌리스 주변에는 기본적 분석을 기반으로 대두를 매매해 수백만 달러를 번 친구들이 있지만 이들이 수천 명의 직원을 거느린 대기업보다 대두에 대해 더 많이 알 수 없다. 윌리스는 덧붙였다. "그들은 채권에 대해 아는 것이 전혀 없습니다. 통화에 대해서도 마찬가지입니다. 저도 채권이나 통화에 대해 전혀 모르지만 이것들을 매매해 큰돈을 벌었습니다. 둘 모두 그저 가격을 보고 매매합니다. 옥수수는 채권과 조금 다르기는 하지만 달리 트레이딩해야 할 만큼 많이 다르지는 않습니다. 시장마다 다른 규칙을 적용해 트레이딩하는 사람들이 있습니다. 참으로 어리석죠. 저희는 군중심리가 반영된 가격만 보고 매매합니다. 옥수수, 대두, S&P500 지수를 매매할 때 기본적 분석을 기반으로 하지 않고 그저 숫자를 보고 기술적으로 접근합니다.[10]

'숫자를 매매한다'는 말은 감정에 휘둘리지 않기 위해 세상을 '관조적'으로 봐야 한다는 리처드 데니스의 주장을 대변하는 표현이기도 하다. 그는 수련생들이 가격 분석을 제대로 이해하도록 지도했다. 처음에는 '지능이 실체이고 가격이 현상이라고 판단했다가 나중에 가격이 실체이고 지능이 현상이라는 사실을 깨달았기' 때문이다.[11]

리처드 데니스는 일부러 돌려 표현하지 않았다. 그의 트레이딩 원리는 대두 관련 뉴스가 사람들이 이를 듣고 소화하는 속도보다 더 빨리 가격에 반영된다는 데 기반을 두고 있다. 그는 뉴스를 접한 후 의사결정을 내리면 틀릴 수 있다는 사실을 20대 초부터 알고 있었다.

만약 뉴스, 주식 관련 팁, 경제지표가 훌륭한 트레이딩의 핵심 열쇠라면 누구나 부자가 되었을 것이다. 리처드 데니스는 단호히 말했다. "곡물 수확량, 실업률, 인플레이션 등은 트레이더에게는 추상적 이론에 불과합니다. 이것들은 가격 예측에도 도움을 주지 못할 뿐만 아니라 과거의 시장 움직임도 설명하지 못합니다." [12]

시카고의 어느 뛰어난 트레이더는 대두 선물 매매를 해왔는데 5년이 지난 후에야 대두를 실물로 처음 보았다. 그는 날씨에 '무슨 변화'가 일어나면 매매도 바뀌어야 한다는 생각을 비아냥거리며 다음과 같이 말했다. "비가 내린다면 제가 할 일은 우산을 준비하는 것뿐입니다." [13]

수련생들은 처음에 리처드 데니스의 설명을 듣고 그가 영리하게 조심스레 말한다고 생각했다. 하지만 사실 데니스는 정확히 어떻게 생각해야 하는지를 얘기하고 있었다. 그는 터틀 수련생들이 기본적 분석의 단점을 가슴 깊이 새기기를 원했다. "기본적 분석으로는 수익을 올릴 수 없습니다. 그저 매수매도를 통해서만 돈을 법니다. 그런데 왜 가격이라는 본질에 집중하지 않고 쓸데없는 현상에만 매달릴까요?" [14]

수련생들이 S&P500 지수에 포함된 500개 기업의 대차대조표를 포함한 각종 재무정보를 꿸 수 있을가? 대두 관련 모든 분석도 할 수 있을까? 불가능하다. 설령 가능하다 하더라도 관련 지식이나 분석이 언제 사고팔지 얼마나 매매할지 판단하는 데 도움 되지는 않는다.

리처드 데니스는, TV를 보고 내일 어떤 일이 일어날지 예측할 수 있고 그와 관련해 무슨 일이든 예상할 수 있다면 자신의 매매 전략은 곤란해질 것이라 생각했다. 그는 이런 말을 했다. "만약 세상이 그런 식으로 돌아간다면 저는 어려움에 빠질 것입니다.[15] CBNC 마리아 바티로모Maria Martiromo가 전하는 기본적 분석은 C&D 커머더티스 스승들이 보기에는 쓸데없는 정보입니다."

추세추종 트레이더인 마이클 기븐스Michael Gibbons는 '뉴스'를 보고 매매 의사결정을 내리는 행위가 얼마나 어리석은지 예를 들어 설명했다. "저는 1978년에 정말 어처구니없는 일을 겪은 뒤에는 뉴스를 보지 않습니다. 당시 제 친구는 대형 뉴스 서비스 회사의 기자로 일하고 있었습니다. 어느 날 그는 설탕을 주요 내용으로 하는 자세한 기사를 냈습니다. 이를 읽은 저는 그에게 '어떻게 그 모든 정보를 수집할 수 있었느냐'고 물었죠. 그의 다음 대답을 결코 잊을 수 없습니다. '다 지어낸 이야기야.'"

그렇다고 리처드 데니스처럼 트레이딩해서 늘 수익을 거둘 수 있는 것은 아니다. 수련생들이 그의 자금을 운용하면서 적은 손실이 자주 발생했다. 자신의 매매기법을 믿는 그는 이렇게 말했다. "제가 틀렸고 미쳤으며 실패할 것이라고 떠드는 사람들이 마음에 들지는 않지만 저는 크게 신경 쓰지 않습니다. 제가 무엇을 하고자 하는지 어떻게 하고 싶은지 잘 알고 있기 때문입니다."[16]

터틀 수련생들의 핵심 원칙은 100년 전 위대한 투자자들이 실천했던 규칙과 같다.

"원금이 늘어나거나 줄어든다고 해서 동요하지 마라."
"평정심을 유지하고 일관되게 움직여라."

"과정이 아닌 결과로 자신을 판단하라."

"시장이 특정 방향으로 움직일 때 어떻게 대응할지 알고 있어라."

"현실에서는 불가능해 보이는 일도 종종 일어난다."

"날마다 계획을 수립하고 다음날 일어날 수 있는 비상사태를 검토하라."

"어디에서 수익을 올리고 손실을 볼 수 있는지 살펴보고 이와 관련한 확률도 파악하라."

하지만 이런 귀에 익은 완곡한 표현 뒤에는 정교함이 숨어있다. 훈련 첫날 윌리엄 에크하르트는 최적의 트레이딩에 필요한 질문 다섯 개를 추렸다. 수련생들은 다음 질문에 언제든 대답할 수 있어야 했다.

1. 시장 상태는 어떠한가?
2. 시장 변동성은 얼마인가?
3. 투자하는 자금은 얼마인가?
4. 매매규칙과 투자 방향은 무엇인가?
5. 트레이더나 고객의 위험회피 성향은 어떠한가?

윌리엄 에크하르트는 이보다 더 중요한 질문들은 없다고 단호하게 말했다.[17]

시장 상태는 어떠한가? 이 말은 단순히 "시장에서 거래되는 가격이 어느 수준인가?"라는 뜻이다. 오늘 마이크로 소프트가 주당 40달러에 거래되고 있다면 이것이 바로 시장 상태다.

시장 변동성은 얼마인가? 윌리엄 에크하르트는 수련생들이 시장이 얼마까지 상승하고 하락할지 날마다 파악하고 있어야 한다고 가르쳤다. 마이크로 소프트가 평균 50달러에서 거래되지만 어느 날 48달러에서 52달러 사이에서 움직이는 특징을 보인다면 이때 시장 변동성은 4달러다. 수련생들은 일간 변동성을 지칭하는 N이라는 표현을 즐겨 썼다. 위 마이크로 소프트의 경우 'N'은 4라고 할 수 있다. 시장 변동성이 커지면 일반적으로 위험도 증가한다.

투자하는 자금은 얼마인가? 수련생들은 자신이 투자하는 자금이 얼마인지 항상 알고 있어야 했다. 모든 투자 규칙이 투자금의 규모에 맞춰지기 때문이다.

매매규칙과 투자 방향은 무엇인가? 윌리엄 에크하르트는 수련생들이 장이 열리기 전부터 매수매도 전투 계획을 가지고 있어야 한다고 가르쳤다. 따라서 다음과 같이 말하면 안 되었다. "좋아, 지금 10만 달러가 있으니 일단 5,000달러를 투자해볼까?" 아침에 일어나 이렇게 말해도 곤란했다. "구글이 500달러에 도달하면 매수할까 아니면 매도할까?" 언제 어느 시장에서든 가격 움직임에 따라 언제 사고팔지를 정한 정밀한 규칙이 있어야 한다고 가르쳤다. 수련생들은 S1과 S2라는 두 가지 규칙이 있었다. 이 규칙들은 진입과 청산에 대한 것이다. 기본적으로 S1은 시장이 최근 20일 최고치를 상향 돌파하면 매수하고 20일 최저치를 하향 돌파하면 매도하는 규칙이다.

트레이더나 고객의 위험회피 성향은 어떠한가? 위험관리는 수련생들이 바로 이해할 수 있는 개념이 아니었다. 예를 들어, 만약 투자자금이 1만 달러라면 구글에 1만 달러를 모두 베팅해야 할까? 아니다. 구글이 갑자기 폭락하면 1만 달러를 순식간에 잃을 수도 있다. 시장은 언제든 본인의 예상과 반대로 움직일 수 있기 때문에 1만 달러의 아주 일부만 투자해야 한다. 예컨대, 처음에는 작게 1만 달러의 2퍼센트만 베팅해야 계속 살아남아 매매할 수 있고 더 큰 기회를 노릴 수 있다.

토론

윌리엄 에크하르트는 훈련을 진행하면서 비교를 통해 중요한 점을 강조했다. 어느 날 그는 투자자금, 매매 시스템(또는 투자방향), 위험회피 성향이 똑같은 두 명의 트레이더를 설정하고 똑같은 시장 상황에 맞닥뜨렸다고 가정했다. 이 경우 두 트레이더가 취하는 최적의 행동은 같아야 한다고 강조했다. "한 트레이더에게 최선의 매매는 다른 트레이더에게도 최선의 선택이어야 합니다."[18]

이는 간단해 보이지만, 사람들은 대부분 비슷한 상황에 직면했을 때 본능적으로 다르게 반응한다. 인간은 본디 스스로를 우수하다고 여기는 경향이 있어서 자신만이 어떤 가치를 덧붙여 상황을 훨씬 좋게 만들 수 있다고 착각한다. 리처드 데니스와 윌리엄 에크하르트는 조건이 같을 때 대응도 같아야 한다고 요구하면서 그렇게 하지 않는 수련생 몇 명을 퇴출시켰다.

윌리엄 에크하르트의 본질적 주장은 다음과 같았다. "당신은 특출나지 않다. 다시 말해 시장보다 똑똑하지 않다. 출신이 어디이든 머리가 아무리 좋든 마찬가지다. 직면하는 문제가 똑같고 조건도 같다면 그냥 규칙을 따라야만 한다." 그는 이를 아주 전문적이고 학문적으로 자세히 설명했지만 전하고자 하는 의미는 명확했다. 수련생들이 아침에 일어나 다음과 같이 말하는 것을 원치 않았다. "오늘은 왠지 더 똑똑해진 느낌이야", "오늘은 좋은 일이 생길 것 같아", "오늘은 느낌이 별로야." 그는 수련생들이 잠에서 깼을 때 이렇게 말하도록 가르쳤다. "오늘도 규칙대로 매매할 거야."

리처드 데니스는 날마다 규칙을 따르고 올바르게 매매하려면 아주 끈질겨야 한다는 점을 강조했다. "좋은 원칙을 따르고 공포, 욕심, 희망이 매매를 흐트러트리지 않도록 하기는 아주 어렵습니다. 인간의 본성을 거슬러 헤엄쳐야 하기 때문이죠."[19] 수련생들은 규칙을 끝까지 준수하고 필요시 방아쇠를 당길 수 있을 만한 자신감을 지녀야 했다. 망설이다가는 제로섬 게임인 시장에서 끝장나기 십상이다.

여러 부류가 섞인 초보 수련생들은 윌리엄 에크하르트가 강조한 다섯 가지 질문 중, 시장 상태와 시장 변동성에 대한 질문은 여러 퍼즐 조각 중 주관적이지 않은 것이었다. 누구든 분명하게 알 수 있는 간단한 사실이다.

윌리엄 에크하르트는 나머지 세 개 질문, 즉 투자자금, 매매규칙, 위험회피 성향을 특히 중요하게 생각했다. 이 모두 현재를 기반으로 하는 주관적 질문이다. 이 질문에 대해서는 한 달 전이나 일주일 전

답은 의미가 없다. 오로지 '현재'의 답이 중요하다.[20]

풀어 설명하자면 수련생들은 지금 자금을 얼마나 투자할지, 어떻게 진입하고 청산할지, 매매 시 위험을 얼마나 감수할지만 통제할 수 있다. 이를테면 구글이 현재 500달러에 거래되고 있으면 구글은 있는 그대로 500달러에 매매되고 있는 것이다. 이는 사실에 대한 설명일 뿐이다. 구글의 변동성(N)이 정확히 4이면 여기에는 주관적 판단이 개입되지 않는다.

윌리엄 에크하르트는 변동성(N) 이슈처럼 객관성 유지의 필요성을 강조하기 위해 수련생들이 '과거를 떠올리지 않는 트레이딩'을 하기를 원했다. 그러면서 이렇게 가르쳤다. "여러분들은 어떻게 현재 상태에 이르렀는지는 신경 쓸 필요가 없습니다. 대신 지금 무엇을 해야 하는지에 집중해야 합니다. 자신감이 떨어져 다르게 매매하고 있다면 이는 현재가 아닌 과거에 초점을 맞추고 있기 때문입니다."[21]

5년 전 10만 달러를 가지고 있었지만 지금은 5만 달러밖에 없다면 이전에 10만 달러를 보유했었다는 전제로 매매결정을 내려서는 안 된다. 현재 5만 달러를 지니고 있다는 현실을 토대로 의사 결정해야 한다.

이익을 어떻게 잘 관리하느냐가 승자와 패자를 결정짓는다. 훌륭한 트레이더는 현재 보유한 자금 규모에 맞춰 트레이딩을 조절한다.

원유가 처음으로 배럴당 40달러를 상향 돌파한다고 해도 수련생들은 팔짱을 끼고 왈가왈부해서는 안 된다. S1이나 S2에 도달해 진입 또는 청산 신호가 나오면 바로 행동으로 옮겨야 한다. 왜 어떻게 40

달러에 이르렀는지는 중요하지 않다. 그는 간단명료한 예를 들었다.

그는 누구나 알기 쉬운 상식적인 내용으로 설명을 시작했다. 만약 우리가 초기 투자자금으로 수익을 올려 잔고가 증가하면 다른 '사람들로부터 따온' 돈도 굴릴 수 있기 때문에 더 많은 위험을 감수하기 쉽다. 하지만 윌리엄 에크하르트는 다르게 생각했다. "실제 그렇다면 이는 안이한 생각입니다. 원래 자신의 돈을 잃든 다른 사람들로부터 딴 돈을 잃든 기분 나쁜 것은 마찬가지입니다. 그렇지 않습니까? 잃은 돈이 원래 누구의 돈이었는지가 왜 중요합니까? 현재 그 자금을 누가 운용하고 있으며 이를 어떻게 굴릴지가 중요합니다."[22]

예컨대 우리가 10만 달러로 투자를 시작했는데 곧바로 10만 달러를 벌었다고 치자. 그러면 자금이 20만 달러로 늘어난다. 하지만 수익을 올렸다고 해도 이렇게 말할 수는 없다. "벌어들인 10만 달러로는 훨씬 더 큰 위험을 감수해도 괜찮아."

왜 자금을 위험하게 써도 되는 돈이나 운 좋게 번 돈 따위로 구분지어 생각하는가? 수련생들은 추가로 벌어들인 10만 달러도 자신의 초기 투자자금처럼 관리해야 한다고 배웠다. 그들은 벌어들인 돈도 자신의 원래 자금처럼 똑같이 조심스레 관리하고 절제 있게 다뤄야 했다. 잔고가 변해도 이 다섯 가지 질문에 대한 답은 바뀌지 않아야 한다.

트레이더들 모두 같은 기회를 맞이한다면 매매도 똑같이 해야 한다. 개인적 감정이 개입되어서는 안 된다.

존과 메리라는 두 트레이더가 있다고 가정하자. 두 사람은 모든 면에서 똑같다. 즉, 위험회피 성향도 같고 매매규칙도 같다. 한 가지 작은 차이점이 있는데, 존이 메리보다 자금이 50퍼센트 더 많다는 것이다. 그 덕에 존은 휴가를 가기로 결정했고 그가 사우스 비치에서 휴가를 즐기는 동안 메리가 50퍼센트의 수익을 올렸다. 그래서 둘의 자금 규모가 같아졌다. 이들이 왜 어떻게 자금이 같아졌는지는 중요하지 않다. 존에게 옳은 투자 규칙은 메리에게도 똑같이 옳다.[23]

윌리엄 에크하르트는 수련생들이 다음과 같이 말하는 것을 원치 않았다. "돈을 어느 정도 벌었으니 이제는 뭔가 다르게 할 수 있을 것 같아." 이들이 돈을 얼마나 벌었든 이전과 똑같은 절차로 매매해야 한다.

대부분의 사람들은 메리가 50퍼센트의 수익을 거두었다는 사실을 아는 순간, 전과 똑같이 트레이딩해야 한다는 윌리엄 에크하르트의 주장에 이의를 제기하고 싶은 마음이 자연스럽게 생긴다. 이 때문에 투자 규칙은 큰 평가이익을 올린 트레이더들이 비합리적으로 행동하거나 규칙을 깨지 못하도록 고안되었다. 커다란 평가이익을 거두고 있는 사람들은 대부분 장부상의 이익이 사라지지 않기를 바란다. 이렇게 이익을 실현하고 싶은 마음이 굴뚝같은 까닭은 그래야 '마음이 편해지기' 때문이다.

윌리엄 에크하르트는 편안함을 추구하는 사람의 심리는 올바른 투자에 좋지 않다는 점을 강조했다. "장부상의 수익과 실현이익을 구분하는 행위는 정말 어리석은 짓입니다. 투자 포지션은 얼마인가? 실현이익은 얼마일까? 이런 질문들은 회계원들이 인위적으로 만들어낸 표현에 불과합니다. 올바른 트레이딩과는 전혀 관계가 없습니다."

이처럼 아무런 상관이 없는데도 사람들은 항상 잘못된 길로 간다. 현재 보유한 돈과 규칙을 토대로 오늘 해야 하는 매매를 수행하는 대신, 이전에 지녔던 자금 규모를 염두에 두고 매매한다. 즉, 투자 손실로 원금이 줄어든 부분을 복구하려고 기를 쓴다. "전에 돈을 얼마나 가지고 있었는지는 전혀 중요하지 않습니다. 지금 얼마를 보유하고 있는지가 중요합니다." 윌리엄 에크하르트가 소리 높여 강조했다.[24]

만약 수련생들이 10만 달러로 투자를 시작했다가 지금은 9만 달러로 줄었다면 현재 보유한 9만 달러를 토대로 매매결정을 내려야 한다. 투자자금의 2퍼센트까지만 위험이 허용된다면 10만 달러의 2퍼센트가 아니라 9만 달러의 2퍼센트를 베팅해야 한다.

터틀 수련생들이 한 시장에서 손실을 보았더라도 정한 규칙대로 계속 투자해야 한다. 손실을 받아들이고 관리하는 것도 게임의 일부다.

과거에 매달리는 문제는 C&D 커머디티스 팀에게 커다란 이슈였다. 윌리엄 에크하르트는 수련생들이 과거에 집착하는 실수를 저질러 발생한 손실에 대해서는 아주 엄격했다. 트레이더들은 손실을 기록하게 되면 바로 그 시장에서 같은 포지션으로 매매하는 경향이 있다. 윌리엄 에크하르트는 이를 "피를 부르는 복수"라고 표현했다.

존이 시스코Cisco에 투자해 손해를 보았다고 가정하자. '상처받은' 그는 현 시점에서 최선의 기회를 모색하는 대신 꼭 시스코에 다시 투자해 손실을 벌충하기를 원한다. 즉, 온통 시스코 투자에만 매달려 결국 손실이 계속 커져만 간다. 윌리엄 에크하르트에 따르면 이는 옛 기억에 집착하는 실수의 일종으로 언제나 파멸을 부를 뿐이다.[25]

터틀 수련생들은 언제 어느 시장에서 돈을 벌든 또는 잃든 거기에 집착하지 말라고 배웠다. 수련생들은 과거에 얽매이지 말고 그때그때의 투자 기회에 집중하라는 가르침을 받았다.

'손실'을 볼 때도 원칙은 같다. 이를테면, 수련생들은 손실이 발생할 경우 가격이 추가로 하락해 더욱 큰 손실을 보기 전에 털고 나와야 한다고 배웠다. 초기 투자 후 작은 손실이 난 상태에서 이렇게 말하면 안 되었다. "마이크로 소프트에 10만 달러 투자했는데 지금은 9만 달러로 줄어들었군. 더 싸졌으니 1만 달러를 더 투자할 테야."

리처드 데니스는 손실 포지션에 돈을 더 집어넣는 행위는 난로에 손을 덴 어린아이가 그 난로가 잘못됐다는 것을 증명하기 위해 다시 난로에 손을 대는 짓이나 마찬가지라고 말했다.[26] 하지만 작은 손실 후 포지션을 청산한 뒤 다시 매입 신호가 나오면 또 투자할 수 있다. 전설적인 헤지펀드 매니저인 폴 튜더 존스Paul Tudor Jones의 사례는 이를 아주 잘 보여준다.

다음은 그가 가장 잘 투자한 사례 중 하나다. 그는 처음 진입 신호가 나오자 바로 투자를 했다. 그런데 시장이 예상과 반대로 움직이는 바람에 2퍼센트의 손실을 보고 매도해야 했다. 하지만 다시 시장이 생각했던 쪽으로 방향을 틀면서 매입 신호가 나왔다. 그는 고민할 것도 없이 다시 진입했다. 그렇지만 다시 시장이 거꾸로 움직이는 바람에 2퍼센트의 손해를 보고 빠져나와야 했다. 진짜 추세에 올라타기 전까지 이를 십여 차례나 되풀이했다. 이 마지막 큰 추세에서 번 돈은 그동안의 손실을 충분히 만회하고도 남았다. 하지만 결국 이렇게 수익을 거둔 가장 큰 이유는 원칙을 철저히 지켰기 때문이다.

이와 같은 교훈은 스포츠에서도 얻을 수 있다. 래리 버드Larry Bird는 최고의 3점 슈터지만 언제나 완벽할 수는 없다. 그의 3점 슛 성공률이 40퍼센트라고 하자. 그런데 갑자기 3점 슛을 열다섯 번 연속으로 실패했다면 어떻게 해야 할까? 3점 슛을 더 이상 시도하지 않아야 할까? 누구나 아니라고 답할 것이다. 바로 이 점이 리처드 데니스와 윌리엄 에크하르트가 가르치고자 한 교훈이다.

이들이 수련생들에게 가르친 통계적 접근법의 아주 훌륭한 예는 야구에서도 찾을 수 있다. 예컨대 평균 타율이 10년 연속 3할인 타자가 있다고 가정하자. 그런데 갑자기 25타석 무안타를 기록했다. 그렇다고 3할 타자가 아니라고 할 수 있는가? 그렇지 않다. 이전처럼 타석에 들어서서 늘 하던 대로 3할 타자답게 방망이를 휘둘러야 한다. 수련생들은 장기적으로 확률을 토대로 투자했다.

터틀 수련생들은 진입 시점에만 얽매이지 말고 빠져나오는 시점에 대해 더욱 고민하라고 배웠다.

다시 존과 메리라는 두 트레이더가 있다고 가정하자. 이들은 투자원금이 다르다는 점 외에는 모두 똑같다. 존은 메리보다 원금이 10퍼센트 더 적었지만 메리보다 먼저 투자를 시작했다. 그 결과, 메리가 매매를 시작할 시점에 두 사람의 자금이 같아졌다. 이 경우 윌리엄 에크하르트는 "일단 투자를 시작하고 나면 이후의 매매 의사결정은 처음 진입가격의 영향을 받아서는 안 된다"고 못 박았다. 그는 수련생들이 첫 진입가격을 모르는 듯 투자하기를 바랐다.[27]

리처드 데니스는 손실 관리의 중요성을 계속 강조했다. "손절을 싫어하는 트레이더는 이 직업이 맞지 않습니다."[28] '비결'은 이익 포지션보다는 손실 포지션을 잘 관리하는 데 있다.[29] (리처드 데니스가 "잘못된 포지션"이라 말한) 손실 포지션을 잘 관리해야 큰 추세가 나타났을 때 올바른 포지션을 잡을 기회를 노릴 수 있다. 진입가격은 그리 중요치 않다.

리처드 데니스와 윌리엄 에크하르트의 가르침은 워런 버핏Warren Buffet의 '가치투자' 방식과 상반된다. 수련생들을 다음과 같이 말해야 한다. "나는 시장의 단기적 등락에 따라 매수하거나 매도하려 합니다. 왜냐하면 시장은 어느 한 방향으로 움직이기 시작하면 그 추세가 이어지는 경향이 있기 때문입니다." 시장이 올라도 내려도 좋다. 리처드 데니스와 윌리엄 에크하르트는 터틀 수련생들이 상승장과 하락장 양쪽에서 수익을 올리기를 원했다.

리처드 데니스는 수련생들이 인간의 본능을 극복하도록 독려했다. 다음은 그가 털어놓은 얘기다. "사람들이 정말 믿기 어려워하는 일이 하나 있는데 제가 베팅하면서 수없이 틀릴 수 있다는 점을 생각하면서 매매한다는 사실입니다. 그들은 제게 특별한 비법이 있다고 믿을 뿐 수많은 시행착오를 거쳐 성공을 거뒀다고는 생각하지 않았습니다."[30]

C&D 커머더티스는 매우 신비롭게 여겨질 만큼 성공했지만 사실은 전체 매매 건수의 90퍼센트에서 손실을 보았고 나머지 10퍼센트에서 대형 홈런을 치면서 전체적으로 이익을 거두었다. 커다란 수익을 올리기 위해 오래 기다려야 하는 경우도 종종 있었다. 대부분의 사람들은 심리적으로 이런 지루한 기다림을 견디지 못한다.[31]

이 논리를 미디어 회사 관점에 생각해보자. 리처드 데니스와 윌리엄 에크하르트처럼 영화 제작자들과 출판사 경영진은 '실패작'을 감수한다. 영화사가 작품 열 편을 만들고 출판사도 책 열 권을 냈다고 치자. 이 두 사례에서 열 중 어느 하나가 성공할지 알 수 없다. 사실 이 중 하나만 성공해도 다행이다. 이들은 어느 것이 대박을 터뜨릴지 모르기 때문에 영화 열 편을 만들고 책 열 권을 낸다. 아홉 권이 성공하지 못해도 책을 조금씩 인쇄함으로써 작은 손실로 마무리한다. 그러니 영화나 책 열 중 아홉이 성공작이 아니어도 괜찮다. 조금 손실을 보고 끝내면 그만이다. 하지만 열 작품 중 하나가 대박을 터트리면 아홉 번의 손실을 만회하고도 남는다. 수련생들은 출판사, 영화사, 카지노 하우스처럼 생각하도록 훈련받았다.

상승 또는 하락 추세가 얼마나 이어질지 예측하려 하지 마라. 불가능한 일이기 때문이다.

윌리엄 에크하르트는 수련생들에게 다음을 사례로 들려주었다. 시장이 급작스레 올라 예정된 매수 가격을 지나쳐 결국 투자하지 못했다. 투자자는 다시 '원래 가격'으로 되돌아오기를 기다렸지만 시장은 오히려 상승을 지속했다. 윌리엄 에크하르트는 설명을 이어갔다. "이때 사람들은 가격이 너무 비싸 투자할 수 없다는 생각을 떨치지 못합니다. 진입가격이 너무 비싸다고 여기기 때문이죠. 그렇지만 이 경우에는 반드시 매수해야 합니다. 일단 진입한 이후에는 매수가격은 아무런 의미가 없기 때문입니다."[32]

위 예에서 수련생들은 가격이 되돌아오기만을 기다려서는 안 된다. 그렇게 해야 할 통계적 근거도 없다. 수련생들은 8달러에 사려던 대두 가격이 9달러로 오르면 대두가 다시 8달러로 떨어지기를 기다리는 대신 9달러에 매수하도록 훈련받았다. 끝내 8달러로 하락하지 않을 수도 있기 때문이다.[33]

만약 구글이 처음으로 매수가격인 500달러에 도달했다면 수련생들을 어떻게 대응해야 할까? 사야 한다. 투자 원칙상 바로 올라타야 한다. 과학적 접근법을 항상 강조한 리처드 데니스는 포지션을 보유하면 그 이유가 있는 것이니 투자 근거가 바뀌지 않는 한 계속 보유해야 한다고 강조했다. "트레이딩할 때에는 전략이 있어야 하고 그 전략이 어떻게 작동하는지도 알아야 하며 이를 끝까지 밀고 나갈 수 있어야 한다."[34]

하지만 이와 같은 접근법에는 예외도 있다. 예컨대 2006년 11월 22일 수요일 구글은 개장하자마자 510달러 위에서 거래되었다. 하지만 일주일 뒤인 29일 수요일에는 거의 30포인트나 하락한 483달러에서 움직였다. 그런 뒤 다시 510달러로 회복된다면 이후 구글이 상승할지 하락할지 알 수 있을까? 알 수 없다. 이때는 어떻게 해야 할까? 가격을 예측하지 말고 가격의 움직임에 바탕을 둔 규칙을 따라 매매하면 된다.

윌리엄 에크하르트는 불확실한 상황에 맞닥뜨렸을 때에 나타나는 감정을 관리하는 데 필요한 수학과 규칙을 가르쳤다. 그는 이렇게 강조했다. "객관적 지식이 아닌 개인적 감정이나 기억에 의존해 투자한 적이 있습니까? 과거의 개인적 기억이나 감정적 요소들이 매매에 영향을 끼치도록 해서는 안 됩니다."[35]

변동성 측정은 수련생들에게 정말 중요하다. 예나 지금이나 사람들은 대부분 이를 무시하고 매매한다.

리처드 데니스와 윌리엄 에크하르트가 늘 다음 질문을 던졌다. "현재의 변동성 상태에서는 얼마를 투자해야 할까?" 이는 다시 말해, 어느 주식이나 선물계약의 경우 현재 가격보다는 시장의 변동성을 항상 확인하는 일이 더 중요하다는 뜻이다. 이를테면 마이크로 소프트가 현재 40달러에 거래되고 있다는 사실을 아는 것도 필요하지만 이 주식의 변동성(N)을 계속 체크하는 작업이 훨씬 더 중요하다.[36] 변동성을 알아야 제한된 자본금 중에서 마이크로 소프트를 얼마만큼 매수하거나 공매도해야 적절한지를 판단할 수 있다.

정신없이 빠르게 진행된 훈련이 끝날 무렵 리처드 데니스와 윌리엄 에크하르트는 수련생들에게 당연한 사실을 재차 강조했다. 규칙을 어기지 않고 끝까지 준수하는 수련생은 성공할 것이라고 말했다. 그들은 독창적인 천재를 원치 않았다. 리처드 데니스와 윌리엄 에크하르트가 로봇처럼 시키는 대로만 하는 학생들을 원한다는 사실을 깨달은 수련생들은 틀림없이 자존심이 상했을 것이다.

데니스의 진정한 최초 투자자로 불리는 브래들리 로터Bradley Rotter 는 이들의 난제를 이렇게 설명했다.

"리처드 데니스라는 천재에게 박수를 보냅니다. 그는 규칙에 초점을 둔 정교한 프로그램을 준비했습니다. 트레이더는 기분이 좋든 나쁘든 관계없이 그저 규칙을 따라야만 합니다. 이는 수익을 거두는 포지선에는 투자를 늘리고 손실을 기록 중인 포지션에는 투자를 줄이는 아주 공격적인 방식의 매우 단순한 추세추종 시스템입니다. 크게 성공하는 사람들은 모두 규칙을 묵묵히 따르고 결코 벗어나지 않는 수련생들입니다."[37]

참고: 터틀 철학과 트레이딩 규칙을 알고자한다면 4장만 읽어도 무리가 없다. 하지만 이를 더욱 자세히 살펴보고 싶은 독자는, 터틀 트레이딩 규칙을 자세히 설명한 '산식'이 들어있는 5장을 이어서 읽으면 된다. 그렇지 않은 일반 독자라면 6장으로 바로 건너뛰어도 흐름에 문제가 없다.

5장도 관심 있게 읽고자 한다면 위키피디아닷컴(Wikipedia.com)에 나오는 월가의 다음 기본 용어를 알아둘 필요가 있다.

롱long: 선물계약을 매수하거나 상품 현물을 보유한 자.

쇼트short(명사): 선물계약을 매도하거나 상품 현물을 매수할 계획을 가지고 있는 자.

쇼트short(동사): 특정 시장 포지션을 상쇄하지 않고 선물계약을 팔거나 현금선도계약 매도를 실행하는 것. 공매도short selling, shorting는 주식이나 채권 같은 증권 가격이 하락할 때 이익을 보는 투자 형태다. 대부분의 투자자는 가격이 오르기를 바라면서 롱long 투자를 한다. 가격 하락에서 이익을 보려는 공매도 투자자는 주식을 빌려 매도한다. 이 주식의 가격이 떨어지면 더욱더 낮아진 가격에서 되사 차익을 얻을 수 있다.

변동성volatility: 특정 기간에 변화된 가격의 측정치.

선물계약futures contract: 선물거래소에서 거래되는 표준화된 계약으로 특정 상품을 미래의 정해진 날짜에 정해진 가격으로 사고판다. 여기서 미래의 정해진 날짜는 인도일 또는 최종 결제일이라 부른다. 정해진 가격은 선물가격이라 칭한다. 최종 결제일의 기초자산 가격은 결제가격이라 한다. 결제가격은 보통은 결제일의 선물가격에 수렴한다. 선물계약의 양쪽 당사자는 결제일에 계약을 이행해야 한다. 매도자는 상품을 매수자에게 인도한다. 만약 현금으로 정산하는 선물계약인 경우에는 손실을 본 선물 트레이더가 이익을 거둔 트레이더에게 현금을 전달한다. 선물계약을 보유한 사람이 결제일 이전에 계약을 해지하려면 롱 포지션을 팔거나 쇼트 포지션을 환매수하여 포지션을 정리해야 한다. 이로써 선물 포지션과 계약에 따른 의무사항이 실질적으로 없어진다. 단순하게 선물이라 부르기도 하는 선물계약은 거래소에서 상장되어 매매되는 파생상품이다.

시장가 주문market order: 현재 시장가격으로 즉시 거래를 실행하는 매수매도 주문. 매수하려는 사람과 매도하려는 투자자가 존재하는 한 시장가 주문으로 거래를 체결할 수 있다.

스톱 오더stop order, stop loss order: 지정가 주문Limit order을 보완한 것으로 증권가격이 특정 가격(스톱 가격) 이상이면(이하면) 사도록(팔도록) 하는 주문. 특정 가격에 도달하면 스톱 오더는 시장가 주문으로 전환된다.

이동평균Moving average: 시계열 데이터 분석을 위해 사용되는 유사 통계 기법의 일종으로 특히 기술적 분석 시 많이 쓰인다. 어느 기간이든 정해 계산할 수 있는 이동평균 추이는 주가, 수익률, 거래량 분석

에 주로 활용된다. 이동평균은 들쭉날쭉한 단기 가격 데이터를 완만
하게 보여줄 수 있기 때문에 장기 추세나 사이클을 확인하는 데 도움
이 된다.

트레이딩
규칙

진입과 청산 규칙을 배우고 적용하다

> "우리는 시스템 트레이더를 아주 엄격히 정의한다.
> 언제 청산할지 뿐만 아니라 언제 얼마나 매수매도로 진입할지도 알려주는
> 컴퓨터 프로그램에 장착된 일련의 규칙을 따르는 사람만이 시스템 트레이더라 부를 수 있다."
>
> • 마이클 가핑클Michael Garfinkle, **커머더티스 코퍼레이션**Commodities Corporation •

　리처드 데니스와 윌리엄 에크하르트가 가르친 규칙들은 통계학 시간에 다루는 복잡한 것은 아니지만 수련생들은 두 가지 '오류'를 포함해 몇 가지 기초 통계는 배웠다.

　타입 원 에러 Type 1 error: 제1종 오류 또는 부정 오류라고 불린다. 가설이 사실인데도 이를 받아들이지 않고 기각하는 오류를 말한다.
　타입 투 에러 Type 2 error: 제2종 오류 또는 긍정 오류라 불리며 가설이

거짓인데도 이를 받아들이는 오류를 뜻한다.[1]

터틀 수련생들이 매매할 때 이런 에러들이 주기적으로 나타난다면 결국에는 확실히 좋은 성과를 얻을 수 있다. 풀어 설명하자면 수련생들은 커다란 수익을 놓치는 것보다 작은 손실을 수차례 기록하는 것이 더 낫다고 배웠다. 통계적 오류의 개념에는 자신의 무지를 인정하면 트레이딩에 큰 도움이 된다는 뜻이 함축되어 있다.[2]

리처드 데니스와 윌리엄 에크하르트의 통계적 사고의 근저에는 영국의 14세기 논리학자 윌리엄 오캄william Occam이 제시한 오캄의 면도날(복잡한 의견을 필요로 하지 않는 원리)이라는 개념이 깔려있다.[3] 요즘 방식으로 표현하자면, "바보야, 간단히 설명해!"라는 뜻이다. 리처드 데니스와 윌리엄 에크하르트의 규칙이 제대로 작동하고 통계적으로 유의미하려면 간단해야 한다.

기댓값: 자신의 투자기법으로 장기적으로 수익을 얼마나 올릴 수 있는가?

"당신은 투자 결정이나 트레이딩 규칙에 따라 장기간 매매할 때 얼마의 평균수익을 기대하는가?" 이는 블랙잭 게임을 하는 사람에게 던지는 질문과 비슷하다. "당신의 승률은 얼마인가?" 터틀 수련생들은 먼저 자신의 승률부터 파악해야 했다.

야구에서 타석에 들어서는 타자에게도 같은 비유를 들 수 있다. 타자의 타율은 트레이더의 승률과 크게 다르지 않기 때문이다. 리처드 데니스는 다음과 같이 확장해 설명했다. "어느 타자의 타율이 2할 8푼인 것처럼 한 트레이더의 승률이 35퍼센트라고 가정합시다."[4]

이때 중요한 점은 타율이 2할 8푼인 타자가 어떤 안타를 치느냐이다. 1루타를 칠까? 아니면 홈런을 날릴까? 트레이딩에서도 기댓값이 높으면 더욱더 많은 돈을 벌 수 있다. 장기적으로 다른 조건이 똑같다면 매매 건마다 평균 250달러를 버는 트레이딩 시스템은 평균 100달러를 버는 시스템보다 더 많은 수익을 거둘 수 있다. 터틀 수련생들의 트레이딩 규칙은 기댓값이 플러스다. 매매 시 기록하는 평균 수익이 평균 손실보다 몇 배나 더 많기 때문이다. 에지edge라 부르기도 하는 기댓값은 다음과 같이 간단히 계산한다.

E=(PW×AW)-(PL×AL)

여기서

E=기댓값 또는 에지

PW=이익을 거둘 확률

AW=평균 이익금액

PL=손실을 기록할 확률

AL=평균 손실금액

예를 들어 이익을 거둘 확률이 50퍼센트인 트레이딩 시스템이 있다고 가정하자. 그리고 평균 이익금액은 500달러인 반면 평균 손실금액은 350달러라고 치자. 그러면 이 시스템의 '기댓값'은 얼마일가?

기댓값=(PW×AW)-(PL×AL)

기댓값=(0.5×500)-(0.5×350)

기댓값=250-175

기댓값=$75 (매매 시 평균적으로 기대할 수 있는 수익)

위 사례에서 매매 건마다 평균 75달러의 수익을 기대할 수 있다. 비교를 위해 이익을 거둘 확률이 고작 40퍼센트이고 이익을 거둘 때의 평균 이익금액이 1000달러, 손실을 기록할 때의 평균 손실금액이 350달러인 다른 시스템이 있다고 하자. 그렇다면 이는 앞 시스템과 어떻게 다를까?

기댓값=(PW×AW)-(PL×AL)

기댓값=(0.4×1,000)-(0.6×350)

기댓값=400-210

기댓값=$190 (매매 시 평균적으로 기대할 수 있는 수익)

두 번째 시스템은 앞 시스템보다 승률이 훨씬 낮지만 기댓값은 두 배 반이나 높다. 사실 둘째 시스템의 손익분기 승률은 25.9퍼센트다. 반면, 첫 시스템의 손익분기 승률은 41.1퍼센트다. 여러분들은 언론이나 카메라 앞에서 '승률이 90퍼센트'라고 떠드는 얘기를 많이 들었겠지만 이는 분명 오해의 소지가 있다. 승률만 봐서는 의미가 없다.

라스베이거스의 카지노를 예로 들어보자. 이곳 카지노들은 기댓값은 작지만 플러스이기 때문에 망하지 않는다. 라스베이거스나 마카오에 있는 초대형 카지노들은 플러스 기댓값으로 먹고 사는 것이다. 리처드 데니스도 '카지노'처럼 항상 플러스 기댓값을 원했다.

수련생들이 개별 매매 시 얼마나 적게 손실을 기록하는지는 그리 중요하지 않았다. 하지만 전체 포트폴리오에서 얼마나 잃을 수 있는지는 미리 파악해야 했다. 윌리엄 에크하르트는 분명히 강조했다. "중요한 것은 포트폴리오의 위험한도 관리입니다. 그러면 알아서 잘 굴러갑니다."[5]

실전 매매 TIP

매매결정을 내릴 때마다 기댓값을 계산해야 한다. 기댓값을 모르면 '베팅'하지 마라. 맞출 확률도 중요하지만 맞췄을 때 수익을 얼마나 많이 내는지가 더 중요하다.

여러 터틀 수련생과 터틀 방식으로 투자하는 운용회사의 성과를 여러 지수 수익률과 비교하면 기댓값이 얼마나 중요한지 알 수 있다.

표 5.1 | 터틀 트레이더들의 기댓값 (최초 투자일~2006. 8)

이름	월평균 이익률(%)	월평균 손실률(%)	승률 (이익을 거둔 달의 비율)	기댓값
살렘 에이브러햄 Salem Abraham	8.50	−5.77	55.36	2.13
제리 파커	5.06	−3.59	57.40	1.38
리즈 체블	12.45	−6.64	49.62	2.83
짐 디마리아	4.16	−3.17	54.34	0.81
마크 J. 월시 Mark Walsh	10.06	−7.15	55.78	2.45
하워드 세이들러 Howard Seidler	6.57	−4.90	55.36	1.47
폴 라바	9.26	−4.89	52.51	2.54

표 5.2 | 주가지수의 기댓값 (최초 투자일~2006. 8)

지수	월평균 이익률(%)	월평균 손실률(%)	승률 (이익을 거둔 달의 비율)	기댓값
다우 존스	3.87	-3.85	58.09	0.63
나스닥	4.98	-4.61	57.75	0.93
S&P500	3.83	-3.92	58.37	0.60

추세추종 트레이더들의 기댓값은 주가지수에 투자해 계속 보유하는 경우의 기댓값을 대부분 능가했다. 비결은 무엇이었을까? 이익을 거둔 달의 평균 수익률이, 손실을 기록한 달의 평균 손실률보다 훨씬 더 높았기 때문이다.

진입과 청산 : '랠리에 올라타는 전략은 늘 좋다'

모든 사람이 이런 질문을 던진다. "언제 매수해야 하는지 어떻게 아나요?" 터틀 수련생들은 '돌파' 시점에 진입하라고 배웠다. 돌파는 어느 시장(시스코, 금, 엔화 등)에서든 최근 고점과 저점을 '뚫을' 때 나타난다. 수련생들은 어느 주식이나 선물계약이 55일 고점을 상향 돌파하면, 즉 현재 가격이 최근 55일 중 가장 높으면 매수한다.

반대로 55일 저점을 하향 돌파하면, 즉 현재 가격이 최근 55일 중 가장 낮으면 시장 하락에 따른 수익을 얻을 목적으로 매도한다. 이 단순한 진입 규칙만 보면 특별할 것이 없다. 터틀 수련생들의 투자 철학은 시장이 상승할 때 (가격이 더욱 비싸질 때) 매수하고 시장이 하락할 때 (가격이 더욱 저렴해질 때) 매도하는 방식이었다.

월가에서는 통상 "싸게 사서 비싸게 팔라"고 말하지 않았던가? 터틀 수련생들의 투자 방식은 이와 정반대다! 프로든 초보든 대부분이 하는 투자 방식과는 달리 이들은 하락하는 시장에서도 적극적으로 '매도 또는 공매도'를 함으로써 수익을 내려 했다. 이들은 매수 진입이든 매도 진입이든 상관없이 매매했다.

돌파가 진입 신호이기는 하지만, 돌파 신호가 나왔다고 해서 꼭 추세가 지속된다는 뜻은 아니다. 터틀 철학은 가격이 언제든 다른 방향으로 돌아설 수 있다는 점을 인식하고 가격 움직임에 순응하는 방식이다. 만약 시장이 크게 오르내리지 않고 옆걸음하면 돌파 신호를 보고 진입한 포지션에서 조금씩 손실이 발생하는 경우가 많이 생길 수 있다. 하지만 수련생들은 돌파 신호가 큰 추세로 이어질 때까지 기다렸다.

어쨌든 가격은 지난 수십 년 동안 위대한 투자자들이 목숨 걸고 매달리는 변수다. 간단한 '가격' 변수보다 더 복잡하게 만든 매매규칙은 늘 문제가 있었다. 윌리엄 에크하르트는 가격보다 더 나은 변수는 없다는 것을 잘 알고 있었다. "순전히 가격을 활용하면 최고의 수익을 거둘 가능성이 커지는 반면, 그렇지 않으면 손실을 기록할 확률이 높아집니다."[6]

실전 매매 TIP

매매결정을 내릴 때 가격 변수가 유용하다는 사실이 명백해졌으므로 이제부터는 TV를 보지 마라! 경제 뉴스도 읽지 마라. 매매하려는 시장의 시가, 고가, 저가, 종가를 추적하기 시작하라. 이것들이야말로 모든 매매결정을 내리는 데 필요한 핵심 데이터다.

터틀의 두 시스템: 시스템1과 시스템2

터틀 수련생들은 두 가지 돌파 '시스템'을 배웠다. 시스템1(S1)은 4
주간 가격이 돌파되었을 때 진입하고 이와 반대 방향으로 2주간 가격
이 뚫렸을 때 청산하는 전략이었다. 예를 들어 시장이 최근 4주 최고
치를 넘어서면 매수하고 이후 2주 최저치를 하향 돌파하면 빠져나온
다. 날수는 영업일로만 계산하므로 2주 최저치는 10거래일 최저치를
뜻한다.

수련생들은 간단한 시스템1을 보완하는 추가 규칙도 배웠다. 이
는 4주 돌파 신호에 진입해야 할지 말지를 확인해주는 규칙이었다.
"필터"라 불리는 이 규칙은 4주 돌파 신호가 나왔을 때 큰 추세에 올
라탈 수 있는 확률을 높이도록 고안되었다.

필터 규칙: 최근에 4주 돌파 신호를 보고 진입해 이익을 거두었다
면 다시 나타난 4주 돌파 신호인 시스템1은 무시된다. 최근에 4주 돌
파 신호가 나타났지만 실제로 진입하지 않아 그냥 '이론적'으로만 맞
는 신호로 드러날 때에도 시스템1 돌파 신호는 무시된다. 하지만 새
로 나온 4주 돌파 신호 이전의 거래에서 2N의 손실을 기록했다면 4주

돌파 신호를 받아들이고 매매한다. (단순히 변동성을 뜻하는 N에 대해서는 다음에 설명한다.)

더불어 4주 돌파 규칙인 시스템1에 적용되는 필터 룰은 방향성에 상관없이 적용된다. 예컨대 최근 쇼트로 진입해 손실을 기록한 경우 새로 나온 돌파 신호가 상방이든 하방이든 관계없이 진입한다.

그렇지만 필터 규칙에도 문제점이 내재한다. (S1 신호에 따라 진입한 이전 매매가 '이익을 낸' 거래여서) 필터 규칙에 따라 새로 나온 4주 돌파 신호를 무시했는데 무시한 돌파 신호가 위 또는 아래로 폭발적으로 움직여 엄청난 수익을 주는 큰 추세로 이어진다면 어찌할 것인가? 시장은 뻗어 가는데 가만히 있을 수는 없지 않은가!

수련생들이 4주 돌파 신호인 시스템1에 진입하지 않았는데 시장이 계속 추세를 이어간다면 11주 돌파 신호인 시스템2(아래 참조)에 진입하면 된다. 오류를 잡아주는 시스템2 돌파 신호는 필터 룰로 걸러진 큰 추세를 놓치지 않도록 해준다.

시스템2는 터틀 수련생들의 장기 트레이딩 시스템이다. 이 시스템은 진입은 11주(55거래일) 돌파 신호를, 진입 후 반대 방향으로의 청산은 4주(20거래일) 돌파 신호를 썼다.

실전 매매 T I P

가격 "돌파"는 'X' 기간 중 이제 막 새로운 고점이나 저점을 기록한 시장을 뜻하는 수련생들의 용어다. 20일이나 55일이 아닌 다른 거래일을 사용해도 될까? 물론이다. 선호에 따라 얼마든 다른 거래일수를 적용할 수 있다. 원하는 거래일수를 종이나 (wealth-lab.com이나 mechanicasoftware.com 같은) 트레이딩 프로그램에 적용해 시험하다 보면 굴곡을 겪으면서 자신감도 얻을 것이다. 대체로 터틀 수련생들은 자금을 반반씩 나눠 두 시스템에 적용해 투자했다.

각 수련생은 리처드 데니스와 윌리엄 에크하르트가 제공한 시스템1과 시스템2를 자유롭게 선택해 활용할 수 있었다. 마이크 카는 두 시스템을 결합해 더욱 자주 진입하고 청산할 수 있도록 했다. 그러면서 트레이딩 결과가 들쭉날쭉하지 않도록 힘썼다.

제프 고든은 시스템1을 선호했지만 고른 투자성과를 위해 시스템2도 혼용했다. 아울러 다른 수련생들과 마찬가지로 시스템3으로도 매매했다. 고든의 설명에 따르면 이는 리처드 데니스의 작품으로 수련생들이 투자원칙을 지키고 규칙에서 벗어나지 않도록 가르치기 위한 것이었다. 그러면서 이렇게 덧붙였다. "마음대로 매매할 수 있는 시스템이었지만 손실 한도가 5만 달러였습니다. 손실이 5만 달러에서 1달러만 넘어도 터틀 프로그램에서 퇴출되는 구조였습니다."

리처드 데니스는 시스템3을 직감에 의존하는 공포의 계좌라 불렀다. 얼 키퍼는 이 시스템이 자리 잡지 못한 이유를 알았다. "마음대로 매매할 수 있도록 하는 이 시스템을 모두가 조금씩은 활용했지만 6주 뒤에는 아무도 거들떠보지 않았습니다."

수련생들이 열 번 투자해 일곱 번 손해 보는 것에 이미 심리적으로 익숙해졌기 때문이었다. 그들은 그것이 올바른 마음가짐이라는 사실을 알고 있었다. 얼 키퍼가 단호하게 말했다. "그래야만 진짜 추세를 잡을 수 있습니다. 실제 목격도 했고요. 《이기기 위한 역추세 매매Counter Trend Trading to Win》라는 제목의 책 내용 중 쓸모 있는 부분이 있는지 잘 모르겠습니다."

실전 매매 TIP

돌파 신호에 적용하는 기간을 여러 가지로 시험해보라. 아울러 특정 기간에 매달리지 마라. 기간을 정했으면 일관되게 밀고나가는 것이 핵심이다. 시험하고 활용해봐야 신뢰가 생긴다. 믿되 검증하라.

세월이 흐른 뒤 터틀 규칙을 아는 트레이더들 중 시스템1과 시스템2에 적용하는 진입 및 청산 관련 돌파 기간을 마치 성배인 양 고집하는 사람들이 있는 것은 놀라운 일은 아니다. 돌파 기간에 매달리는 트레이더들은 숲을 보지 못하고 나무만 본 꼴이다. 터틀 트레이딩 시스템이 제대로 작동하려면 아주 간단한 진입 규칙이 계속 들어맞아야 한다. 50일 돌파 신호와 51일 돌파 신호 중 무엇이 더 나은지 따져봐야 의미가 없다. 사실 견고한 시스템이라면 변수를 조금 바꾼다고 해서 성과가 크게 달라져서는 안 된다. 성과가 크게 바뀐다면 그 시스템은 문제가 있는 것이다.

제리 파커는 '견고함'을 가장 중요하게 여겼다. "시스템을 간단하게 유지하는 게 중요하다고 생각합니다. 변수가 많아서는 안 됩니다. 우리가 돈을 벌 수 있는 이유가 무엇일까요? 바로 간단한 이동평균을 활용했기 때문입니다. 좋을 성과를 내기 위해서는 간단한 시스템을 계속 밀고 나가야 합니다."

제리 파커는 논거를 분명히 하기 위해 마운트 루카스 매니지먼트 인덱스Mount Lucas Management Index를 활용했다. 1960년대로 거슬러 올라가는 이 지수는 52주 이동평균을 이용하는 추세추종 인덱스다. 제리 파커는 이 지수의 핵심 개념을 잘 활용하면 좋은 성과를 낼 수 있다는 사실을 잘 알고 있었다.

"우리가 올린 전체 이익의 3분의 2는 이 핵심 개념 덕분입니다. 조금 더 일찍 진입하고 청산하는 필터나 변동성 필터 같은 자잘한 변수에 의존해 수익을 올리는 시스템이라면 결국에는 실패로 끝나고 맙니다. 단순한 이동평균이나 돌파 시스템으로 중심을 잡는 것이 핵심입니다. 매개 변수들을 길게 설정하는 것도 중요합니다. 하지만 너무 복잡하게 생각하고 깊이 분석하거나 과도하게 멋지게 꾸미면 오히려 더 나빠집니다."**7**

돈을 벌려면 복잡하게 접근해야 한다고 허세를 부리는 시장 '전문가'들은 단순해야 한다는 제리 파커의 요지를 이해하지 못한다. 이들은 양자물리학처럼 아주 복잡한 매매규칙을 만들고 싶어 한다. 하지만 이런 생각은 정신적 자위행위나 마찬가지다. 에드워드 세이코타Ed Seykota는 이를 "매스-터베이션math-turbation(수학math과 자위행위masturbation를 결합한 말로 자기만족을 위해 수학처럼 복잡하게 만든다는 의미-옮긴이)"이라고 비꼬았다.

1995년 9월 만기 엔 선물 차트를 보면서 시스템 1이 어떻게 작동했는지 살펴보자.

1995년 초 시장은 다시 최근 4주 최고치 '돌파'했다. 그 뒤 계속 오르다 4월 말 반대쪽으로 최근 2주 최저치 돌파 신호가 나오자 수련생들은 포지션을 정리했다

이처럼 규칙에 따른 훌륭한 트레이딩 사례는 리즈 체블의 초창기

1995년 9월 만기 엔 선물 차트 (1995.2~1995.4)

최근 4주 최고치

최근 2주 최저치

고가
시가
저가
종가

가격

1995년 9월 만기 엔 선물가격은 1995년 2월 16일에 최근 4주 최고치를 경신했다. 터틀 수련생들은 규칙대로 다음 영업일에 진입했다. 이후 최고치가 계속 경신되는 동안 포지션을 유지하다 최근 2주 최저치를 보인 4월 26일에 청산했다. 출처: Price-Data.com

거래에서도 볼 수 있다. 그녀는 1990년 7월 원유 선물 350계약을 배럴당 20달러 밑에서 매수한 뒤 40달러를 넘어설 때까지 계속 붙들고 있었다. 1990년 10월 15일 배럴당 38달러에서 청산하기 시작해 30달러를 조금 넘어선 수준에서 모두 정리했다. 평균 매도 가격은 34.8달러였다.[8]

리즈 체블은 위 거래를 하는 동안 석유수출국개발기구OPEC 보고서나 다른 기본적 분석 자료는 전혀 참고하지 않았다. 진입과 청산은 오로지 가격만 보고 결정했다. 여기서 중요한 점은 터틀 수련생들은 항상 시장이 반대쪽으로 돌아선 뒤에 정리했기 때문에 평가이익을 일부 토해내야 했다는 사실이다. 바닥이나 꼭지를 정확히 알 수 없기 때문에 추세의 '중간' 부분에서 거래를 완료하는 것이 목표였다.

이런 트레이딩을 경험함으로써 터틀 시스템을 더욱 신뢰하게 된 리즈 체블은 이렇게 상기했다. "1987년 은 선물 거래에서 800만 달러를 벌었다가 단 몇 분 만에 400만 달러를 토해낸 적이 있습니다." 이 교훈 덕분에 원유 선물가격이 30달러에서 25달러로 떨어지는 동안 포지션을 계속 유지할 수 있었다.[9]

다음 차트 5.4의 2005년 11월 만기 천연가스 선물 거래 사례를 살펴보자.

차트 5.4 | 천연가스 선물에 적용된 터틀의 매수 진입 사례

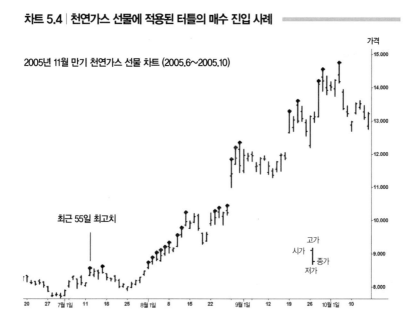

2005년 11월 만기 천연가스 선물가격은 2005년 7월 12일에 최근 55일 최고치를 경신했다. 이후 2005년 10월 5일 꼭지를 찍을 때까지 고점을 계속 경신했다. **출처:** Price-Data.com

차트에서 각 점은 최근 55일 최고치를 나타낸다. 첫 최고치 돌파는 2005년 7월 중순에 발생했다. 이 돌파 후 추세가 계속될지 알 길이 없었지만 실제로 상승세가 이어져 수련생들은 추세에 올라타 큰돈을 벌었다.

하지만 돌파 신호에 따라 진입한 거래는 언제든 손실로 끝날 수 있다. 실제 거짓 돌파 신호가 연이어 나오면 계속 돈을 잃을 수 있다. 필립 루Philip Lu는 늘 다음과 같이 말했다. "손실을 기록하면 이렇게 중얼거립니다. '괜찮아, 규칙대로 했을 뿐이야.'" 그렇다. 규칙을 준수한다는 말은 손실을 볼 수 있다는 뜻이기도 하다. 추세추종 트레이더인 래리 하이트Larry Hite는 전부터 다음과 같이 말했다. "세상에는 네 가지 베팅이 있습니다. 좋은 베팅과 나쁜 베팅, 이익을 내는 베팅과 손실을 보는 베팅뿐입니다."

손실을 다루기란 결코 쉽지 않다. 장기적으로 수익을 올리기 위해 적은 손실을 많이 감내한 제리 파커가 이렇게 조언했다.

"우리는 손실을 적게 냈다고 말하는 경향이 있지만 사실은 적절한 선에서 손절했다는 표현이 더 옳다고 봅니다. 너무 큰 손실을 기록해도 안 되고, 쫓겨나기 직전에 손절해도 곤란합니다. 규칙대로 매매하면서 침착함을 유지해야 합니다. 큰 수익을 올리지 못해도 괜찮고 작은 손실을 봐도 상관없습니다. 꽤 큰 수익을 올렸다가 토해내도 큰 문제가 아닙니다. 계속 원칙대로 하다가 엄청난 수익을 올렸을 때에는 공격적으로 해도 됩니다."[10]

2006년 12월 만기 유로달러 거래도 터틀 매매규칙을 성공적으로 실행한 좋은 사례다. 하지만 이는 하락장에서 수익을 올린 케이스다. 즉, '매도 진입' 기회가 나타났다. 차트에서 각 점은 55일 최저치를 나타낸다. 2006년 2월 첫 '하향' 돌파 신호가 발생한 뒤 6월 최저점에 도달할 때까지 계속 떨어졌다.

유로달러 선물 차트에 나타난 최근 20일 청산 신호를 보면서 전체

차트 5.5 | 유로달러 선물에 적용된 터틀의 매도 진입 사례

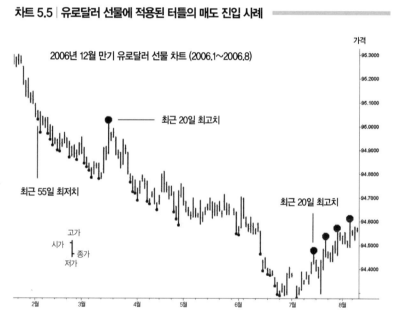

2006년 12월 만기 유로달러 선물가격은 2006년 2월 20일에 최근 55일 최저치를 경신하며 진입 신호가 나타났다. 이후 시장은 2006년 3월 16일 최근 20일 최고치를 찍기 전까지 조금 더 내려갔다. 이로써 매도 포지션은 손실로 청산되었다. 하지만 2006년 3월 29일 최근 55일 최저치가 나타나면서 다시 매도 포지션으로 진입했다. 그 뒤 2006년 7월 14일 최근 20일 최고치로 청산 신호가 나타날 때까지 계속 떨어졌다. 출처: Price-Data.com

거래 상황을 살펴보자. 2월에 첫 '매도' 진입 신호가 나왔지만 3월 중순에 최근 20일 최고치가 경신되면서 포지션이 정리되었다. 첫 진입 신호는 작은 손실로 끝났다.

그렇지만 시장이 계속 하락하면서 3월 말 매도 진입 신호가 다시 나타났다. 수련생들은 쇼트 포지션에 재진입했다. 이후 7월에 최근 20일 최고치가 돌파되면서 포지션을 최종 청산했다. 이 돌파 신호들은 차트에서 조금 더 큰 점으로 표시되어있다. 두 번째 매매에서 거둔 이익은 첫 번째 거래에서 기록한 손실을 만회하고 남았다.

이것이 규칙이다. 즉 수련생들은 첫 돌파 신호에 진입해 손실을 기록했다고 해서 다음 돌파 신호를 무시해서는 안 된다. 다시 말에 올라타야 한다. 두 번째 돌파 신호가 나타나기를 기다렸지만 언제 발생할지 예측할 방법이 없었다.

트레이딩은 얼마나 참고 기다리느냐 하는 게임이다. 얼 키퍼는 수련생들의 통상적 매매 절차를 다음과 같이 간단명료하게 설명했다. "첫째, 몇 가지 필터가 가미된 돌파 신호를 씁니다. 둘째, 변동성을 감안해 투자 규모를 결정합니다. 셋째, 모든 거래에는 두 가지 하드 스톱이 있습니다. 하나는 자연적 청산이고 다른 하나는 확실한 하드 스톱입니다. 이것이 모두를 구하는 원칙입니다. '추세가 언제 나타날지 알 수 없기 때문에 늘 원칙을 지켜야 한다'는 것이 리처드 데니스 시스템의 본질입니다."

무작위적 진입

위로든 아래로든 돌파 신호가 나타났을 때 다음에 시장이 어떻게 움직일지 전혀 알 수 없다. 단기간 올랐다가 내려가 손해가 날 수도 있고 갑자기 상승해 큰 이익을 거둘 수도 있다.

윌리엄 에크하르트는 '좋은' 진입 시점을 포착하기 위해 엄청난 시간을 쏟아붓는 시스템 트레이더들을 수없이 보았다. 하지만 그는 이를 경계해야 한다고 말한다. "매매할 때 가장 좋은 시점을 찾으려는 노력은 인간의 본성인 듯합니다. 그렇지만 저희들 분석에 따르면 청산이 진입보다 훨씬 더 중요합니다. 아무 때나 진입했다 하더라도 청산 기준이 좋으면 놀라우리만큼 좋은 성과를 거둘 수 있습니다."[11]

실제로 리처드 데니스는 수련생들로 하여금 아무 때나 진입하게 한 후 포지션을 잘 관리하도록 훈련했다. 터틀들에게는 이것이 선(禪) 수련 같은 느낌이었다. 위험관리를 제대로 하면 매매 시 나타날 수 있는 최악의 상황에 대응할 수 있다.

> **실 전 매 매 T I P**
> 어떻게 진입할지에만 매달리지 마라. 항상 청산 시점이 가장 중요하다.

위험관리: 거래 건마다 얼마를 투자해야 하나?

위험관리는 여러 이름으로 불린다. 자금관리라 칭하는 이도 있고 투자 규모나 포지션 크기라고 말하는 사람들도 있다. 윌리엄 에크하르트가 수련생들에게 처음으로 가르치고 궁극적으로 가장 중요하다고 강조했던 개념이 바로 위험관리다.

터틀 수련생들은 위험관리를 시장의 일일 변동성 측정에서부터 시작한다. 이들은 변동성을 '일일 변동폭'으로 측정하도록 배웠다. 'N'이라는 별명으로 불리는 변동성은 ATRAverage True Range(실변동폭의 이동평균)라고도 한다. 다음 셋 중 가장 큰 값이 'N'이다.

1. 오늘의 고가와 저가 차이(TR1)
2. 어제의 종가와 오늘의 고가 차이(TR2)
3. 어제의 종가와 오늘의 저가 차이(TR3)

위 값이 음수이면 '절댓값'을 취한다. 수학에서 실수의 절댓값은 수의 눈금을 새긴 직선에서 0과 어느 숫자 사이의 거리다. 예를 들어 3은 +3의 절댓값이기도 하고 −3의 절댓값이기도 하다.

위 세 가지 계산값 중 가장 큰 수치가 '실변동폭'이다. 이는 24시간 동안 시장이 (위로든 아래로든) 움직인 폭의 절댓값이다. 터틀은 이 실변동폭의 20일 이동평균값을 썼다. 이는 거래하는 각 시장의 최근 몇 주간의 변동성을 보여준다.

> **실 전 매 매 T I P**
> 주식시장이든 선물시장이든 실변동폭의 이동평균을 얼마든지 계산할 수 있다. 지난 15일 각각에 대해 실변동폭을 구한 뒤, 이를 모두 더한 다음 15로 나눈다. 이를 날마다 계산하면서 이동평균 값을 구한다. 소프트웨어 패키지를 쓰면 자동으로 계산해준다.

윌리엄 에크하르트는 'N'의 숨은 의미를 이렇게 설명했다. "우리는 변동성을 이동평균값으로도 쓸 수 있다는 사실을 알아냈습니다. 진입 포지션 크기를 알려주는 변동성 요소를 트레이딩에 접목시킴으로써 어려울 때 위험에서 벗어날 수 있었고 시장이 우리 예상대로 움직일 때 큰 수익을 얻을 수 있었습니다." [12]

터틀 수련생들은 'N'을 여러 가지로 활용하도록 배웠지만 먼저 계산하는 방법부터 알아야 했다. 다음은 'N'을 계산한 사례다.

표 5.6 | 2006년 9월 만기 캔자스시티 밀 선물 ATR 계산 사례

날짜 (년/월/일)	시가	고가	저가	종가	TR1	TR2	TR3	TR (TR1, TR2, TR3 중 최댓값)	ATR (TR의 20일 이동평균)
06/07/03	512.00	521.50	511.25	516.50					
06/07/05	517.00	524.00	513.00	521.50	11.00	7.50	3.50	11.00	
06/07/06	521.00	523.50	515.50	518.00	8.00	2.00	6.00	8.00	
06/07/07	510.00	515.00	505.50	506.00	9.50	3.00	12.50	12.50	
06/07/10	508.00	513.00	508.00	511.00	5.00	7.00	2.00	7.00	
06/07/11	519.00	527.50	515.00	524.00	12.50	16.50	4.00	16.50	
06/07/12	523.00	523.00	512.00	518.50	11.00	1.00	12.00	12.00	
06/07/13	510.00	514.00	492.00	493.00	22.00	4.50	26.50	26.50	
06/07/14	494.50	499.50	490.50	497.50	9.00	6.50	2.50	9.00	
06/07/17	501.00	503.50	489.00	490.00	14.50	6.00	8.50	14.50	
06/07/18	491.50	494.50	487.00	490.00	7.50	4.50	3.00	7.50	
06/07/19	486.00	488.00	477.00	486.00	11.00	2.00	13.00	13.00	
06/07/20	489.00	505.00	489.00	501.50	16.00	19.00	3.00	19.00	
06/07/21	500.50	515.00	500.50	505.00	14.50	13.50	1.00	14.50	
06/07/24	502.00	505.50	498.00	499.00	7.50	0.50	7.00	7.50	
06/07/25	503.00	505.00	486.00	489.00	19.00	6.00	13.00	19.00	

06/07/26	489.00	489.50	481.00	481.00	8.50	0.50	8.00	8.50	
06/07/27	482.00	488.00	481.00	485.00	7.00	7.00	0.00	7.00	
06/07/28	486.50	488.00	483.00	484.50	5.00	3.00	2.00	5.00	
06/07/31	484.00	494.00	484.00	492.00	10.00	9.50	0.50	10.00	
06/08/01	490.50	491.00	481.25	481.50	9.75	1.00	10.75	10.75	11.94

만약 옥수수의 'N'이 7센트이고 시장이 5.25센트 올랐다면 터틀 수련생들은 시장은 ¾N 상승했다고 표현했다. 따라서 'N'은 변동성 측정치이면서 동시에 시장이 추세를 따라 얼마나 멀리 움직였는지 보여주는 유용한 지표이기도 하다. 얼 키퍼가 터틀끼리 쓰는 용어를 빠르게 설명해주었다. "우리는 매매할 때 결코 "1,000달러를 투자합니다."라는 식으로 말하지 않습니다. 저희는 늘 'N'에 견주어 생각하도록 배웠습니다. 예컨대 "½N만큼 투자합니다."라는 식이죠. 만약 누가 "채권에 3,400만 달러 투자했습니다."라고 말한다면 대부분의 사람들은 이 돈의 규모가 머릿속에 떠올라 이렇게 내뱉기 때문입니다. "와, 엄청나게 투자했군." 누군가 "오늘 시장이 얼마나 움직였나요?"라고 물으면 "채권이 31틱 움직였습니다."라고 답하지 말고 "1¼N 움직였습니다."라고 대답하라고 배웠습니다."

다음 차트에는 델 컴퓨터의 차트 밑에 N값이 표시되어있다. 'N'값이 바뀐다는 점에 주목하라. 이 값은 날마다 업데이트해야 한다. 실제 이 변동성 수치를 매일 업데이트한 윌리엄 에크하르트는 이렇게 밝혔다. "이는 제 일상입니다. 그러면서 1년에 두세 번 일중 값을 조정합니다."[13]

'N'에 대한 감이 생기자 수련생들은 '얼마를 투자할지'에 대해 배웠다. 이들은 거래 건마다 전체 운용금액의 2퍼센트까지 투자할 수 있었다. 이를테면 10만 달러를 가지고 있다면 매매 때마다 10만 달러의 2퍼센트인 2,000달러를 베팅할 수 있다. 전체의 2퍼센트를 이들은 '유닛'이라 불렀다. '유닛'은 위험을 이야기하면서 일상적으로 쓰는 그들만의 용어였다.

차트 5.7 | 델 컴퓨터의 일간 바 차트와 ATR 추이

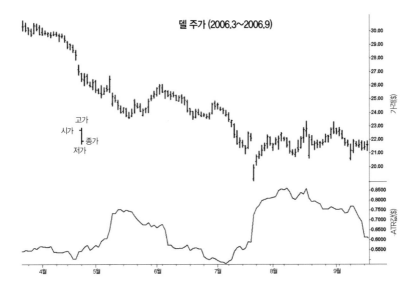

델 컴퓨터의 일간 가격 차트 밑에 ATR 달러값이 표시되어있다. 이 ATR값은 시장 등락에 따라 오르내린다. 출처: Price-Data.com

유닛 한도는 각 시장 섹터에도 전체 포트폴리오에도 적용했다. 매일 바뀔 수 있는 계좌 잔고에 따라 유닛이 정해지기 때문에 투자할 수 있는 선물계약 수도 날마다 달라졌다.[14]

터틀의 위험관리는 손절, 추가 투자, 포트폴리오 전체의 위험 균등화까지 아우른다. 예컨대 옥수수 선물(1센트의 가치는 50달러다)의 'N'이 7센트면 위험 한도는 350달러(7센트×50달러)다. 터틀 수련생들이 2N으로 손절을 설정한 상태에서 돌파 신호가 나온다면 '계약 리스크' 한도는 350달러 곱하기 2로 구한 700달러다.

투자자금이 10만 달러라면 '계좌 리스크' 한도는 2,000달러(10만 달러의 2퍼센트)다. 사거나 파는 계약 수는 이 금액을 '계약 리스크' 한도로 나눠 구한다. 즉 2,000달러를 700달러로 나눠 구한 2.67이 투자할 수 있는 계약 수다. 터틀은 소수점 이하를 절사했다. 그래서 10만 달러를 가지고 있는 상태에서 돌파 신호가 나왔을 때 옥수수 두 계약을 거래할 수 있다.

옥수수 선물에 적용한 이 규칙은 금이나 코카콜라 주식에도 마찬가지로 쓸 수 있다. 리처드 데니스는 기본적 분석을 할 수 있을 만한 전문성이 없었는데도 이런 '숫자들'을 활용해 어느 시장에서든 매매할 수 있었다. 이것이 바로 터틀 수련생들이 단 2주간 훈련받고 서로 관계가 없는 여러 시장을 넘나들며 트레이딩할 수 있었던 이유다.

표 5.8 | 달러 표시 ATR을 활용한 선물 계약 수 계산법

시장	ATR($)	2 ATR($)	계좌 리스크	2ATR 손절 시 매매 계약 수
옥수수	$350	$700	$2000	2.0
돈육	$420	$840	$3000	3.0
엔화	$725	$1500	$1875	1.0
10년 국채	$525	$1050	$2000	1.0

그렇지만 수련생들은 'N'을 변동성 측정뿐만 아니라 다른 곳에서도 쓰라고 배웠다. 즉, (처음에 언급한 S1, S2의 청산 규칙 같은) 기본적 스톱에도 활용했다. 이들은 손절 시 2N값을 적용했는데, 기본적 스톱 또는 하드 스톱을 일간 'N'값의 2배로 정했다는 의미다.

예를 들어 옥수수 선물에서 돌파 신호가 나왔고 종가가 250달러면 수련생들은 바로 'N'값을 계산해 손절 가격을 설정했다. 만약 'N'이 7센트면 2N은 14센트다. 따라서 스톱은 진입 가격에서 14센트 아래로 정해진다. 즉, 진입 가격이 250달러이므로 하드 스톱은 236달러(250-14)로 설정된다. 가격이 236달러에 '도달'하면 바로 청산한다. 이들은 고민할 것도 없이 그저 규칙대로 투자했다.

> **실전 매매 TIP**
>
> 구글 주식을 거래하는데 ATR이 20이라고 하자. 그러면 2ATR(2N)은 40이다. 따라서 투자 후 40포인트 손실이면 망설임 없이 바로 청산해야 한다.

2004년 5월 만기 대두 선물은 추세 시작 시점에는 ATR값이 작았다. 터틀의 운용 규칙에 따르면 ATR값이 작을수록 투자할 수 있는 계약 수가 더 많아진다. 추세 끝부분에서는 ATR값이 아주 커져 보유 가능한 포지션 규모가 줄어들었다. 출처: Price-Data.com

한편, 'N'값이 작으면 포지션을 더 많이 잡을 수 있다. 차트 5.9에 볼 수 있듯이 돌파 초기에 매수한 대두 선물 계약 수는 추세 끝 부분에서 매수할 수 있는 계약 수보다 2.5배 더 많다. 이는 시장 변동성과 유닛 크기 사이의 관계를 보여주는 아주 좋은 예다. 'N'값이 작으면 거래할 수 있는 계약 수나 주식 수는 항상 더 늘어난다.

가장 좋은 추세는 초기의 돌파 진입 신호 때 아주 낮은 변동성으로 시작한다는 사실을 발견한 제리 파커는 이렇게 말했다. "최근 변동성이 아주 낮다면, 예를 들어 금 변동성이 5달러가 아니라 2.5달러이면 저희는 아주 큰 금액을 투자합니다."[15]

분석한 결과, 진입 시 'N'값이 작으면 투자 결과가 계속 좋았음을 확인한 그는 다음과 같이 설명했다. "변동성이 낮을 때 커다란 포지션을 구축할 수 있습니다. 이는 시장이 한동안 죽었다는 뜻이기도 합니다. 이때는 연속적으로 손실을 보는 경우가 많기 때문에 모두가 시장에 환멸을 느낍니다. 그러면서 바닥이 단단히 다져집니다. 그러다 시동이 걸려 고점을 경신해가면 올라탑니다."[16]

유닛 한도

선물이든 원자재든 통화든 외환이든 주식이든 모두 마찬가지다. 터틀 규칙에 따르면 옥수수 1유닛은 터틀의 포트폴리오에 있는 달러, 채권, 설탕을 포함한 기타 투자 대상의 1유닛과 위험이 서로 엇비슷했다.

수련생들은 유닛을 제한 없이 투자할 수는 없었다. 각 유닛 한도는 제한된 한정 자본의 2퍼센트다. 이들은 과잉 투자를 막기 위한 유닛 가이드라인을 따라야 했다. 이를테면 각 시장마다 4~5유닛으로 제한되었다.

따라서 만약 터틀 방식대로 투자한다면 10만 달러 자본으로 채권을 1계약을 살 수 있었다면 자본이 100만 달러로 늘어나도 채권을 다섯 계약까지만 투자할 수 있다. 하지만 채권 선물에서 수익이 생기면 다른 시장에서 투자금액을 늘릴 수 있었다.[17]

진입 시의 위험 계산 사례

다음은 터틀의 기본적 매매 절차를 보여주는 예다.

1. 계좌 잔고가 15만 달러이고 매매 건당 위험한도는 1.5퍼센트라고 가정하다. 이때 스위스 프랑 선물을 매매하려는데 손절을 2N으로 설정했다고 치자. 참고로 스위스 프랑의 'N'값은 800달러다.

   $150,000×1.5%=$2,250

   2N 스톱=$1,600

   이때 매매할 수 있는 계약 수는 1.4(2,250/1,600)이지만 소수점 이하를 절사해 1.0이 된다.

2. 계좌 잔고가 2만 5,000달러이고 매매 건당 위험한도는 2퍼센트라고 가정하다. 이때 미니 옥수수 선물을 거래하려는데 손절을 3N으로 설정했다고 치자. 참고로 미니 옥수수 선물의 'N'값은 70달러다.

   $25,000×2%=$500

   3N 스톱=$210

   이때 매매할 수 있는 계약 수는 2.38(500/210)이지만 소수점 이하를 절사해 2.0이 된다.

   유닛 규칙은 정확히 계산이 되지 않더라도 직관적으로 알 수 있다. 그렇더라도 정확히 계산하기 쉽지 않다는 것이 문제다. 처음에는 이를 잘 이해하지 못했던 어느 수련생이 경험담을 들려주었다. "누군가 N이 변동성이기도 하고 유닛 크기이기도 하다고 말하면 저는 그 차이를 어떻게 알 수 있느냐고 되물었습니다. 제게는 마치 수수께끼 같았으니까요. 하지만 알고 보니 쉬웠습니다. 리즈 체블은 제가 이렇게 말해도 각각의 차이를 완전히 이해했죠. '반 유닛을 투자했는데 3N이 올랐어. 또는 0.5유닛을 거래했는데 0.5N 플러스야.' 곰곰이 따져볼 필요도 없었습니다. 머릿속에 박혀있었으니까요."

피라미딩 기법: '이익이 났을 때 더 투자하기'

수련생들이 S1과 S2 진입 및 청산 규칙을 터득하고 'N'과 유닛까지 이해하자 윌리엄 에크하르트는 이들에게 이익을 내고 있는 계좌에 더 많이 투자하는 방법을 가르쳤다. 크게 수익을 올리고 있는 거래에서 수익을 최대한 뽑아내는 전략은 수련생들이 환상적인 수익률을 거두는 데 도움을 주었다.

예컨대 어느 시장에서 돌파 신호가 100에서 나와 매수 진입한 뒤 가격이 102, 104, 108 등으로 오르면 추가로 살 수 있었다. 100에서 매수 돌파 신호가 생겼고 'N'값이 5라고 가정하다. 이때 1N씩 상승할 때마다 투자 유닛을 추가한다고 하자. 그러면 105, 110 등에서 투자 유닛 수가 증가한다. 수련생들은 유닛을 이런 식으로 최대 5 유닛까지 늘릴 수 있다. 거래 첫날에는 스톱을 ½N으로 설정하고 이후에는 2N으로 했다. 둘째 유닛을 매수하면 둘의 스톱은 새로운 유닛의 2N으로 바뀐다. 새 유닛이 추가될 때마다 모든 스톱은 최근 추가 유닛의

2N으로 올라간다.

이런 식으로 하면 수익을 지킬 수도 있고 아주 커다란 추세를 잡지 못할 위험도 줄어든다. 더욱이 이는 예상치 못한 큰 추세에서 얻게 되는 수익을 보장하기 위한 방법이기도 하다. 리처드 데니스와 윌리엄 에크하르트는 터틀 수련생들에게 수익 계좌에 '과감히 베팅하도록' 가르쳤던 것이다.

피라미딩 기법을 보여주는 실제 사례

다음은 수련생들이 수익을 내고 있는 거래에 어떻게 더 투자하는지 보여주는 사례다.

첫 번째 유닛

초기 계좌 잔고: 5만 달러

계좌 위험한도는 잔고의 2퍼센트, 즉 1,000달러

74에서 생우 선물 매수 신호 발생

1N은 0.8이고 생우 선물 1포인트는 400달러이므로 1N값은 320달러

2N은 1.6이므로 2N값은 640달러

매수 계약 수: 1,000달러/640달러=1.56, 하지만 소수점 이하를 절

사하여 1.0

1N 상승 시 생우 선물 추가 매수, 즉 74.0+0.8=74.8

손절 가격은 74.0-1.6=72.4

표 5.10 | 74달러에서 생우 선물 첫 번째 유닛 매수

유닛	진입 가격	계약 수	손절 가격	손익	초기 자본 대비 위험 (최초 원금의 1.28%)
1	74.0	1	72.4	$0	$640

두 번째 유닛 추가 매수

현재 계좌 잔고: 5만 320달러 (5만 달러 + 첫 번째 유닛의 이익 320달러)

계좌 위험한도는 잔고의 2퍼센트, 즉 1,006.4달러

74.8에서 두 번째 포지션 추가 매수

1N은 0.8이므로 1N값은 320달러

2N은 1.6이므로 2N값은 640달러

매수 계약 수: 1,006.4달러/640달러=1.57, 하지만 소수점 이하를 절사하여 1.0

1N 상승 시 생우 선물 추가 매수, 즉 74.8+0.8=75.6

두 유닛의 손절 가격은 74.8-1.6=73.2

표 5.11 | 74.8달러에서 생우 선물 두 번째 유닛 매수

유닛	진입 가격	계약 수	손절 가격	손익	초기 자본 대비 위험 (최초 원금의 1.28%)
1	74.0	1	73.2	$320	$320-0.64%
2	74.8	1	73.2	$0	$640-1.28%
합계		2		$320	$960-1.92%

세 번째 유닛 추가 매수

현재 계좌 잔고: 5만 960달러 (5만 달러 + 첫 번째 유닛의 이익 640 달러 + 두 번째 유닛의 이익 320달러)

계좌 위험한도는 잔고의 2퍼센트, 즉 1,019.2달러

75.6에서 세 번째 포지션 추가 매수

1N이 0.7로 감소, 따라서 1N값은 280달러

2N이 1.4로 감소, 따라서 2N값은 560달러

매수 계약 수: 1,019.2달러/560달러=1.82, 하지만 소수점 이하를 절사하여 1.0

1N 상승 시 생우 선물 추가 매수, 즉 75.6 + 0.7=76.3

세 유닛의 손절 가격은 75.6-1.4=74.2

표 5.12 | 75.6달러에서 생우 선물 세 번째 유닛 매수

유닛	진입 가격	계약 수	손절 가격	손익	초기 자본 대비 위험 (최초 원금의 1.28%)
1	74.0	1	74.2	$640	$0−0%
2	74.8	1	74.2	$320	$240−0.48%
3	75.6	1	74.2	$0	$560−1.12%
합계		3		$960	$800−1.60%

네 번째 유닛 추가 매수

현재 계좌 잔고: 5만 1,800달러 (5만 달러 + 첫 번째 유닛의 이익 920달러 + 두 번째 유닛의 이익 600달러 + 세 번째 유닛의 이익 280달러)

계좌 위험한도는 잔고의 2퍼센트, 즉 1,036달러

76.3에서 네 번째 포지션 추가매수

1N이 0.7이므로 1N값은 280달러

2N이 1.4이므로 2N값은 560달러

매수 계약 수: 1,036달러/560달러=1.85, 하지만 소수점 이하를 절사하여 1.0

1N 상승 시 생우 선물 추가 매수, 즉 76.3 + 0.7=77.0

네 유닛의 손절 가격은 76.3-1.4=74.9

표 5.13 | 76.3달러에서 생우 선물 네 번째 유닛 매수

유닛	진입 가격	계약 수	손절 가격	손익	초기 자본 대비 위험
1	74.0	1	74.9	$920	$0–0%
2	74.8	1	74.9	$600	$0–0%
3	75.6	1	74.9	$280	$280–0.56%
4	76.3	1	74.9	$0	$560–1.12%
합계		4		$1,800	$840–1.68%

다섯 번째 유닛 추가 매수

현재 계좌 잔고: 5만 2,920달러 (5만 달러 + 첫 번째 유닛의 이익 1,200달러 + 두 번째 유닛의 이익 880달러 + 세 번째 유닛의 이익 560달러 + 네 번째 유닛의 이익 280달러)

계좌 위험한도는 잔고의 2%, 즉 1,058.4달러

77.0에서 다섯 번째 포지션 추가매수

1N이 0.85로 증가했으므로 1N값은 340달러

2N이 1.70으로 증가했으므로 2N값은 680달러

매수 계약 수: 1,058.4달러/680달러=1.55, 하지만 소수점 이하를
절사하여 1.0

다섯 유닛의 손절 가격은 77.0-1.7=75.3

표 5.14 | 77.0달러에서 생우 선물 다섯 번째 유닛 매수

유닛	진입 가격	계약 수	손절 가격	손익	초기 자본 대비 위험
1	74.0	1	75.3	$1,200	$0–0%
2	74.8	1	75.3	$880	$0–0%
3	75.6	1	75.3	$560	$120–0.24%
4	76.3	1	75.3	$280	$400–0.80%
5	77.0	1	75.3	$0	$680–1.36%
합계		5		$2,920	$1,200–2.4%

시장이 1N씩 오를 때마다 이에 맞춰 손절 가격도 조정되었다.

포지션 청산

생우 선물가격이 84.5까지 상승해 청산 신호가 발생했다.

표 5.1 | 84.5달러에서 생우 선물 청산

유닛	진입 가격	계약 수	손절 가격	손익	초기 자본 대비 수익률
1	74.0	1	84.5	$4,200	8.4%
2	74.8	1	84.5	$3,880	7.8%
3	75.6	1	84.5	$3,560	7.1%
4	76.3	1	84.5	$3,280	6.6%
5	77.0	1	84.5	$3,000	6.0%
합계		5		$17,920	35.8%

계좌 잔고가 30만 달러라면, 위와 같은 피라미딩 전략을 활용해 캐나다 달러, 미 달러 지수, S&P500 지수, 무연 휘발유, 오렌지 주스, 엔, 스위스 프랑, 금, 대두, 오일, 면화 선물 등에 투자하는 롱 포지션을 다섯 유닛 보유할 수 있다. 터틀 트레이딩 규칙에 따라 전체 포트폴리오의 2퍼센트 내에서 순 롱 포지션 1유닛을 유지하면 된다.[18]

파산 위험: '죽을 것인가 살 것인가?'

투자 유닛을 늘리는 공격적인 피라미딩 전략에도 단점은 있다. 큰 추세가 나타나지 않는다면 거짓 돌파 신호에 따른 작은 손실이 계속 발생해 수련생들의 한정된 자본이 아주 빠르게 잠식될 수 있다. 윌리엄 에크하르트는 수련생들이 어떻게 이와 같은 연이은 손실을 관리하고 자본을 지킬 수 있도록 가르쳤을까? 손실이 지속되면 투자 규모를 급격히 줄이도록 했다. 투자 유닛을 줄이는 예방 전략은 나중에 시장이 상승세로 돌아설 때 다시 큰 수익을 올려 빠른 손실 회복 가능성을 증가시킨다.

규칙은 간단하다. 계좌 잔고가 10퍼센트씩 줄어들 때마다 거래 규모를 20퍼센트씩 줄였다. 예컨대 건당 매매 규모가 전체 운용자금의 2퍼센트라고 하고 손실로 계좌 잔고가 11퍼센트 감소했다면 매매 규모를 전체의 1.6퍼센트(2×80%)로 줄인다. 추가 손실로 잔고가 22퍼센트 줄었다면 거래 규모를 다시 20퍼센트 축소해 건당 매매 규모는 전체의 1.28퍼센트(1.6×80%)가 된다.

그러면 거래 유닛을 언제 다시 정상 수준으로 증가시켰을까? 계좌 잔고가 다시 불어나기 시작할 때 늘렸다. 얼 키퍼는 한 동료의 한 탄을 기억하고 있었다. "이를 어쩌나, 손실이 워낙 커서 지금부터 100 퍼센트 수익을 내야 겨우 본전이야." 하지만 수련생들은 결국 그해 두둑한 보너스를 받았다. 마침내 시장이 추세를 보이기 시작했기 때문이다. 얼 키퍼가 덧붙였다. "결국 통계 원리대로 들어맞아 모든 시장이 발동이 걸려 움직이기 시작하면 손실을 빠르게 복구할 수 있습니다."

예컨대 투자원금이 1만 달러인데 계속 손실을 본 뒤 약간의 이익과 손실을 되풀이해 원금이 7,500달러로 줄었다고 가정하자. 이때쯤이면 건당 거래 규모는 초기의 40~50퍼센트 수준으로 줄어들었을 것이다. 그러다 갑자기 모든 게 잘 풀려 잔고가 7,800달러, 8,000달러로 회복되면 투자 규모를 늘리기 시작한다. 터틀 수련생들은 1년 중 11개월 1주 동안 손실을 기록한 뒤 마지막 3주를 잘해 30~40퍼센트 손실을 150퍼센트의 이익으로 바꿀 수 있었다. 부록 4에 나와있는 1984년부터 1988년까지의 월별 성과를 보라. 일단 시동이 걸리면 거침없이 내달렸던 것이다.

터틀 수련생들은 돈을 잃고 있을 때 포지션을 줄임으로써, 손실이 산술급수적으로 증가해 '파멸'로 치달을 수 있는 위험을 효과적으로 차단했다.[19] 리처드 데니스와 윌리엄 에크하르트의 논리는 개념적으로 이치에 맞아 수학에 익숙하지 않은 초보자도 이해하기 쉽다.

윌리엄 에크하르트는 수련생들에게 계좌 잔고의 선형적 감소를 크게 걱정하지 말라고 했다. 연속적 손실로 원금이 가파르게 줄어도 큰 추세가 나타나면 수익이 기하급수적으로 늘어나 결국 손실을 만

회할 수 있기 때문이다. 원칙을 준수하고 위험을 잘 관리하면서 참고 기다리기만 하면 결국 좋은 성과를 거둘 수 있다.[20]

하지만 수련생들의 하루하루는 단조로웠다. 사무실에 출근하면 이름표가 달린 봉투를 하나씩 받았다. 봉투 안에는 각자의 포지션이 적힌 인쇄물이 들어있었다. 최근 'N'값도 있었다. 그렇다. 기본적 수치인 'N'값을 직접 계산하느라 이들이 직접 씨름할 이유가 없었다. 물론 윌리엄 에크하르트로부터 'N'이 왜 중요한지 어떻게 산출하는지 배웠지만 시간이 소모되는 계산은 다른 사람이 대신해줬다. 수련생들은 봉투를 받아 포지션과 주문 규모가 맞는지 점검만 하면 됐다.

청산 규칙 요약

수련생들은 두 가지 기본적 손절 또는 청산 규칙이 있었다.

1. 2N 손절
2. S1 또는 S2 돌파 신호에 따른 청산

수련생들은 위 두 가지 신호 중 하나라도 나오면 바로 손절해야 했다. 이를테면 어느 시장이든 새로 진입했다고 하자. 그 뒤 곧바로 2N 손절 신호가 나오면 조금 손해를 보고 빠져나온다. 간단하다. 반면 투자 후 시장이 쭉 뻗어나간다고 치자. 이후 이 커다란 추세가 오르락내리락하는 모습으로 바뀌면 S1이나 S2 돌파 신호가 나와 이익을 실현해야 한다.

원칙대로 하면 아쉬운 경우도 있을 수밖에 없다. 당시 아내인 리즈 체블과 함께 일하면서 원칙대로 매매한 데이비드 체블은 이렇게 털어놓았다. "저희는 커다란 수익을 올리면 그 수익으로 아주 공격적으로 투자하고 싶어집니다. 만약 터틀 시스템을 따르지 않아도 됐다면 수익금 전액을 투자했을 겁니다." 터틀 수련생들은 시장에서 50퍼센트의 수익을 거두더라도 여전히 손절은 이미 정해진 대로 전체의 2퍼센트로 설정해야 했다. 그렇지 않으면 전체의 2퍼센트는 물론 그동안 벌어들인 수익금까지 날릴 수 있기 때문이다. [21]

포트폴리오 구성과 균형 있는 포지션 구축

이 철학은 모든 시장에 적용 가능하다. 다시 말해 유동성이 풍부하고 질 좋은 시장이 존재하고(오늘날에는 이런 시장이 아주 많다) 내재 변동성이 있다면(터틀 방식으로 돈을 벌려면 시장이 움직여야 한다) 어느 시장에서든 터틀처럼 거래할 수 있다.

초기에 터틀 수련생들이 매매한 시장은 다음과 같다.

표 5.16 | 초기에 터틀이 투자한 시장

미 30년 국채	독일 마르크	미 90일 국채
미 10년 국채	영국 파운드	금
면화	프랑스 프랑	은
설탕	일본 엔	구리
코코아	캐나다 달러	원유
커피	S&P500	난방유
스위스 프랑	유로달러	무연 휘발유

하지만 서로 연관성이 아주 높은 시장은 피해야 한다. 쉽게 말해, 발맞춰 걷듯 똑같이 움직이는 경향의 시장들이 있다고 하자. 상관관계가 높은 이런 시장들 위주로 투자 포트폴리오를 구성한다면 터틀 방식의 유닛 위험은 증가한다.

예컨대 다우존스 공업지수와 S&P500지수는 상관관계가 아주 높다. 다우지수와 S&P500에 각각 1유닛씩 투자한다면 각 시장에서 2유닛을 거래한 것이나 마찬가지다.

애플과 델 모두 터틀 포트폴리오에 있다고 가정하자. 이 두 주식은 거의 비슷하게 오르내린다. 터틀 투자 전략에 따르면 애플 1유닛만 투자해야 옳다. 그렇지만 여기에 델을 1유닛 추가한다면 이는 애플을 2유닛 거래하는 꼴이다. 두 주식의 상관관계가 아주 높기 때문이다. 결국 두 주식을 1유닛씩 사게 되면 떠안아야 하는 위험이 두 배가 된다.

표 5.17 | 포트폴리오 사이의 상관관계

위험 증가(높은 상관관계)		위험 감소(낮은 상관관계)	
롱	쇼트	롱	쇼트
옥수수	금	대두	금
대두	은	일본 엔	미 5년 국채
일본 엔	미 10년 국채	생우	설탕
	미 5년 국채		원유

표 5.17의 양쪽 테이블에는 같은 수의 투자 대상이 들어있다. 따라서 양쪽에 같은 수의 유닛을 투자할 경우 서로 별 차이가 없다고 생각하기 쉽다. 하지만 '위험 증가' 쪽 표에 있는 시장들은 상관관계가 서로 높다. 옥수수와 대두, 금과 은, 그리고 두 국채 선물은 연관성이 아주 높다. 따라서 터틀 수련생들은, 왼쪽 표에 있는 일곱 가지 시장 중 서로 상관성이 높은 것들은 같은 종류라고 간주해 최대 네 가지 시장에 투자할 것이다. '위험 감소' 쪽 표에는 상관관계가 낮은 시장들이 있다. 예컨대 일본 엔과 원유는 예나 지금이나 같이 움직이지 않는다.

터틀 수련생들은 포트폴리오에 롱과 쇼트를 함께 섞으면 분산 효과를 높일 수 있다는 사실도 배웠다. 사실 리처드 데니스와 윌리엄 에크하르트는 이들이 롱 유닛뿐만 아니라 쇼트 유닛도 투자하면 더 많은 유닛을 보유할 수 있다는 것을 알고 있었다. 바로 이런 식으로 포지션 규모를 키울 수 있었다. 얼핏 보기에는 과도한 레버리지 투자처럼 보이지만 리처드 데니스와 윌리엄 에크하르트는 터틀 수련생들이 위험관리 가이드라인을 지키며 안전하게 운용하도록 했다.

포트폴리오를 예로 들어 살펴보자. 옥수수, 육우, 금, 스위스 프랑에 투자해 총 4유닛의 롱 포지션을 보유하고 있다고 가정하자. 여기에 영국 파운드, 구리, 설탕에 투자해 총 3유닛의 쇼트 포지션을 추가했다.

이 경우 터틀의 유닛 위험을 계산하려면 먼저 두 포지션의 보유 개수 중 작은 수를 2로 나눈다. 여기서 나온 값을 큰 수에서 빼준다. 따라서 위 예에서 유닛 위험은 2.5[=4-(3/2)]이다. 이것이 바로 터틀 수련생들이 위험을 가중시키지 않고 투자 유닛을 늘린 방법이다.

터틀 수련생들은 왜 다양한 시장에 투자했을까? 큰 추세가 어느 시장에서 나올지 얼마나 지속될지 알 수 없었기 때문이다. 큰 추세를 하나만 놓쳐도 그해 성과가 망가질 수 있다.[22]

표 5.18 | 두 가지 롱/쇼트 룰 계산 사례

롱/쇼트 룰 계산 사례 1	
롱	**쇼트**
옥수수(1)	밀(1)
생우(3)	설탕(2)
코코아(1)	미 10년 국채(1)
스위스 프랑(2)	
합계: 7	합계: 3
전체 유닛 위험: 5.5 [=7-(3/2)]	

롱/쇼트 룰 계산 사례 1	
롱	**쇼트**
커피(3)	원유(4)
천연가스(1)	호주 달러(3)
대두(2)	
S&P500(2)	
합계: 8	합계: 7
전체 유닛 위험: 4.5 [=8-(7/2)]	

여기까지다. 유니언 리그 클럽에서 진행된 2주간의 수업이 끝났다. 트레이딩 규칙을 익힌 수련생들은 시카고상품거래소 옆 낡은 보험 거래소 안에 있는 리처드 데니스 사무실로 향했다. 이제 이들은

리처드 데니스에게 자금을 받아 매매를 시작하게 되었다.

하지만 터틀 수련생에게는 철학이나 매매규칙보다 더 중요한 의무가 또 있었다. 바로 연습이었다. 물론 식상한 말일 수 있지만 이것이 진실이다. PGA에서 여러 번 우승한 타이거 우즈가 골프를 잘하는 이유를 다음과 같이 갖다붙이는 사람들이 있다. "아주 어릴 때부터 골프를 했어", "타고난 골프 선수야", "쟁쟁한 경쟁자들이 많지 않았을 때 우승한 거야."

정말 그럴까? 타이거 우즈가 뛰어난 성과를 거둔 것은 연습벌레였기 때문이다. 서너 살일 때 자니 카슨 쇼에 나온 그를 보라. 쉬지 않고 연습하고 또 연습했다. 다음은 그가 남긴 유명한 말이다. "흥미로운 사실은, 아무리 뛰어나더라도 항상 더욱 개선할 여지가 있다는 것입니다." 트레이더든 골퍼든 이처럼 부단히 연습하려는 자세가 매우 중요하다.

의학도 끊임없는 훈련이 있어야 숙달되는 분야다. 채혈을 위해 혈관을 찾는 간단한 작업도 처음에는 제대로 하지 못하는 수련의들이 종종 있다는 사실이 수많은 연구를 통해 밝혀졌다.[23] 그렇지만 연습과 훈련을 반복하면 결국 채혈은 물론이고 명의가 되어 훌륭한 업적을 남길 수 있다.[24]

혈관 찾는 연습을 하는 수련의처럼 터틀 수련생들에게도 거창한 비결 따위는 없었다. 물론 이들은 시작부터 단지 훈련만 받을 것이라고 기대하지는 않았다(앞으로 어떻게 될지 이들이 어떻게 알 수 있었겠는가?). 하지만 한 터틀이 밝혔듯 '비법' 따위는 없었다. "리처드 데니스는 저희에게 성배를 준 게 아닙니다. 마법 같은 전략은 하나도 없었죠."

어쨌든 수련생들은 수업을 마치자 곧바로 트레이딩을 시작했다. 그렇지만 큰돈을 벌기에 앞서 험난한 여정을 거쳐야 했다.

배태된
문제들

누가 진짜 터틀인가

"체스는 가르치면 일정 수준까지는 잘 둘 수 있다.
하지만 훈련을 통해서 스스로 배우려는 의욕과 마음가짐을
향상시키지 못한다면 수련생은 쇼를 하는 물개 수준을 넘어서지 못할 것이다."

• 나이젤 데이비스Nigel Davies, 〈데일리 스페큘레이션스Daily Speculations〉 •

터틀 수련생들은 모두 몇 명이었을까? 정확히 몇 사람인지에 대해서는 논란의 여지가 있다. 리처드 데니스와 윌리엄 에크하르트는 광고를 통해 선발한 사람들뿐만 아니라 이미 그들과 함께 일했던 이들까지 터틀에 포함시켰다. 가르치는 핵심 내용을 주위들을 정도로 가까이 일한 사무실의 다른 직원들도 결국 터틀 트레이딩 규칙을 알게 되었다.

마크 월시Mark walsh를 예로 들어보자. 그는 공식적으로 터틀은 아

니었지만 20년간 터틀 식으로 투자한 사람이다. 20퍼센트가 넘는 연평균 수익률을 올린 그는 1988년부터 고객 자금을 운용한 터틀과 견줄 만한 사람이다. 누구나 터틀이라 인정하는 샘 드나르도Sam Denardo는 터틀 클럽의 정의가 왜곡되는 것을 원치 않았다. "저는 마크 월시를 아주 좋아합니다. 그 친구를 안 지 아주 오래됐지만 사실 그는 터틀이 아닙니다. 제가 생각하는 진짜 터틀들은 분명 자신들만의 명단이 있다고 생각합니다."

샘 드나르도는 〈월스트리트 저널〉에서 터틀로 간주한 크레이그 소더퀴스트Craig Soderquist도 터틀로 인정하지 않았다. "크레이그 소더퀴스트는 리처드 데니스와 함께 있는 동안 미팅에서 몇몇 터틀 자료를 얻었을 뿐입니다." 그렇지만 1984년부터 1988년까지 리처드 데니스의 뉴욕 트레이딩 팀을 이끌었던 로버트 모스Robert Moss는 크레이그 소더퀴스트도 터틀이라고 단호히 말했다. 로버트 모스는 뉴욕 트레이딩 피트에서 C&D 커머더티스의 선물 계약 수천 건을 주문하는 일을 맡았다. 따라서 내막을 충분히 알 만하다.[1] 하지만 터틀이 확실한 제프 고든은, 리처드 데니스의 자금을 받아 운용한 사람들만이 터틀이라며 로버트 모스의 주장에 동의하지 않았다.

정식 터틀이든 그렇지 않든 많은 사람들이 터틀 트레이딩 기법을 배웠다는 사실은 분명하다. 이들도 C&D 커머더티스 사무실에서 벌어지는 일을 가까이 접했기 때문이다. 리처드 데니스와 윌리엄 에크하르트가 출범시킨 터틀 수업이, 1970년대 리처드가 톰 윌리스와 함께 격식 없이 진행했던 세미나와 비슷했다는 사실은 많은 사람들이 알고 있다. 터틀 트레이딩 훈련은 광고를 통해 모집한 수련생들이 바랐을 수준 이상으로 많은 사람들에게 열려있었다.

누가 진짜 터틀인지 아닌지에 대한 논쟁은 결국 치열한 수익률 경쟁이라는 논제와 직결된다. 터틀 트레이딩을 배운 사람들은 모두 똑같다고 할 수도 있다. 아마 처음에는 그랬을지도 모른다. 하지만 그것은 단순한 장난이 아니라 수백만 달러가 걸린 게임이었다.

사무실 분위기

C&D 커머더티스의 터틀 프로그램은 리처드 데니스의 숙원 프로젝트였다. 터틀 수련생들은 그가 정치라는 큰 꿈에 매진할 수 있게 해주는 일벌과도 같았다.[2] 로버트 모스는 이들은 "사실상 경주를 앞두고 있는 마구간의 '작은 리처드들'이었다면서 이는 단순한 말장난이 아니"라고 주장했다.

트레이닝을 시작한 이후에는 마구간에 대한 직접적 감독은 거의 없었다. 러셀 샌즈Russell Sands는 관리감독이 전혀 이루어지지 않는다는 걸 알고 깜짝 놀랐다고 밝혔다. "금요일 오후 두 시간 정도, 그러니까 고작 일주일에 한 번 리치나 빌, 데일을 볼 수 있었습니다." 그러면서 그들이 찾아오면 다음과 같이 물었다고 했다. "이번 주는 어땠나요? 질문 있는 사람 있습니까?" 이게 전부였다.

리처드 데니스와 윌리엄 에크하르트는 수련생들의 일일 거래 현황을 점검해서 규칙을 따르지 않은 사람이 있으면 이들을 따로 불러 해명하도록 요구했다. 러셀 샌즈가 덧붙였다. "이것 이외에는 지도나 감독이 없었습니다. 즉, 아무런 간섭 없이 순전히 저희 마음대로 할 수 있었습니다." 한마디로 "여기 돈이 있으니 마음껏 운용해봐요. 대신, 매매마다 거래 내용과 그 이유를 적기만 하면 됩니다."라는 식이었다.

터틀 수련생들은 시간이 지나면서 더 유명해지고 성공도 했지만 처음에는 화려한 축제와는 거리가 멀었다.

사무실은 아주 간소했다. 리처드 데니스는 수련생들에게 보험거래소 건물의 두 층 사이에 낀 대형 트레이딩 사무실을 제공했다. 그곳은 주로 금속 책상과 의자로 채워져있었다. 커피 자판기나 TV 같은 기본적 비품조차 없었다. 아무도 읽지 않는 트레이딩 관련 책들이 꽂힌 책장이 하나 있기는 했다. 결국 나중에는 탁구대를 하나 들여놓았다.

수련생들의 책상 배치는 마치 초등학교 교실을 연상케 했다. 두 명씩 앉도록 하고 각 공간은 180센티미터 높이의 칸막이로 나눴다. 간소하고 형식에 구애받지 않는 이런 환경은 리처드 데니스가 자신의 사업과 삶을 꾸려온 방식 그대로였다. 자신의 반체제적 인생관이 수련생들에게 전달되었던 것이다.

이 때문에 같은 건물의 다른 회사 사람들은 터틀 사무실이 무슨 일을 하는 곳인지 잘 알지 못했다. 어쨌든 이들은 추세추종 트레이더로서 모든 시장을 대상으로 어쩌다 한 번씩 거래했다. 심지어 매매를 하지 않는 날도 있었다. 게다가 옷도 마음대로 입고 다녔다. 여름에는 주로 짧은 반바지에 티셔츠를 입고 출근했다.

하버드대 MBA 출신이 고등학교를 갓 졸업한 젊은이와 나란히 앉아 일했고 여호와의 증인이 동유럽 출신의 블랙잭 선수와 탁구를 치기도 했다. 유대인 터틀과 기독교를 믿는 수련생이 같은 사무실에서 함께 일했다.

멋있고 강단 있는 시카고 사교계의 명사이자 예술가인 앤서니 브룩Anthony Bruck을 예로 들어보자. 앤디 워홀Andy Warhol을 연상케 하는 그는 몸에 꽉 끼는 검정 옷을 입고 출근했다. 그는 짐 케니Jim Kenney와 마찬가지로 터틀 실험이 시작되기 전부터 리처드 데니스와 알고 지내는 사이였다.

얼 키퍼는 마치 작은 유엔과도 같은 터틀의 다양한 구성을 아주 좋아했다. "대학을 나오지 못한 사람이 있는가 하면 박사학위 소지자도 있었습니다. 앤서니 브룩은 언어학 박사였죠. 그 덕에 분석적이고 개념적으로 사고해야 하는 트레이딩을 잘할 수 있었던 것 같습니다."

마이크 카는, 격식을 따지지 않는 리처드 데니스의 채용 방침을 극명히 보여준 경우였다. 그는 처음에는 (선물 매매의) '선물'이라는 단어의 철자도 쓸 줄 몰랐다. 다른 신참 터틀처럼 차트 읽는 법도 알려줘야 했다. 그는 성공하기 위해 꼭 하버드대 MBA 출신일 필요는 없다는 사실을 보여주는 살아있는 증거다.

루시 와이어트Lucy Wyatt가 터틀에 포함되었단 사실은 더욱 이례적이다. 터틀 이야기를 아는 사람들은 오랫동안 여성 터틀은 리즈 체블뿐이라고 알고 있었다. 그런데 알고 보니 두 명이었다.

루시 와이어트는 윌리엄 에크하르트의 친구였는데 짐 디마리아는 그녀에 대해 이렇게 말했다. "나머지 사람들은 터틀로서 수련을 거쳐 트레이딩을 했습니다. 하지만 그녀는 잠깐씩 들렀다 가곤 했습니다. 물론 사무실에는 그녀 책상이 있었고요. 아마 터틀인지 아닌지 여부는 책상이 있는지 없는지에 달려있지 않나 싶습니다."

비공개 스토리이지만, 선발 과정을 거쳐 채용된 몇몇 터틀은 리처드 데니스가 다른 직원과 친구들을 터틀 수련생들과 같은 트레이딩 룸에 있도록 하는 것이 갈등을 유발했다고 전했다. 한 터틀은 이렇게 토로했다. "정식으로 뽑힌 터틀 수련생들은 그렇지 않은 사람들이 어떻게 터틀 프로그램에 참여하게 되었는지 의아해했습니다. 선발 과정을 거치지 않은 친구들은 정신력이 약했거든요." 이 터틀은 루시 와이어트가 하루 종일 손톱을 다듬은 것 말고는 기억 나는 게 없다고 했다.

마이크 카발로는 루시 와이어트가 윌리엄 에크하르트의 여자친구였다고 밝혔다. "그녀는 저희와 같은 사무실에 있었습니다. 하지만 누가 터틀이고 누가 터틀이 아닌지 따진다면 그녀는 터틀로 간주하기 가장 어려운 사람일 것입니다."

그렇다면 루시 와이어트가 트레이딩을 했는가? 분명 그렇다. 터틀 이야기를 전해 들은 많은 사람들이 선발 과정을 거치지 않은 사람들이 왜 터틀 프로그램에 적합하지 않은지 온갖 이유를 댄다. 하지만 루시 와이어트의 예는 누구든 터틀에 어울릴 수 있다는 점을 분명히 보여준다.

정치적 견해가 많이 달라 서로 잘 어울리지 못하는 사례도 있었다. 예컨대 제리 파커와 리처드 데니스는 정치적으로 정반대 입장이었다. 마이크 섀넌은 제리 파커를 다음과 같이 극단적으로 묘사했다. "그는 가장 심한 극우보수주의자였지만 리처드 데니스보다 확실히 더 진보적인 사람들도 있었습니다." 정치 성향이 서로 다른 사람들이

한 사무실에 모여있다는 사실을 흥미롭게 여긴 마이크 섀넌은 이렇게 말했다. "제리 파커는 극우 성향인 반면 저는 당시 극단적 좌파였습니다. 그 탓에 정치나 사회 이슈로 종종 부딪혔습니다. 그는 믿을 수 없을 정도로 극우 중의 극우였거든요. 그래서 그의 말을 진지하게 받아들이지 않았습니다." 하지만 마이크 섀넌은 제리 파커의 트레이딩 실력을 칭찬했다. "그는 트레이딩을 아주 잘합니다. 흥미롭게도, 정치 성향은 달랐지만 실제 매매를 할 때나 시스템과 투자 방법에 대해 논의할 때에는 모두 같은 편이었습니다. 정치적 입장이나 사회적 배경이 어떻든 트레이딩에 관련해서는 모두 협력했습니다."

사실 이러한 정치적 견해 차이는 결코 작은 문제가 아니었다. 제프 고든은, 1984년 대통령 선거를 앞두고 열린 만찬에서 이를 몸소 경험했다. 당시 리처드 데니스가 월터 먼데일을 지지한다는 사실은 누구나 알고 있었다. 리처드 데니스는 테이블을 돌면서 누구에게 표를 던질지 물었다. 질문 받은 사람들마다 하나같이 "월터 먼데일이요."라고 대답했다. 이들은 모두 리처드 데니스가 초빙한 손님들이었고 그는 이들 중 가장 부유한 축에 속했다. 그런데 제프 고든은 질문을 받자 "게리 하트요."라고 내뱉었다. 순간 그는 자신이 시카고를 주름잡는 트레이딩 왕의 기분을 상하게 했다는 사실을 깨달았다.

그렇지만 정치적 입장 차이보다 훨씬 더 중요한 것은 공통점 여부였다. 마이크 카발로는, 터틀 모두 아주 똑똑했지만 느긋한 유형과 경쟁심이 강한 유형이 섞인 재미있는 집단이었다고 밝혔다. 또 터틀 대부분이 참담한 일을 겪더라도 훌훌 털어버리고 웃을 수 있는 사람들이라고 평가했다.[3]

돌이켜보면 터틀이 원래가 카발로가 묘사한 모습대로였는지, 아니면 독특한 상황에 처한 탓에 결국 그렇게 되었는지는 정확히 알 수 없다. 어느 갑부가 한 무리의 사람들에게 수백만 달러를 주면서 운용을 잘하면 수백만 달러를 벌어갈 수 있게 해주는 상황에서는 쓸데없는 말을 해 풍파를 일으킬 사람은 아무도 없을 것이다. 이런 좋은 기회 때문에 터틀 수련생들은 입을 다물었다.

하지만 터틀 수련생들은 수백만 달러를 벌 수 있는 '황금 알을 낳는 거위'를 받았다는 사실을 바로 알아차리지 못했다. 이들은 수련 직후 바로 트레이딩에 집중해야 하는 상황이어서 리처드 데니스가 준 트레이딩 규칙을 테스트할 시간이 없었다. 리처드 데니스와 윌리엄 에크하르트를 무조건 믿고 따라야 했다.

두 번째로 모집된 터틀 수련생 중 한 명인 얼 키퍼는 '개념을 증명'해 보고자 했던 소수에 속했다. 그는 자기 스승처럼 의구심이 많았다. "제가 노다지를 캘 수 있는 비법을 배웠다고 말하지만 저는 컴퓨터 프로그램도 매뉴얼도 없어서 그 개념을 증명해볼 수 없었습니다. 무슨 뜻인지 아시겠죠?"

시간이 흐른 뒤 몇몇 터틀이 리처드 데니스가 준 트레이딩 규칙을 테스트했다. 이로 인해 터틀 프로그램의 방향이 달라졌다. 하지만 초기에는 배운 규칙대로 매매를 수행했고 그렇게 함으로써 엄청난 수익을 거두었다. 사실 이들 모두 그동안 만져보지 못한 엄청난 돈을 벌어들였다. 당시 C&D 커머더티스에 관련된 사람들 모두 후천적 훈련이 선천적 재능보다 더 중요하다는 것이 증명되었음을 확신했다. 외부 사람들은 아직 이 사실을 알지 못했지만 말이다.

지루한 트레이딩 전략

터틀 수련생들은 '자유 시간'이 진정 무엇인지를 몸소 경험했다. 시장이 움직이지 않으면 트레이딩을 하지 않았다. 사실, 시장 움직임이 없으면 매매를 하지 않는다는 원칙은 가장 중요한 규칙 중 하나였다. 추세가 없을 때에는 수익도 없었다. 시장이 움직이지 않으면 주문을 내기 위해 로버트 모스에게 전화를 할 필요도 없었다.

이처럼 오랫동안 아무 거래도 하지 않는 것은, 매 순간 주가를 체크해야 직성이 풀리는 요즘의 일반 투자자들 눈에는 시간 낭비로 보일 수 있다. 그렇지만 터틀은 〈매드 머니Mad Money〉의 짐 크래머나 CNBC의 데이비드 파버David Faber가 전하는 투자 '속보' 따위는 필요가 없었다.

요즘 투자자들은 언제 사고팔아야 하는지를 알려주는 수많은 해설식 투자 광고와 온갖 야간 투자 뉴스를 게걸스럽게 먹어치운다. 터틀에게는 이런 것들이 필요가 없다. 빨리 부자가 되려는 오늘날의 일반 투자자들은 정보를 하나라도 놓치면 큰일인 양 부산을 떤다. 시장이 어떠했는지 어떻게 움직일지에 대한 온갖 분석에 매달린다. 매매 결정과 직접적 관련이 없는데도 말이다. 반면 터틀은 트레이딩을 하라는 신호가 나오지 않는 한 아무런 거래를 하지 않아도 전혀 문제가 없다.

터틀 수련생들은 매일 전투 계획을 마련해놓고 있기 때문에 치열한 전투가 벌어져도 잘못된 결정을 내리지 않는다. 화면만 쳐다보고 있으면 화면이 이렇게 말한다, "뭐라도 해봐, 어서 거래해." 오늘날 최고 트레이더들은 밤낮으로 공을 들여 투자 철학을 개발하고 이를 바탕으로 매매규칙을 정립한다. 그런 다음 한 발 물러서서 이 규칙이 예상대로 움직이는지 살핀다. 진입과 진출 신호를 제공하고, 늘 변하는 자본 규모와 시장 변동성에 맞는 적절한 베팅 사이즈를 알려주는 트레이딩 시스템을 개발하기만 하면 더 이상은 분석이 필요 없다.

터틀은 추세를 기다려야 하는 지루함과 싸우려 하지 않았다. 그렇지만 터틀마다 한가한 시간을 각자 다른 방식으로 보냈다. 예컨대 제리 파커는 컴퓨터 야구게임을 통달할 때까지 즐겼다. 그렇다고 그가 빈둥거리며 매매를 제대로 하지 않았을까? 전혀 그렇지 않다. 제리 파커는 늘 철저히 준비했다. 규칙에 따르면 좋은 기회가 올 때까지 아무런 매매도 하지 않아야 한다. 그는 리처드 데니스의 삶에서 자신이 어떤 역할을 해야 하는지 잘 알고 있었다. 사실 리처드 데니스는 '자기 돈의 일정 부분을 트레이딩 규칙에 따라 굴리기 위해' 터틀 프로그램을 운영하면서 한편으로 새로운 매매기법을 시험하고자 했던 것이다.[4]

어쨌든 터틀의 트레이딩 규칙은 한마디로 기다림이었다. 거의 서른 개에 이르는 시장을 추적하며 기회가 오기를 기다리는 시스템이었다. 당시 해외시장은 거래하지 않았다. 그때까지도 개설되지 않은 시장이 많았기 때문이다. 결국 이들이 투자하는 시장들은 아주 활발하지는 않았다.

터틀 두뇌집단 내에는 은근한 무시나 편견의 기류도 이따금 있었다. 특히 리즈 체블에 대해서는 더욱 그랬다. 1980년대 초 시카고 트레이딩 업계라면 그럴 만도 했지만, 성차별이 문제가 될 수 있다고 생각한 터틀도 있었다. 터틀 중 몇몇이 리즈 체블을 무시한다는 사실은 다루기 쉬운 문제는 아니었다. 다음은 마이클 섀넌의 말이다. "그녀에게 치근대는 친구도 있었고 거리를 두는 터틀도 있어서 그녀는 터틀 프로그램 전체가 좋기도 하고 싫기도 했을 겁니다."

리즈 체블은 터틀 프로그램을 통해 많이 배웠다는 점에 대해서는 고맙게 생각했지만, 다른 몇몇 터틀 수련생들에게는 반감이 들었을 것이다. 마이클 섀넌은 그녀 편을 들었다. "많은 사람들이 리즈 체블을 여자라는 이유로 깔봤습니다. 당시가 1980년대라는 점을 생각해 보세요. 당시 상품 트레이딩을 하는 여자 트레이더가 몇 명이나 있었 겠어요?" 아무리 터틀이라 하더라도 소년 성가대원처럼 점잖게 행동 한다고 기대할 수는 없다.

지리 스보보다는 지나치게 많이 남는 시간을 트레이딩보다 더 모 험적인 일에 쏟았다. 즉, 카지노 하우스를 이길 방법을 찾는 일에 늘 매달렸다. 하지만 이는 대부분의 사람들이 생각하는 단순한 도박이 아니었다. 확률을 따져 돈을 벌 수 있는 방법에 대한 연구였다.

지리 스보보다는 사무실을 두세 달 비우는 때도 있었지만 그렇다 고 문제가 되지는 않았다. 비상 상황이 발생하면 다른 친구들이 대신 주문을 낼 수 있도록 미리 조치를 취해뒀기 때문이다. 대신 그는 블 랙잭 카드를 읽는 시스템을 개발하느라 라스베이거스에서 많은 시간 을 보냈다.

터틀 실험 과정에서 이런 행동은 얼마든지 용인되었다. 리처드 데 니스 스스로 '일만 제대로 하면 터틀이 어디에서 무엇을 하든 관여하 지 않는' 분위기를 조성했기 때문이다. 사실 그는 터틀 수련생들에게 트레이딩 규칙과 자금, 브로커와 ATR(ʼNʼ이라 부르는 각 시장의 일간 변동성)을 제공함으로써 이들이 따로 운용할 경우 있을 수 있는 자잘한 일과에서 벗어날 수 있도록 해주었다.

터틀은 그들이 투자하는 시장을 추적하는 일로 하루를 시작했다. 하나 또는 그 이상의 시장에서 진입이나 청산 신호가 나오면 전화기를 들어 트레이딩 플로어를 연결해 주문을 냈다. 그 뒤 시장이 어느 쪽으로든 움직이기를 기다렸다가 다시 전화로 주문을 넣었다.

터틀은 무인도에 버려진 사람처럼 스스로 살아남아야 했다. 각자 차트도 만들고 서류철에 끼울 수 있는 종이에도 직접 적어가며 계산했다. 〈월스트리트 저널〉이 필요하면 직접 사봐야 했다. 물론 리처드 데니스가 사줄 수도 있었지만 그는 기본적 분석이 아닌 기술적 분석으로 트레이딩하는 사람이었다. 그래서 날마다 〈월스트리트 저널〉을 살펴볼 이유가 없었다.

오늘날 통찰력 있는 기본적 분석 관련 정보를 얻기 위해 〈월스트리트 저널〉을 처음부터 끝까지 샅샅이 뒤지는 사람이 얼마나 많은지, 인터넷으로 연차 보고서나 작황 관련 리포트를 보는 투자자가 얼마나 많은지 생각해보라. 하지만 터틀은 그렇게 하지 않았다.

터틀은 기초적인 것만 했다. 다음날 주문을 미리 적어놓고 먹지를 써서 이를 복사해놓았다. 다음날 자리에 없을 경우를 대비해 사본을 남겨놓았다. 그렇게 하면 주문을 확실히 실행할 수 있었기 때문이다. 짐 디마리아가 웃으며 말했다. "요즘 사람들은 먹지가 무엇인지 모를 거예요."

사무실 안에서 특이한 일들도 있었지만 터틀 수련생들의 물리적 위치에도 큰 변화가 있었다. 첫해에는 모두 같은 사무실에 있었지만 얼마 뒤 여럿이 떠났다. 마이크 카발로는 1년 동안만 함께 있다가 멀리 떨어진 고향 보스턴으로 옮겨 리처드 데니스 자금을 운용했다. 이 듬해 러셀 샌즈는 터틀 프로그램을 완전히 등지고 떠났다.

시간이 흐르면서 사무실 환경도 조금씩 바뀌어갔다. 짐 디마리아가 밝혔다. "나중에는 인원이 절반 정도로 줄어들었습니다. 제리 파커는 고향인 버지니아로 돌아갔죠. 그래서 시카고에 남아있던 우리들은 더 작은 사무실로 옮겼습니다. 그때부터 이전 같은 분위기는 사라졌습니다."

모두 시카고에 함께 있었던 초창기에는 관리감독 없이 각자 고군분투해야 하는 상황이었기 때문에 서로 잘 뭉쳤다. 사실 이들은 밖에서 활동하는 전문 트레이더가 결코 아니었다. 터틀 수련생 대부분 20대 초반이나 10대 후반이었다. 트레이딩을 시작한 뒤 6개월이 지날 무렵 이들의 평균 성과는 마이너스 50퍼센트였다. 당연히 공포에 질린 수련생도 있었다.

들쭉날쭉한 성과를 보였던 초창기 그들의 일상을 여실히 보여주는 일화가 있다. 1985년 9월, 뼈저린 교훈이 된 사건이 터졌다. 'G7' 재무장관들이 모여 미 달러를 절하하기로 합의한 것이다. 즉, 주말 사이에 달러에 대한 정책이 바뀌었다. 다른 모든 통화들이 갑자기 몇백 포인트씩 갭 상승했다. 몇몇 터틀은 이들 통화에 대해 쇼트 포지션을 취하고 있었다.

포지션을 정리했던 제프 고든은 당시 톰 생크스가 계속 쇼트 포지션을 들고 있었다고 기억했다. "상상해보십시오. 수백만 달러를 굴리고 있는데 월요일에 출근해보니 시장이 우리 포지션과 반대쪽으로 움직이고 있습니다. 포지션 규모가 큰데 우리 잘못은 아니었지만 엄청난 손실이 난 거예요." 제프 고든은 톰 생크스가 리처드 데니스의 규칙을 따르고 있었다는 점을 강조했다. 정확히 규칙을 준수했는데 엄청난 손실이 생겼던 것이다.

터틀 수련생들은 정교한 트레이딩 규칙을 배워 운용했지만 리처드 데니스가 자의적 투자 결정에는 약하다는 점의 영향도 받았다. 이론적으로는, 거래할 시장을 선정하고 언제 진입하고 청산하며 얼마만큼 사고팔지에 대한 규칙이 터틀 모두에게 똑같이 적용되었다. 하지만 시간이 지나면서 규칙에 어긋나는 사례가 발생했다.

일례로 코코아 거래에서 규칙에 저촉되는 일이 벌어졌다. 얼 키퍼는 그 사건을 생생히 기억하고 있었다. "코코아가 천정부지로 오르고 있었습니다. 우리가 투자자금을 계속 넣을 수 있었기에 가격은 더욱 치솟았습니다. 한마디로 우리가 시장을 지배했죠. 플로어에 있는 사람들은 이 같은 상승이 리처드 데니스의 주문 때문이라고 알고 있었지만 그냥 내버려둘 수밖에 없었습니다. 저희가 10포인트 더 끌어올리자 다른 사람들이 달라붙었습니다. 우리가 천정까지 밀어 올린 뒤 더 이상 매수할 여력이 없게 되자 가격이 폭락했습니다. 그야말로 엄청나게 투자했기 때문에 타격이 컸습니다. 코코아 포지션이 없었던 친구는 필립 루뿐이었습니다."

터틀 프로그램이 진행되는 동안 리처드 데니스는 1년에 한 번 터틀 수련생들을 한 명씩 따로 불러 점심을 함께했다. 말하자면 그날은 트레이딩 대신 리처드 데니스와 대화하는 날이었다. 필립 루는 점심을 마치고 돌아와 생각해보니 리처드 데니스가 기분이 상했다는 느낌이 들었다. 그는 필립 루가 왜 코코아 거래를 하지 않았는지 알고자 했다. 매매를 하지 않은 필립 루의 결정은 분명 훈련받은 내용과 상반되었기 때문이다.

필립 루의 결정에는 이유가 있었다. 매일 수련생들은 비상 상황에 대비하는 전략을 기록하도록 되어있었다. 트레이더가 되겠다는 열망이 그리 강하지 않았던 필립 루는 각 시장에 대한 비상시 전략, 매수 매도 포인트를 두 쪽에 나누어 기록하고 컴퓨터에 저장했는데, 코코아 시장에 대해서는 둘째 쪽에 적었다. 알고 보니 그는 전략이 두 쪽일 경우 첫 쪽에 없으면 거래하지 않았다. 코코아를 거래하지 않았던 까닭은 해당 내용이 두 번째 쪽에 있었기 때문이었다.

리처드 데니스가 물었다. "왜 코코아를 거래하지 않았죠? 이유가 뭐죠." 필립 루가 대답했다. "저는 첫 쪽에 있는 것만 매매하는데 코코아는 거기에 없었기 때문입니다." 그 순간 필립 루는 리처드 데니스의 얼굴에서 실망한 표정을 읽을 수 있었다. 늘 호기심과 의구심이 많은 리처드 데니스는 이 사건을 계기로 수련생으로부터 뭔가 배울 점도 있지 않을까 하는 생각을 했다.

필립 루 사례는 터틀 세계에도 세밀하지 않은 부분이 있어 성과 차이가 나타날 수 있다는 사실을 보여주는 아주 좋은 예다. 즉, 터틀 수련생 모두가 트레이딩을 정말 잘한다 해도 분명 수익률 차이를 가져오는 요인들이 있음을 보여주는 사건이었다.

리처드 데니스의 채용 과정은 자유로워서 터틀 집단에는 독특한 스타일이 많았다. 경력이 가장 화려한 터틀은 마이크 섀넌이었다.

언젠가 마이크 섀넌과 인터뷰하면서 터틀 프로그램 전체 과정 중 알려지지 않은 것이 있는지 물었다. 그랬더니 그가 갑자기 버럭했다. "제가 전과자라고 알고 있죠? 맞죠?" 마이크 섀넌은 상세한 얘기를 꺼내기 전에 두 가지 단서를 달았다. 첫째는 전과 기록은 25년 전 일이고 둘째는 이제는 마약을 아주 반대한다는 것이었다. 그러면서 설명을 이어갔다. "아마 터틀 프로그램에 합류하기 2~3년 전 즈음에 저는 마약 판매책이었습니다. 시카고 러시 거리의 여러 나이트클럽에 공급하는 마약의 80퍼센트가 제 손을 거쳤습니다."

다른 터틀에 따르면 그의 설명은 틀림이 없었다. 여하튼 이 같은 특별한 얘기는 터틀 프로그램 안으로 계속 파고들었다. 마이크 섀넌은 리처드 데니스의 터틀 프로그램에 참여한 지 15개월쯤 지났을 무렵 마약 관련 일로 소환되어 증인석에 앉아야 했다. 이 사실을 알게 된 리처드 데니스는 그를 사무실로 불렀다. 마이크 섀넌은 리처드 데니스가 가방을 열어 공판 서류를 꺼냈을 때 자신이 해고된다고 생각했다. 리처드 데니스가 단호히 말했다. "제 말을 명심하세요. 사실대로 말한다면 해고하지 않을 겁니다. 그러니 솔직히 말해주세요. 도대체 무슨 일입니까?" 마이크 섀넌은 과거 마약을 거래했던 일과 이제는 FBI를 돕고 있다는 사실까지 모조리 털어놓았다. 리처드 데니스가 머리를 가로저으며 말했다. "이제는 완전히 손을 뗐습니까?" 마이크 섀넌은 거래 상대가 자기와의 관계를 끊었는지 알 길이 없었다.

그는 리처드 데니스가 자기 문제를 해결해줬다고 믿고 있었다. "저는 정식으로 터틀로 선발되어 훈련을 받았고 실제 수익도 조금 냈습니다. 만약 제가 수익도 거두지 못하는 하찮은 트레이더였다면 벌

써 해고되었을 겁니다." 마이크 섀넌은 리처드 데니스의 인맥 덕에 악몽이 끝났다고 말하면서 이렇게 덧붙였다. "덕분에 저는 전과 기록이 없습니다."

한 터틀은 리처드 데니스가 마이크 섀넌을 어떻게 다루었는지 설명해주었다. "리처드 데니스는 꽤 거친 친구들 틈에서 자랐습니다. 그가 몸담았던 트레이딩 세계도 그렇고 다른 것도 마찬가지였습니다. 그는 누구나 항상 말 못할 사연이 있을 수 있다고 생각했습니다. 리처드 데니스는 놀라우리만큼 천생 너그러운 사람입니다."

터틀 사이의 파열음, 별난 트레이딩 의사결정, 연방 마약 단속반의 수사에 이르기까지 여러 일들이 많았지만 리처드 데니스는 그럴 때마다 사람들을 옳게 다뤘다. 1970년대 음악광이기도 했던 그는 블러드 스위트 앤 티어스Blood, Sweet & Tears 밴드 공연을 보려고 C&D 커머더티스 직원들을 모두 데리고 라스베이거스로 날아가기도 했다. 그는 겉으로는 검소하게 생활했지만 알고 지내는 모든 사람들에게는 많이 베풀며 살았다.

팀 결속력

터틀은 파워가 엄청난 아이디어를 접할 수 있었지만 그 아이디어는 대가 없이 나온 것이 아니었다. 인간의 본성은 늘 작동한다. 리처드 데니스와 윌리엄 에크하르트의 규칙을 칠판 위에서 적용해보는 연습도 필요하지만, 자신감을 얻기 위해서는 그 규칙이 실제로 어떻게 작동하는지 배우는 과정이 매우 중요하다.

이런 점에서 터틀의 수련 과정은 분명 미육군 특공대 훈련과 아주 비슷하다. 특공대는 일반적 상황에서 하는 연습으로는 탁월한 성과를 거둘 수 없다는 가정하에 훈련한다. 엘리트 병사는 자신에게 있었는지조차 알지 못했던 감정적 육체적 잠재력을 끌어내야 하는 아주 강도 높은 훈련을 통해서 단련된다. 리처드 데니스의 터틀 프로그램도 마찬가지다. 터틀 수련생들도 최악의 상황에 마주했을 때 어떻게 대응해야 하고 어떠한 트레이딩 여건에서도 자신감을 갖도록 배웠지만 이는 말처럼 쉽지 않았다.[5]

터틀이든 특공대든 자신감을 얻기 위해서는 어떤 환경setting이 필요했다. 터틀은 빈 사무실에서 트레이딩 기법을 배웠고 특공대원은 훈련소에서 특수훈련을 받았다. 두 집단 모두 누군가 자신을 지켜보고 있다는 묘한 느낌을 받았다. 자발적이기는 하지만 어떤 면에서는 터틀과 특공대 모두 일정한 공간에 갇혀 지냈다. 또한 이들은 모두 잘 알지도 못하는 사람들이 자신들에게 고통을 줄 것을 알면서도 그들에게 자신의 삶을 맡기는 데 동의했다.[6]

물론 터틀 수련생들은 특공대 훈련소에서 체험하는 고통을 겪지는 않았다. 하지만 트레이딩 능력에 대한 자신감을 얻는 과정에서 생기는 심리적 고통을 감내해야 했다. 의도했든 그렇지 않든 터틀의 사무실 환경은 서로 단합하는 부족 같은 분위기가 조성되었다.

많은 터틀 수련생들이 리처드 데니스에게 수백만 달러의 자금을 받아 운용하는 능력을 배양하는 동안 결속력이 아주 중요하다는 사실을 깨달았다. 얼 키퍼는 심리적 결속력의 필요성을 많이 느꼈다. "특히 초기에 우리 모두 단합해야 했던 까닭은 1년 중에 돈을 버는 기간은 고작 3주에 불과했기 때문입니다. 나머지 기간에는 평균 손실이 30퍼센트에 이르렀습니다. 그러다 갑자기 시장이 달아오르기 시작하면 리처드 데니스의 운용 전략에 따라 실탄을 장전했습니다. 이런 방식으로 수익률을 −30퍼센트에서 +150퍼센트로 거뜬히 올릴 수 있었습니다."

군대의 전우들처럼 묵묵히 견뎌낼 수 있는 상당한 결속력이 필요했다. 날마다 시장에 당하면서 작은 손실이 이어지면 계속 침울해질 수밖에 없기 때문이다. 큰 추세가 오면 좋겠지만 그런 기회를 잡기 위해서는 계속 인내하며 기다려야 했다.

시카고 최고의 트레이더로부터 수백만 달러를 받아 날마다 운용한다고 상상해보라. 그런데 규칙대로 운용은 하지만 계좌 잔고가 야금야금 줄어든다고 생각해보라. 그러면 의구심도 생기고 걱정도 커질 것이다. 그룹 결속력은 터틀 수련생들의 이와 같은 고통을 덜어주고 모두 제대로 하고 있다고 안심시키는 데 도움을 준다.

그렇지만 시간이 지나면서 터틀은 리처드 데니스의 시스템이 큰 추세로부터 엄청난 수익을 거두는 현실을 목격했고 결국 확신을 갖게 되었다. "정말이지 확실히 작동하는군. 이제는 누가 뭐래도 흔들리지 않아."

하지만 부족과도 같은 결속력, 특공대에 견줄 만한 강한 훈련, 그리고 수익률 상승과 더불어 강해진 리처드 데니스의 시스템에 대한 신뢰에도 불구하고 결국 집단적 수련 과정은 그리 중요하지 않게 되었다. '끈끈한 터틀 트레이딩 그룹'이 예상치 못한 위협에 잠식당했기 때문이다. 원인은 바로 경쟁과 질투였다. 리즈 체블은 경쟁 관계를 다음과 같이 직설적으로 표현했다. "종국에는 플러스와 마이너스로 갈립니다. 수익을 올리는 사람과 그렇지 않은 사람으로 나뉘죠."[7]

얼마 지나지 않아 터틀 수련생들은 4년 남짓한 리처드 데니스의 프로그램이 리즈 체블이 묘사한 흑백논리보다 더 복잡하다는 사실을 알게 되었다. 터틀들이 전에 없는 자신감을 얻은 한편, 곧 자기 회의라는 짐을 지게 되면서 터틀 트레이딩 프로그램은 실험 속에 실험을 낳기 시작했다.

7

배분금액
차별

불투명한 투자자금 배분이 낳은 갈등

> "진실이 끝까지 왜곡되다니 우습다.
> 신문 1면에 실리는 얘기와 실제 발생한 일 사이의 차이가
> 하늘과 땅만큼 큰 경우가 종종 있다."
>
> • 익명의 터틀 •

터틀 수련생들이 트레이딩을 시작했을 때에는 별다른 걱정거리가 없었다. 어쨌든 시카고 트레이딩 왕의 선택을 받아 훈련도 받았다. 하지만 이러한 편안한 분위기는 오래 가지 못했다. 채 몇 달이 지나지 않아 이들은 마치 〈환상 특급Twilight Zone〉이라는 오래된 영화 속 이야기처럼 멀리 있는 누군가의 감시를 받는 불안한 존재가 되었다. 트레이딩 능력이 선천적인지 후천적인지에 대한 초기 실험과는 별개로, 의도했든 그렇지 않았든 이제는 또 다른 실험이 진행되고 있었던

것이다.

터틀 세계에서는 돈이 어머니의 젖과 같았다. 리처드 데니스의 자금이 없었다면 터틀 프로그램도 존재하지 않았을 것이기 때문이다. 하지만 머지않아 터틀 수련생들은 리처드 데니스의 자금 배분 결정 기준이 왠지 합리적이지 않고 들쭉날쭉하다는 사실을 깨달았다. 이는 사소한 문제가 아니었다. 배분금액 차이는 수백만 달러의 운용 수익 차이로 이어질 수 있기 때문이다. 이는 〈대역전〉이라는 영화에서 빌리 레이가 소리 높여 말한 장면을 연상케 한다. "바보야, 이 모든 게 실험이었던 거야! 실험 대상은 우리였던 거고! 그들은 우리에게 어떤 일이 일어나는지를 놓고 내기를 했던 거야!"[1]

실험 첫해 리처드 데니스에 의해 터틀로 선발되어 백만 달러를 배분받았던 샘 드나르도는, 두 번째 실험 대상으로 채용된 터틀 수련생들이 자기보다 적은 금액을 받았다고 여겼다. "그들이 처음에 받은 돈은 서로 달랐습니다. 당시 터틀이 얼마나 빠르게 수익을 올리는지 얼마나 공격적인지 또는 보수적인지 알아볼 필요도 있었겠죠. 그것도 실험을 통해 확인하려 했던 부분이지 않았나 싶습니다."

바깥 세계에서는 터틀 실험이 확실히 성공적이었다고 알고 있지만 리처드 데니스가 수련생들에게 자금을 공평하지 않게 배분했다는 뒷이야기도 있다. 이로 인해 갈등이 생겼지만 대놓고 불평한 사람은 아무도 없었다. 어쨌든 전에는 결코 만져본 적이 없는 많은 돈을 벌고 있었기 때문이다. 그렇더라도 터틀이 된 것은 분명 양날의 칼과 같았다.

제프 고든은 자금 배분 문제가 발생하기 전부터 전반적인 문제점을 인지하고 있었다. 그는 모집 광고를 통해 터틀로 선발된 친구들도 있었지만 리처드 데니스와 친분이 있다는 이유만으로 터틀이 된 사람들도 있다는 사실을 알고 있었다. 리처드 데니스는 이와 같이 자신과 친분이 있는 사람들을 "관리 그룹"이라 불렀다. 제프 고든이 말했다. "이들은 다른 기준으로 선발되었습니다."

제프 고든과 몇몇 트레이더들은 모집 광고를 통해 선발되어 채용된 사람들이 더 뛰어나다고 생각했다. 하지만 리처드 데니스는 그렇지 않은 경우와 별 차이가 없다고 여겼다. 이는 앞으로 발생하게 될 진짜 갈등에 비하면 아무것도 아니었다.

터틀 사이에 배분금액이 달라지다 보니 벌어들이는 수익에서도 차이가 크게 벌어지기 시작했다. 일례로 마이크 카발로는 초창기에 양호한 수익을 올린 터틀 중 한 명이었다. 그에 따르면 처음에는 모두 좋은 성과를 냈지만 1984년 봄에 이르자 박살이 났다고 했다.

제1기 터틀이 전원 손실을 기록하던 그해 중반 리처드 데니스가 나타나 모두 잘 운용하고 있다며 자금을 더욱더 늘려주었다. 말도 안되는 결정에 터틀 수련생들은 어안이 벙벙해질 수밖에 없었다. 손실이 큰데 어떻게 투자자금을 늘려준다는 말인가?

마이크 카발로는 도무지 믿기지 않았다. "그가 이렇게 말할 줄 알았거든요. '프로그램이 실패로 끝나게 되어 아쉽군요. 이제는 실험을 접어야 할 것 같습니다.' 그런데 오히려 투자를 가장 잘했다고 판단되는 몇몇 터틀에게 특별히 돈을 더 주었습니다. 커티스 페이스, 하워드 세이들러와 더불어 저도 추가 자금을 받았습니다. 셋이 가장 잘했다고 여긴 듯합니다." 부록의 터틀 운용 실적을 보면 '가장 잘했다'는 표현은 적절치 않다. 사실 터틀 수련생들의 실적은 전반적으로 오르락내리락하고 있었다.

하지만 시간이 흐르자 차별적 자금 배분이 공평하지 않다고 여긴 터틀 수련생들은 좌절하기 시작했다. 얼 키퍼는, 자금 배분 문제로 목소리를 높인 터틀이 여럿 있었다고 밝혔다. "커티스 페이스와 마이크 카발로는 수익률이 −50퍼센트, −70퍼센트였는데도 원금을 다시 채워줬을 뿐만 아니라 추가 자금을 받기까지 했습니다."

이들은 모두 같은 교실에 앉아 같은 규칙을 배웠다. 사무실도 함께 들어가 투자자금도 똑같이 배분받았다. 하지만 문을 나서면서부터 돈을 잃기 시작했고 손실이 가장 큰 몇몇 친구들이 오히려 추가 자금을 받았던 것이다.

많은 터틀이 리처드 데니스가 실제 성과가 아닌 주관적인 느낌으로 훌륭한 트레이더인지 아닌지를 판단했다고 여겼다. 리처드 데니스와 윌리엄 에크하르트는 규칙대로 트레이딩해야 한다고 늘 강조해왔던 터여서 이들은 더욱 혼란스러울 수밖에 없었다. 몇몇 터틀은 리처드 데니스의 이런 결정은 '가망이 없는 쪽'에 더 투자하는 것이나 마찬가지라고 여겼다. 이들은 리처드 데니스가 터틀에게 트레이딩을 가르칠 때처럼 자금 배분도 과학적으로 하리라 예상했었다. 하지만 뜻밖의 조치에 어안이 벙벙했다.

불투명하고 자의적인 자금 배분에 좌절감은 더욱더 심해졌다. 실례로 1986년은 트레이더들에게 전반적으로 어려운 한 해였다. 제프 고든이 자신의 뛰어난 실적을 자랑스럽게 내세웠다. "저는 두 자릿수 하락폭을 기록하지 않으면서도 +65퍼센트의 수익률을 거뒀습니다."

이듬해 리처드 데니스가 제프 고든에게 더 많은 자금을 배분해주었을까? 예상과는 반대로 배분금액도 줄이고 성과급도 깎았다. 이 결정은 마치 '염기성 용액에 산을 떨어뜨려 그 반응을 테스트'하는 과학실험과도 같았다. 하지만 이는 리처드 데니스의 게임이었고 규칙을 정하는 사람은 오로지 그뿐이었다.

제프 고든은 리처드 데니스와 의견이 궁극적으로 달랐다는 사실과 마지막 결과에 대한 자신의 심경을 솔직히 밝혔다. "그는 저의 위험관리 방식을 좋아하지 않았습니다. 물론 결정을 내리는 사람은 그였습니다. 제가 그것을 인정했을까요? 아닙니다. 저는 제가 거둔 실적이 얼마나 뛰어난지 알고 있었으니까요. 위험 대비 수익 면에서 저는 모든 친구들을 압도했습니다." 성과와 무관하게 제프 고든의 배분금을 줄인 것은 그렇다 치고 성과급까지 깎은 결정은 도무지 납득할 수 없었다. "그 뒤로는 터틀 프로그램에 대한 애착이 떨어졌습니다. 리처드 데니스가 원하는 것을 제가 줄 수 없었기 때문이죠. 결국 1987년 7월 프로그램을 등지고 떠났습니다."

그렇지만 제프 고든에게는 한 가지 문제가 있었다. 다른 모든 터틀과 마찬가지로 5년 동안은 리처드 데니스만을 위해 일하기로 계약했기 때문이다. 그만두더라도 다른 사람의 자금을 운용할 수 없었다. 그는 자신이 직면한 난관이 무엇인지 잘 알고 있었다. "재산이 2억 달러인 사람과 소송을 벌일 수는 없었죠."

리처드 데니스는 제프 고든이 '꽤 괜찮은' 위험조정 수익률을 올린 것을 대수롭지 않게 여겼다. 그는 엄청난 절대 수익률을 원했다. 리처드 데니스가 제프 고든을 너무 이른 시점에 떠나보낸 것은 그리 놀라운 일이 아니다. 리처드 데니스가 '내 규칙대로 운용하라'는 철학을 고수했다는 점과 둘의 정치 성향이 서로 달랐다는 사실을 감안할 때 수익률 관련 갈등 못지않게 다른 분야의 충돌도 있었을 것이다.

하지만 제프 고든뿐이 아니었다. 짐 디마리아도 자금 배분과 관련하여 불편한 심경을 드러냈다. "첫해에는 모두 최대한도인 백만 달러씩 배분받아 출발했습니다. 이듬해에는 총 여덟 명이 있었는데 셋은 백만 달러, 둘은 60만 달러, 나머지 셋은 30만 달러를 받았습니다. 저는 30만 달러를 받은 사람 중 한 명이었지만 크게 개의치 않았습니다. 계속 운용할 수 있었으니까요. 조금 놀라긴 했지만 터틀로 뽑힌 것 자체가 복권에 당첨된 셈이었으니까요."

리처드 데니스와 윌리엄 에크하르트는 짐 디마리아의 이전 연봉 1만 8,000달러를 유지시켜주기는 했지만 터틀의 자금 배분 기준은 여전히 수수께끼였다. 짐 디마리아가 궁금증을 드러내며 말했다. "시장은 결코 틀리지 않는다는 점, 그리고 기술적 분석과 기본적 분석 사이에 논쟁이 있을 수 있다는 사실은 누구나 믿습니다. 하지만 리처드 데니스의 자금 배분 기준을 생각해보면 배분 규모와 성과와는 아무런 상관관계가 없었던 것 같습니다."

짐 디마리아는 운용금액이 가장 적은 쪽에 속했지만 성과는 최고 수준이었다. 이러한 차별은 프로그램 내내 계속되었다. 배분금액 차이가 스무 배에 이른다는 사실이 알려지자 불꽃에 기름을 부은 듯 불만이 커졌다.

다시 말하지만 터틀 수련생 모두 규칙을 똑같이 배우고 훈련도 함께 받았다. 아울러 이들의 수입은 계좌 평가액과 연결된 성과급에 기반을 두고 있었다. 그런데 누구는 수백만 달러를 굴리고 누구는 고작 수천 달러만 굴리는 식으로 차이가 벌어졌던 것이다. 이 점이 바로 내부 갈등의 근본 원인이었다. 배분 관련 말들이 꼬리에 꼬리를 물고 퍼지면서 경쟁심은 점점 악감정으로 바뀌어갔다.

시간이 흐르면서, 전체 터틀 중 가장 많은 금액을 배정받은 한 친구가 리처드 데니스로부터 배운 대로 매매하지 않는다는 소문이 퍼졌다. 거의 모두의 지목을 받은 사람은 한때 전체 자금의 절반 가까이 운용했던 커티스 페이스였다. 짐 디마리아가 대놓고 불만을 드러냈다. "그는 아주 들쭉날쭉하게 운용합니다. 아주 좋은 성과를 거둔 달도 있지만 그 이면에는 엄청난 위험이 숨어있습니다."

1989년 〈월스트리트 저널〉은 커티스 페이스를 '가장 성공한 터틀'로 묘사했다. 이 기사에는 터틀 열네 명의 성과를 보여주는 차트가 있었지만 이상하게도 커티스 페이스의 운용실적은 나와 있지 않았다. 단지 터틀 프로그램이 진행되는 동안 총 3,150만 달러의 '수익을 기록했다'는 문구만 있었다.[2]

하지만 큰 맥락에서 살펴보면 이 기사에는 문제가 있었다. 커티스 페이스가 가장 많은 자금을 운용했고 그래서 성과급도 가장 많이 받았다면 그가 가장 '성공한' 터틀이었다는 표현은 아주 잘못되었다. 다음 예를 살펴보면 커티스 페이스와 다른 터틀 사이의 차이를 더욱 정확히 알 수 있다. '존'은 2000만 달러를 운용하고 '메리'는 2만 달러를 굴린다고 가정하자. 이들 모두 성과급이 15퍼센트이고 똑같이 50퍼센트의 수익률 올렸다고 한다면 대놓고 존이 더 뛰어나다고 말할 수 없다.

나는 터틀에 대한 리서치를 하는 도중 터틀의 자금 배분에 대한 내부 견해로 보이는 인터넷 토론회의 글을 본적이 있다. 커티스 페이스가 벌어들인 금액 추정치가 3,150만 달러에 이르고 전체 터틀이 '올린 수익은 1억 달러'라는 내용도 있었다. 아울러 커티스 페이스가 전체 수익의 30퍼센트를 벌어들였다는 점도 강조되었다. 그러면서 얼토당토않은 결론이 지어졌다. "5년 뒤 제리 파커가 훨씬 더 많은 자금으로 벌어들인 수익은 의미 있는 수준이 아니었다."

이 내용은 커티스 페이스가 다른 터틀보다 스무 배가 넘는 돈을 운용했다는 중요한 사실을 멋대로 빠뜨리고 있다. 다시 말해 커티스 페이스는 운용금액이 많았기 때문에 수익도 더 많이 올렸던 것이다. 그가 터틀 중 가장 뛰어난 실적을 올렸음을 증명하는 숫자는 어디에도 없다.

그렇지만 커티스 페이스가 부담한 리스크가 허용치 이내라면 이는 큰 논란거리가 아니다. 짐 디마리아는 그렇지 않다고 바로 지적했다. "아니에요. 허용치를 넘어섰습니다. 남이 웃을 일이기는 하지만 원래 기준이 있었고 커티스 페이스의 기준이 따로 있었습니다. 한마디로 그는 제멋대로 운용했습니다. 어떤 기준인지 전혀 알 수가 없었죠. 운용성과는 완전히 제쳐놓고 앞으로 누가 더 뛰어난 트레이더가 될 수 있을지를 가늠해 정한 것 같았습니다. 한마디로 철저히 주관적이었죠. 터틀 가운데 가장 똑똑한 친구는 '마이크 카발로'였습니다. 저희 돈을 그에게 떼어주어야 했습니다. 저는 그 반대쪽에 있었고요. 그들은 아마 제가 관리 그룹의 일원이었기 때문에 뛰어난 트레이더가 되기는 어렵다고 본 거죠."

커티스 페이스는 S1, S2 트레이딩 시스템을 배울 때 어느 정도 융통성을 가질 수 있었다며 다르게 해명했다. 그는 뛰어난 실적이 자신의 주관적 판단 덕분이라고 여겼다. 커티스 페이스는 경력을 공개적으로 밝힐 때 남보다 더 나았다는 점을 애써 강조했다. 자신이 대학을 나오지 않아서(여호와의 증인은 대학에 들어가는 것을 장려하지 않는다) 동료 터틀을 모두 이기고 싶은 마음이 강했는지도 모른다. 또는 단순히 '뭔가 보여 줄 테니' 한번 해보자라는 심정이었을 수도 있다.

얼핏 보기에 짐 디마리아가 처음에 한 말은 '못 먹는 감 찔러나 보자'는 식으로 해석될 수도 있다. 하지만 순전히 이해타산에서 비롯된 말은 아니다. 자기처럼 가장 적게 배분받은 터틀이 여럿 있었다는 사실을 알고 있었기 때문이다. 다음은 그가 밝힌 내용이다. "지리 조지스보보다는 진짜 천재였습니다. 최고 트레이더가 될 잠재력이 있었고 정말 그렇게 될 수 있다고 생각했습니다." 하지만 프로그램이 진행되면서 리처드 데니스가 운용 실적과 관계없이 자의적으로 자금을 배분한다는 사실을 많은 터틀이 알게 되었다.

짐 디마리아가 덧붙였다. "첫해 말 저는 최고 성과자의 반열에 올랐습니다. 물론 1등은 아니었지만요. 그런데 다른 친구들은 보너스로 60만 달러를 받은 반면, 저는 고작 1만 달러밖에 받지 못했습니다. 저는 아이와 가족이 있었는데 당시 형편이 넉넉치 않았어요. 정말 견디기 힘들었습니다."

20년이 지났는데도 짐 디마리아의 목소리에는 리처드 데니스의 자금을 더 많이 운용할 기회를 얻지 못한 점에 대한 섭섭함이 배어있었다. 코미디이자 배우인 로드니 데인저필드Rodney Dangerfield의 유행어인 "나는 항상 푸대접이야!" 같은 느낌이 묻어있었다. 하지만 짐 디마리아가 1988년부터 20년 동안 매월 한 번도 빠뜨리지 않고 성과를 내고 있다는 점을 주목할 필요가 있다. 이와는 반대로 커티스 페이스는 지난 20년간의 수익률 기록이 없다. 짐 디마리아를 포함한 많은 터틀이 리처드 데니스가 편파적이었다고 생각했지만 마이크 카발로는 그렇지 않았다고 잘라 말했다. 그는 자금 배분은 모두 운용 실적에 따라 이뤄졌다고 여겼다. 1984년 리처드 데니스는 곡물 트레이딩은 자신의 시간을 할애할 만한 가치가 없다고 판단했다. 그래서 곡물 운용 계좌를 하워드 세이들러, 커티스 페이스, 마이크 카발로에게 넘겼다.

곡물 계좌를 넘긴 사실을 모두가 알게 되면서 갈등이 더욱 고조되었다. 곡물 계좌를 이전받은 사람은 더 많은 금액을 매매할 수 있고 성과급도 더 많이 챙길 수 있는 기회가 생겼기 때문이다. 마이크 카발로도 이 부분은 인정했다. "분명 질투할 수밖에 없었을 겁니다. 인간의 본성이니까요. 이전에 했던 일보다 훨씬 더 낫고 재미있으며 수입까지 많은 훌륭한 일자리라 하더라도 연봉이 여섯 자리인 친구가 일곱 자리인 사람들을 부러워하는 것은 어쩌면 당연하죠."

다른 터틀들이 얼마나 버는지 정확히 알지는 못했더라도 몇몇 터틀이 다른 사람들보다 훨씬 더 많은 금액을 굴렸다는 사실은 분명했다. 처음 시작할 때에는 같은 선에서 출발했다. 하지만 18개월이 채 지나지 않아 몇몇은 백만장자가 된 반면 나머지 많은 친구들은 그렇지 못했다. 문제는 그동안 터틀들이 거둔 실적이 모두 비슷했다는 사실이다. 이 때문에 갈등이 더욱더 심해졌다.

마이크 카발로는 자금 배분 이외에 또 다른 문제가 있다고 보았다. 그는 트레이딩에 자신감이 떨어지는 친구들을 여럿 목격했다. 실제 다른 터틀이 하는 대로 따라하는 동료도 있었다. 다른 터틀이 주문할 때 함께 묻어가는 이들도 있었다.

하지만 결국 자금 배분 문제가 가장 컸다. 이를 테면 제리 파커도 자금을 아주 조금밖에 배정받지 못해 불만이었다. 그는 많은 금액을 받는 터틀 못지않게 자신이 좋은 실적을 거두었다고 생각했다. 실제 성과가 이를 뒷받침한다. 1986년 제리 파커는 420만 달러까지 운용했다. 하지만 1987년에는 배분금액이 140만 달러로 줄었다. 그가 올린 수익률은 1986년은 124퍼센트, 1987년은 36퍼센트였다.

얼 키퍼는 제리 파커가 적은 금액을 배정 받은 이유는 그의 정치 성향 때문이라고 밝혔다. 그는 제리 파커 본인도 그렇게 믿고 있다고 말했다. "제프 고든과 제리 파커는 리처드 데니스와 정치적으로는 반대편에 있었습니다. 특히 제리 파커는 완전히 정반대 쪽이었죠."

리처드 데니스는 위험을 더 감수하려는 친구들뿐만 아니라 친해진 몇몇 터틀에게도 더 많은 자금을 배분하여 긍정적 심리를 강화해 주었다. 제리 파커는 공화당을 지지했다. 분명히 그는 리처드 데니스가 좋아하는 터틀 축에 들지 못했다.

제리 파커는 처음으로 채용된 터틀로 알려져있지만 리처드 데니스도 인간이었다. 얼 키퍼가 덧붙였다. "그도 인간인지라 편애를 했습니다. 특히 커티스 페이스와 마이크 카발로를 좋아했죠. 당신은 그렇지 않은 다른 친구들을 보고 이렇게 물을 수 있습니다. "왜 돈을 적게 받았습니까?" 아마 크게 베팅하기 꺼렸기 때문이 아닐까요?"

제리 파커만 우수한 성과를 기록한 뒤 배분금액이 깎인 것이 아니었다. 눈이 휘둥그레질 정도로 깜짝 놀랄 성과를 올렸지만 배분금 액이 줄어든 터틀이 여럿 있었다. 리즈 체블, 폴 라바, 마이크 카 등이 이 부류에 속했다.

다음에 일어날 일을 전혀 예측할 수 없다는 불안감이 터틀 실험 내내 이어졌다. 터틀 수련생들은 아무런 설명도 없이 운용 자산을 20 퍼센트 늘리거나 줄인다는 통보를 받았다. 그럴 때마다 머리를 긁적 이며 무슨 이유 때문인지 의아해했다. 잔인한 심리 실험을 받는다고 농담하는 터틀도 있었다. 〈트루먼 쇼Truman Show〉에 나오는 짐 캐리Jim Carrey처럼 자신들의 생활이 생방송되고 있다고 진짜로 믿는 친구들까지 있었다.

성과에 따라 자금을 배분했다고 믿는 마이크 카발로마저도 마지막에는 의문을 제기했다. 그는 리처드 데니스가 운용을 잘하는 터틀들이 더욱 공격적으로 많이 베팅하는 것에 대해 일부 보상해주었다고 여겼다. 그렇지만 그마저도 커티스 페이스에 대한 리처드 데니스의 자금 배분 결정 근거를 이해할 수 없었다. 그가 솔직히 말했다. "커티스 페이스는 너무 공격적으로 아주 위험하게 운용했는데도 큰 보상을 받았습니다. 수익은 가장 많이 거뒀습니다만, 위험조정 수익률 기준으로는 그렇지 않았습니다. 그래서 당시에는 어리둥절할 수밖에 없었죠. 저는 질투심이 강하지 않아서 크게 개의치 않았습니다."

마이크 카발로는 리처드 데니스가 큰 위험을 감수해 젊은 나이에 크게 성공한 사실을 잘 알고 있었다. 이는 커티스 페이스가 그의 편 애를 받은 사실과 일맥상통한다. 다른 사람들도 커티스 페이스가 젊다는 점이 C&D 두뇌집단이 그에게 반한 이유라고 설명했다.

전반적인 자금 배분 이슈가 터틀 프로그램의 골치 아픈 편애 문제로 번지기 시작했다. 차별 문제는 출범 직후부터 나타나기 시작했다. 1984년 터틀이 첫 매매를 시작한 뒤 몇 주 지나지 않았을 때 난방유 트레이딩 기회가 왔다. 규칙에 따르면 터틀은 아주 적은 금액을 투자해야 했다. 즉, 한 계약만 거래할 수 있었다.

분명 커티스 페이스는 아주 많은 금액을 투자해 다른 터틀보다 훨씬 많이 벌었다. 마이크 카발로는 그가 매매 한도를 초과했지만, 무모한 행동을 하거나 기회가 왔을 때 급소를 찌르듯 공격적으로 거래하는 모습 덕분에 리처드 데니스의 눈에 띌 수 있었다고 보았다.

많은 터틀이, 커티스 페이스가 배운 대로 매매하지 않는다는 사실을 점점 더 분명히 알게 되었다. 하버드대 MBA 출신인 마이크 카발로가 단도직입적으로 말했다. "우리가 배운 방식이 결코 아니었습니다. 사실은 가르침을 받은 내용과 조금 상충되는 부분도 있었고요." 마이크 카발로는 당시 수백만 달러의 수익을 올리고 있어서 수입이 가장 많은 축에 든다고 누구나 인정했지만 리처드 데니스가 커티스 페이스에게 돈을 계속 몰아주는 모습에 그도 당황할 수밖에 없었다. 마이크 카발로는 커티스 페이스에 대한 불만을 털어놓을 입장이 못되었다. 몇 년 뒤 커티스 페이스가 설립한 회사의 이사로 합류했기 때문이다.

왜 마이크 카발로는 커티스 페이스의 매매 스타일을 걱정했을까? 커티스 페이스가 너무 위험하게 거래해 결국에는 파산할 수도 있다고 보았기 때문이다. 수업 첫날부터 윌리엄 에크하르트는 위험관리를 아주 강조했지만 많은 터틀들은 이 원칙이 한 친구에 의해 거의 처음부터 무시되고 있음을 알아챘다.

커티스 페이스보다 나이가 한 살 반밖에 많지 않은 짐 디마리아는 커티스 페이스를 제외한 모든 터틀이 규칙을 지키고 있음을 확인했다. "포지션 크기, 거래하는 시장 등 여러 면에서 그는 신동 같았습니다. 남이 하지 못하는 것을 할 수 있었으니까요. 그는 아마 자신의 이런 모습을 모르고 있었던 듯합니다. 게임 전부터 자기만의 특별한 매매규칙이 있었을까요? 아니면 게임의 룰을 바꾸고 새로운 규칙을 적용해도 괜찮은지 물었을까요?"

제프 고든은 커티스 페이스의 종교 문제를 꺼낸 첫 터틀이었다. "커티스 페이스는 신념 있는 종교인, 윤리적이라고 믿을 만한 사람이라 간주되는 여호와의 증인 교도였습니다. 그가 비윤리적이거나 종교적 신념이 없다는 말은 아니지만, 그는 리처드 데니스의 자금을 운용하면서 전부 잃어도 개의치 않았을 것입니다. 그런 일에 별 신경을 쓰지 않는 친구였으니까요. 뒤돌아보면 사실 리처드 데니스는 이런 모습의 그를 원했던 듯합니다. 한마디로 아주 공격적인 사람을 찾고 있었다고 봐야죠."

실험이 진행되는 동안 가장 논쟁이 컸던 거래는 1984년에 있었던 난방유 매매였다. 첫 달에 모든 터틀이 10만 달러씩 투자했지만 커티스 페이스는 투자금액을 다른 친구들보다 더 늘렸고 수익도 더 많이 올렸다. 리처드 데니스가 아주 좋아했다. 제프 고든은 깜짝 놀랄 수밖에 없었다. "이상하게도 커티스 페이스가 리처드 데니스로부터 따로 전화를 받기 시작했습니다. 그러고는 이튿날 아침에 출근해 이렇게 말했습니다. "사실, 지난밤 리처드 데니스와 이런저런 얘기를 나

넜어." 그 친구 외에는 리처드 데니스의 개인적인 전화를 받은 사람은 아무도 없었습니다."

커티스 페이스는 1984년 접어들어 난방유가 여느 때와는 다르게 움직이고 있음을 확인하고 규칙대로 세 계약을 매수한 뒤 주어진 한도인 열두 계약까지 곧바로 늘렸다. 이후 난방유가 급등해 모든 터틀이 커다란 수익을 올렸다.[3]

하지만 커티스 페이스는 다른 터틀 수련생들의 매매가 이상하다고 여겼다. 그는 최고 한도까지 투자한 사람은 자기밖에 없다고 했다. 무슨 이유인지 다른 모든 터틀이 리처드 데니스와 윌리엄 에크하르트가 가르친 대로 거래하지 않았다는 것이 그의 견해였다. 이들이 정말 자기와 같이 수업을 받았는지 의아해했다.[4]

변동성이 아주 큰 난방유 선물은 얼마 지나지 않아 가격이 곤두박질쳤다. 이에 터틀은 포지션을 청산하기 시작했다. 하지만 커티스 페이스는 가격이 떨어져도 포지션을 정리하지 않고 계속 보유하고 있어야 옳다고 봤다. 다행히 가격이 다시 반등해 이전 고점을 돌파했다. '매수' 포지션 열두 계약을 끝까지 붙들고 있던 사람은 누가 봐도 커티스 페이스뿐이었다. 그가 말했다. "우리 모두 똑같이 배웠지만, 저의 1월 성과는 다른 터틀의 평균보다 세 배나 많았고 이들 가운데 가장 높았습니다."[5]

마이크 카발로와 러셀 샌즈는 커티스 페이스가 다른 터틀과는 달리 누군가의 도움을 받았다고 확신했다. 이들은 리처드 데니스가 커티스 페이스에게 난방유 선물 청산 시점을 알려주었다고들 말했다. 커티스 페이스는 다른 터틀과는 달리 '실패하지 않도록' 은밀히 도움을 받는 것 같았다.

리처드 데니스가 다른 터틀 수련생들의 반응을 알아보기 위해 이 모든 갈등을 일부러 조장한 것일까? 아니면 커티스 페이스가 그와 친한 사이였기 때문에 특별 지도를 받았던 것일까?

마이크 섀넌은 인간적인 면을 부각시켜 설명했다. "터틀마다 동기가 서로 달랐다고 봅니다. 사실 저는 좋아서 트레이딩을 한 겁니다. 제게는 정말 즐거운 경험이었거든요. 짐 케니와 앤서니 브룩은 좀 더 예술적이었습니다. 반면 커티스 페이스는 아버지 영향을 크게 받았습니다. 그의 아버지는 여호와의 증인 교도여서 그도 십일조를 내야 했습니다. 일종의 열성 엄마 같은 아버지였죠. 가끔 아들을 찾아와서 우리도 그를 볼 수 있었는데 약간 과도할 정도로 자기만 옳다고 생각하는 스타일 같았습니다."

마이크 섀넌은 아주 친절한 사람은 아니지만 그는 실제 사무실 상황을 있는 그대로 묘사해줬다. 어쨌든 커티스 페이스가 수백만 달러나 운용하고 자금 배분에 차별이 있었으며 갈등도 분명히 있었다. 결국 자금 배분 문제와 커티스 페이스에 대한 특별 지원이라는 드라마도 트레이딩 규칙 수업과 더불어 터틀이 되는 과정의 일부였다.

마이크 섀넌은 상황을 동정적인 투로 묘사했다. "커티스 페이스는 따로 숨기지 않았습니다. 이를테면 돌아다니면서 여호와의 증인 안내장이나 이와 비슷한 특이한 것을 나눠줬습니다. 그는 아주 솔직하게 '내가 다니는 교회는 이러이러해.'라는 식으로 말했습니다."

젊은 커티스 페이스에게는 리처드 데니스가 아버지 같은 존재였던 듯하다. 마이크 섀넌이 밝혔다. "리치는 커트를 좋아했습니다."

운용성과

일어난 사건에 대한 개인적이고 주관적인 설명도 흥미롭겠지만 결국 운용 실적이 가장 중요하다. 터틀 수련생들이 리처드 데니스 밑에서 일하는 동안 기록한 월별 성과 보고서는 바클레이즈 퍼포먼스 리포팅Barclays Performance Reporting 소속의 솔 와스먼Sol Waksman에게서만 찾을 수 있었다.

리처드 데니스를 위해 일하는 동안의 월별 성과 등락만큼 터틀 생활을 적나라하게 보여주는 것은 없다. 마이크 카발로, 제리 파커, 리

표 7.1 | 터틀 트레이더들의 연도별 운용성과

	1984	1985	1986	1987
마이크 카발로	14%	100%	34%	111%
제리 파커	−10%	129%	124%	37%
리즈 체블	−21%	52%	134%	178%
스티그 오스트가드 Stig Ostgaard	20%	297%	108%	87%
제프 고든	32%	82%	51%	11%
마이크 카	24%	46%	78%	49%
짐 멜닉Jim Melnick	102%	42%	160%	46%
하워드 세이들러	16%	100%	96%	80%
필 루이Pil Lui		132%	129%	78%
톰 생크스		18%	170%	146%
짐 디마리아		71%	132%	97%
브라이언 프록터		55%	116%	185%
폴 라바		92%	126%	78%
마이크 오브라이언		99%	135%	78%

출처: 바클레이즈 퍼포먼스 리포팅(www.barclaygrp.com)

즈 체블의 1985년 실적을 살펴보자(다른 터틀의 실적은 부록 4 참조).

표 7.2 | 마이크 카발로, 제리 파커, 리즈 체블의 1985년 월별 성과

날짜	마이크 카발로 수익률	제리 파커 수익률	리즈 체블 수익률
1985. 1	24.45%	2.51%	26.70%
1985. 2	-12.49%	18.92%	23.07%
1985. 3	55.73%	-8.77%	-20.29%
1985. 4	-15.39%	-20.38%	-27.80%
1985. 5	4.50%	17.52%	72.49%
1985. 6	2.50%	-10.30%	-22.48%
1985. 7	53.75%	61.05%	29.21%
1985. 8	-20.62%	1.18%	-18.77%
1985. 9	-34.21%	11.25%	-26.93%
1985. 10	-5.09%	14.61%	-6.60%
1985. 11	39.52%	20.99%	46.98%
1985. 12	22.82%	-2.46%	20.04%

VAMI(Value Added Monthly Index): 투자원금 1,000달러가 매월 어떻게 달라지는지 나타내는 지수
출처: 바클레이즈 퍼포먼스 리포팅(www.barclaygrp.com)

이상하게도 솔 왁스먼의 자료에는 커티스 페이스의 성과 자료가 빠져있었다. 커티스 페이스는 터틀로서 리처드 데니스 자금을 운용하는 동안 공식적으로 성과를 기록하지 않아 수익률 자료가 없고 따라서 구체적인 수익률을 외부에 제공할 수 없었다고 설명했다.[6]

그렇지만 커티스 페이스가 어떻게 다른 터틀보다 훨씬 더 많은 자금을 운용할 수 있었을까? 리처드 데니스가 돈이 많기는 했지만 무한정 많은 건 아니었다. 다른 터틀들 말에 의하면 그들이 운용하던 자

금이 커티스 페이스에게로 넘어갔다고 했다.

흥미롭게도 커티스 페이스가 굴리는 돈이 엄청나게 증가하면서 확실히 운용 실적이 나빠졌다. 한 터틀은 1987년 커티스 페이스가 은 선물 매매로 많은 수익을 토해낸 걸로 안다고 말했다. 그 단 한 번의 거래로 그동안 번 돈을 모두 잃었을 수도 있다고 주장했다.

다른 터틀도 은 선물 거래에 대해 말을 꺼냈다. 그는 커티스 페이스가 은 선물 매매 시 '직감을 믿고' 시스템대로 투자하지 않았다고 밝혔다. 결국 폭등하던 은 가격이 곤두박질쳤을 때 가장 늦게 빠져나온 사람이 커티스 페이스였다.

커티스 페이스도 자신의 실수를 인정했다. 그는 엘리트트레이더 닷컴(EliteTrader.com) 채팅 포럼에서 그 은 선물 거래가 최악의 실수였다고 토로했다. "저는 코멕스 은 선물을 1,200계약 보유하고 있었습니다. 이는 리처드 데니스의 600만 온스 중 5,000온스에 해당하는 것이었습니다. 더불어 코멕스 금 선물 매수 포지션도 500계약이나 되었습니다. 가격이 치솟다가 추락하면서 계좌 잔고가 최고점 대비 65퍼센트나 줄어들었습니다. 널뛰기가 워낙 심해 장중 평가액 최고치와 최저치 차이가 1,400만 달러에 달하기도 했죠."

어쨌든 그날 커티스 페이스가 잃은 돈이 정확히 얼마인지 확인할 방법이 없다. 더욱이 그가 리처드 데니스 밑에서 일하는 동안 벌어들인 누적 수익이 3,150만 달러가 맞는지도 검증할 수 없다. 이를 알아보는 과정에서 20년 전 〈월스트리트 저널〉에 기사를 올린 스탠리 앵그리스트Stanley Angrist 기자와 얘기를 나눴다. 그도 커티스 페이스가 올린 수익이 얼마인지 검증할 방법이 없다고 했다. 3,150만 달러라는 수치도 커티스 페이스 자신이 말한 금액이었다.

은 선물 매매가 터틀 실험 중 뭔가 꿍꿍이가 있어 보이는 마지막 대사건일 수도 있었지만 분명 이것이 마지막은 아니었다. 너무 큰 위험을 감수하고 규칙을 따르지 않는다는 사실이 드러나면서 여파는 댐이 무너지듯 걷잡을 수 없이 퍼져나갔다. 리즈 체블의 전 남편이었던 데이비드 체블은 실험 첫해에 매매규칙을 무시하고 너무 위험하게 거래하는 터틀을 여럿 보았다고 하면서 다음과 같이 말했다. "리처드 데니스가 여러 터틀들의 운용 자금을 늘려준 이유는 이들이 뛰어나서가 아니라 초기 투자금을 모두 날려 먹었기 때문이라고 생각합니다."[7]

커티스 페이스는 초기 자금을 다 잃는 것은 실제로 불가능하다고 반박했다. 그는 확정 손실이 -50퍼센트에 이르면 더 이상 투자할 수 없다고 주장했다.[8] 하지만 -50퍼센트가 차단선이 아니었다. 터틀들은 분명 이 선을 넘었고 데이터가 이를 증명한다. 하지만 자금 배분 문제에 대해서는 여전히 의문이 남아있다. 20년이 지난 지금 모두 각자의 평판을 유지하고 싶어서인지 주장이 서로 엇갈렸다.

어쨌든 자금 배분 관련 스토리는 끝이 났다. 하지만 샘 드나르도는 두 번째 터틀 그룹마저 동요하는 모습을 보자 자금 배분 문제를 다시 겨냥했다. 터틀들이 자꾸 수근댔다. "나는 20만 달러를 배정받았는데 너는 어째서 5만 달러만 받았니?", "어떻게 해서 60만 달러나 받았니?" 샘 드나르도는 이들이 리처드 데니스의 눈 밖에 나지 않았을까 걱정하고 있는 듯 보였다. 그래서 그는 터틀들이 동요한다는 내용의 편지를 리처드 데니스에게 보내 갈등을 완화해보려고까지 했다.

편지에는 이런 글도 있었다. "터틀 수련생들이 서로 다퉜습니다."

얼 키퍼도 자금 배분 방식에 문제가 있다는 내용의 편지를 간략히 써서 리처드 데니스에게 보냈다. 그는 모든 터틀에게 자금이 똑같이 배분되었다면 리처드 데니스가 돈을 더 많이 벌었을 것이라 믿고 있었다. 얼 키퍼가 말했다. "저는 '이런 게임에서는 자금을 이런 식으로 배분해야 합니다'라는 내용의 편지를 보냈습니다. 하지만 그의 환심을 사지는 못한 게 확실합니다."

얼 키퍼는, 실제 세계에서 변동성을 활용한 모델을 개발한 리처드 데니스가 노벨상을 받을 만하다고 여겼지만, 자금 배분을 제대로 하지 않은 점에 대해서는 안타까워했다. "정말 훌륭한 트레이딩 시스템을 개발했고 아주 엄격한 추세추종 모델을 잘 따랐지만 자금 배분은 그야말로 엉망이었습니다."

하지만 자금 배분을 문제 삼아 처벌을 받은 사람은 바로 샘 드나르도였다. 즉, 그가 프로그램에서 배제되었다. 리처드 데니스는 샘 드나르도의 편지를 손실에 대한 변명으로 보았다. 샘 드나르도는 자신이 규칙을 따르기는 했지만 항상 그렇지는 않았다고 털어놓았다. "설탕 선물을 매도해야 하는데 매수했던 기억이 납니다. 그냥 재미로 조금 샀습니다. 그 문제로 리처드 데니스에게로 불려갔는데 그가 이렇게 말하더군요. "그렇게 하면 안 됩니다. 추세에 역행하는 매매니까요." 그 뒤로는 다시는 규칙을 어기지 않았습니다. 사실 그들이 제대로 하고 있었던 거죠."

메모

리처드 데니스와 윌리엄 에크하르트는 터틀이 하는 일을 늘 알고 있었지만, 이 두 사람이 항상 제대로 하고 있지는 않았던 것으로 드러났다. 시장에 추세가 나타나기를 기다리는 여유 시간 동안, 두 번째 터틀 그룹에 속한 톰 생크스와 폴 라바, 얼 키퍼, 지리 조지 스보보다까지 네 명이 작은 리서치 그룹을 만들었다. 이들은 트레이딩 규칙을 무조건 따르는 대신 이를 검증해보고 싶어 했다.

다른 터틀들이 신문 스포츠 면을 읽거나 탁구를 즐기는 동안 이들은 규칙을 테스트하는 시스템을 만드느라 여념이 없었다. 이 작업은 1년이 소요되었다. 이 소그룹의 연구 결과는 터틀 실험을 뒤흔들어 놓았다. 이들은 리처드 데니스의 트레이딩 규칙이 너무 과도한 위험을 떠안도록 설계되었다고 결론지었다.

터틀들은 리처드 데니스와 윌리엄 에크하르트가 가르쳐준 규칙대로 매매해 수백만 달러를 벌었지만, 이 소그룹이 새 애플 컴퓨터를 돌려 S1과 S2 트레이딩 시스템(4장과 5장 참조)을 혼용해 테스트해보니 최대 하락폭이 -50퍼센트가 아닌 -80퍼센트로 줄기차게 나타났다.

폴 라바는 S1과 S2의 진입 돌파 신호가 동시에 나타날 때 문제가 발생한다는 사실을 직감적으로 알았다. 바로 이때 너무 많은 위험을 부담한다는 결론이었다.

데일 델루트리는 터틀에게 늘 거만한 투로 말했다. "무엇을 개발했든 우리에게 가져와 봐요." 그는 실제 그런 일은 결코 생기지 않으리라 믿고 있던 터라 이 연구 결과를 뒤집는 일은 민감한 사안이 되었다. 리처드 데니스와 윌리엄 에크하르트는 이런 태도였다. "우리는 이 업을 잘 알아요. 그 누구보다도 더 많이 압니다." 더욱이 이들은 트레이딩으로 크게 성공까지 했으니 그렇게 생각하지 않을 까닭도 없었다.

하지만 연구팀은 기존 트레이딩 시스템으로는 손실이 -100퍼센트에 이를 수도 있다고 결론짓고 데일 델루트리에게 보고했다. 얼마 뒤 그가 돌아와 앞으로는 각자 포지션 규모를 절반으로 줄이라고 지시했다.

델루트리의 지시가 떨어진 직후인 1986년 4월 23일 리처드 데니스로부터 공식 메모가 전달되었다. 메모에는 이렇게 적혀있었다.

"실제로 나타나는 최대 하락폭이 이론적 기댓값을 훨씬 초과하여, 매매 규모에 대한 이론이 실제 잘 들어맞는지 재평가할 수밖에 없었습니다. 이론적 데이터를 잘못 해석한 탓에 여러분들은 우리가 생각했던 것보다 두 배 더 많은 규모로 투자해왔다고 판단됩니다. 좋은 소식은 이 일이 트레이딩 프로그램 내내 발생했다는 사실입니다. 이로 인해 그동안 수익을 두 배나 더 많이 올렸지만 이는 위험이 그만큼 컸기 때문입니다. 우리는 이를 바로잡아야 합니다."[9]

리처드 데니스는 데일 델루트리가 이미 전했던 말을 되풀이했다. 즉, 곧 모든 터틀은 트레이딩 규모를 절반으로 줄여야 한다고 했다. 그는 터틀 프로그램을 시작할 당시 적용했어야 하는 수준으로 위험 부담을 되돌리고 싶었다. 이 지시가 터틀의 매매규칙을 바꾸라는 의미는 아니었지만 이제는 적은 돈을 투자해야 한다는 뜻이었다. 과거에는 백만 달러 계좌를 운용했다면 이제는 마치 50만 달러 계좌인 것처럼 줄여서 투자해야 했다. 한마디로 레버리지가 엄청나게 축소되었던 것이다.

리처드 데니스와 윌리엄 에크하르트는 자신들이 마련한 게임에서 네 명의 터틀에게 지게 되어 자존심에 상처를 입었음에 틀림없었다. 오랫동안 기존 규칙으로 매매해 수백만 달러를 벌었고 또 이를 다른 사람들에게 가르치기까지 했는데 갑자기 터틀 수련생들이 규칙이 잘못되었음을 증명했으니 말이다. 더군다나 레버리지를 줄인 뒤 터틀들은 계속 좋은 성과를 냈다. 이로 인해 긴장이 이어졌다.

어쩌면 리처드 데니스가 프랑켄슈타인을 만들었다는 느낌을 가졌을 수도 있다고 생각한 터틀도 여럿 있었다("신이시여, 제가 가르친 사람들과 경쟁을 해야 하다니요!"). 엎친 데 덮친 격으로 그즈음 터틀의 평균 수익률이 실제로 리처드 데니스의 성과를 능가하고 있었다.

운용 실적이 좋은 이유는 바람직한 매매 습관을 배웠기 때문이라 여기는 터틀이 많았다. 하지만 몇몇 터틀은 리처드 데니스가 트레이딩 피트에서 시작할 때부터 지니고 있던 나쁜 습관을 여전히 버리지 못했다고 생각했다. 마이크 섀넌이 덧붙였다. "그는 화를 내지는 않았지만, 피트에서는 용납되지만 플로어 밖에서는 적절치 않은 특정 거래에 대해서 아주 비판적이었습니다. 리처드 데니스는 항상 스키드를 걱정했고 분명 우리도 마찬가지였습니다." 하지만 이유야 어떻든 본인이 질릴 만큼 엄청난 수익을 올리지 못한 것(업계에서는 이를 '스키드'라 불렀다)이 자신의 (비이성적) 경쟁심의 핵심이었다.

학생들에게 논리적이고 과학적인 규칙을 가르친 사람이 그리 중요치 않아 보이는 문제를 지나치게 걱정했다는 사실은 놀라운 일이 아닐 수 없다. 지신에게 정말 치명적 약점이 있는지 크게 의심하게 되면서 그런 마음이 생겼는지도 모른다. "사실 저는 내심으로는 역발상 투자자입니다. 만약 여러분이 기계적 추세추종 트레이더라면 이는 정말 좋지 않은 것일 수도 있습니다."[10]

이 말은 나쁜 징조였다.

8

게임
중단

갑작스러운 실험 중단과 전설적 투자자의 은퇴

> "리처드 데니스는 종종 우리 포지션과 정반대로 매매했다.
> 그렇게 하지 않았다면 훨씬 더 많은 수익을 거두었을 것이다."
>
> • 익명의 터틀 •

1988년 초의 큰 정치적 뉴스는 소련의 붉은 군대가 아프가니스탄에서 철수했다는 소식이었다. 비즈니스 세계에서는 콜버그 크라비스로버츠 앤 컴퍼니Kohlberg Kravis Roberts&Co.가 RJR 나비스코RJR Nabisco에 대한 차입매수를 단행했다. 이는 사상 최대 규모로 이보다 더 큰 인수합병 건으로는 2007년 2월에 있었던 블랙스톤 그룹Blackstone Group의 에쿼티 오피스Equity Office 매수 사례가 있다. 이때 리처드 데니스가 실험을 느닷없이 중단하면서 터틀들은 당장 발등에 떨어진 불을 꺼야 했다.

실험은 끝났다. 리처드 데니스가 프로그램 종료를 알리는 내용의 팩스를 터틀들에게 보냈다. 당시 데니스는 고객 돈을 받아 굴리고 있었는데, 마이클 밀켄의 투자은행 드렉셀 번햄 램버트와 함께 두 개의 공모펀드를 운용하고 있었다. 이 펀드들도 엄청난 손실을 입고 폐쇄되었다. 터틀 실험 중단의 원인이 공식적으로 알려지지는 않았지만 눈이 휘둥그레질 정도로 심각한 리처드 데니스의 실적을 보면 그 이유를 짐작할 수 있다.

1988년 손실이 -55퍼센트에 이르면서 게임의 양상이 바뀌었다. 그의 공모펀드 성과도 최악이었지만 아버지마저 세상을 떠났다. 어느 터틀은 프로그램 중단 원인이 가족 문제 때문이라고 보았다. 분명 힘든 시기였다. 하지만 4월 터틀의 성적은 그리 나쁘지 않았다. 대체로 손실이 -10퍼센트에서 -12퍼센트 수준에 그쳤다(부록 4 참조). 이는 리처드 데니스의 손실에 비하면 아무것도 아니었다.

그렇기는 하지만 갑작스러운 실험 중단으로 터틀들은 충격에 빠졌다. 프로그램 중단 소식에 짐 디마리아도 당황할 수밖에 없었다. "갑작스럽게 끝나버렸습니다. 너무 빠른 결정이었죠. 그들이 월요일 아침에 와서 이렇게 통보했습니다. '이번 주 금요일로 프로그램을 종료합니다.' 저는 '새 일자리를 찾아야 하는구나.'라고 생각했습니다." 리처드 데니스의 손실이 너무 커져 프로그램을 종료할 수밖에 없었다고 주장하는 사람들이 있었지만 짐 디마리아는 리처드 데니스의 개인적 손실 때문이 아니라고 했다. 짐 디마리아는 터틀의 운용자금은 결국 그의 돈이었고 그냥 실험을 그만두고 싶었던 것뿐이라고 주장했다.[1] 드렉셀 펀드의 심각한 손실 탓이라고 잘라 말하는 터틀도

표 8.1 | 리처드 데니스의 운용성과 (1986. 1~1988. 12)

날짜	VAMI	수익률	연간 수익률	투자 잔고(백만)
1987. 9	7343	−15.29%		$159.2
1987. 10	6330	−13.79%		
1987. 11	6474	2.28%		
1987. 12	6572	1.51%	16.12%	$135.9
1988. 1	6736	2.49%		
1988. 2	6635	−1.49%		
1988. 3	6623	−0.19%		$113.0
1988. 4	2948	−55.49%		
1988. 5	2977	0.98%		
1988. 6	3009	1.10%		$40.0

VAMI(Value Added Monthly Index): 투자원금 1,000달러가 매월 어떻게 달라지는지 나타내는 지수

출처: 바클레이즈 퍼포먼스 리포팅(www.barclaygrp.com)

여럿 있었다.

리처드 데니스는 투자업계를 떠난다고 선언했다. 그리고 앞으로는 정치 운동에 전념하겠다고 밝혔다. '진보'라는 표현을 더럽히는 세력을 꺾어버리고 싶다고 했다. 그는 곧바로 자유의지론에 빠져들었는데 개인의 자유를 중시하는 자유주의적 이상이 사회를 강건하게 만든다고 보았다. 하지만 다른 사람들은 그의 정치적 이상이 가식에 불과하다며 폄하했다. 사람들은 그가 손실이 너무 커서 정치에 눈을 돌리게 되었다고 여겼다.

드렉셀 펀드의 심각한 손실이 논란거리가 되었을 때 리처드 데니스는 고객에게도 일부 책임이 있다고 주장했다. 고객들이 자신의 트

레이딩 스타일을 잘 이해하지 못했고 손실이 나기 시작하자 믿음을 잃게 되었다고 생각했다. 그는 고객들이 (지금이든 1980년대 초든) 왜 자기처럼 굳건한 의지를 지니지 못하는지 도무지 이해할 수 없었다. 드렉셀 관리팀이 자기를 저버린 것도 의아해했다. 그들이 찾아왔을 때 이렇게 항변했다. "이게 도대체 무슨 짓이요?" 그는 플로어에서 매매할 때에도 손실이 -50퍼센트를 넘은 적이 몇 번 있었다. 드렉셀에게 물었다. "이렇게 하라고 누가 시켰나요?"[2]

물론 펀드를 파는 사람들은 리처드 데니스가 운용하는 드렉셀 펀드에 투자하는 고객들에게 과거의 '좋았던 실적'만 강조한다. 어쨌든 그는 전문 트레이더다. 따라서 책임질 사람은 대중에게 펀드를 파는 브로커가 아니라 바로 그였다. 그렇지만 한때 '피트의 왕자'로 군림했던 그가 드렉셀 펀드 문제로 낙담할 리 없었다. 그는 최악의 순간에도 자신감을 잃지 않았다. "투자자들이 보아야 하는 것은 제가 18년 동안 쌓아 올린 실적입니다."[3] 하지만 단 한 달 사이에 기록한 -55퍼센트라는 엄청난 손실 앞에서는 18년간의 뛰어난 성과도 아무런 의미가 없었다.

드렉셀 임원들은 1988년 리처드 데니스가 운용했던 펀드의 청산과 관련하여 벌어진 일련의 사건에 대해 끝내 입을 다물었다. 드렉셀 전 임원이었던 리처드 샌더Richard Sander는 무슨 일이 있어났는지 설명해달라는 내 질문에 정중하게 거절했다. "절대 알려드릴 수 없습니다." 그가 시카고 트레이딩 업계의 거물이라는 점에서 이는 어쩌면 당연한 답변이었다.

하지만 리처드 데니스도 입을 다문 건 아니었다. 그는 당시의 시

런에 맞서 선언했다. "앞으로는 천금을 준다 해도 공모펀드는 운용하지 않겠습니다."[4] 그는 단단히 화가 났다. 운용하는 펀드의 투자 위험은 인쇄 자료에 분명히 적혀있다며 이렇게 항변했다. "위험 고지 문서를 법정으로 가져가 봐야 별 소용이 없다는 사실을 뼈저리게 느꼈습니다. '위험이 이렇게 큰지 몰랐습니다. 그리고 이런 일은 발생해서는 안 됩니다.'라며 발뺌하는 주장이 현 법률 체계에서는 받아들여지니까요."[5]

손실이 나도 낙담하지 않는 사람으로 유명한 리처드 데니스가 좌절감을 드러내는 말을 했다니 놀라지 않을 수 없었다. 하지만 그를 동정하는 사람은 많지 않았다. 그는 한때 수억 달러를 벌어들인 신동이었다. 더욱이 정치인을 후원하며 영향력을 행사하기도 했다. 제로섬 게임에서 그에게 돈을 잃은 경쟁자들은 그의 고통을 외면했다.

얼마 뒤 드렉셀 펀드에 투자했던 고객들이, 리처드 데니스가 원칙을 벗어나 투자했다고 주장하며 그를 상대로 소송을 제기했다. 미 지방법원의 밀턴 폴락Milton Pollack 판사는 약 6,000명의 투자자들이 250만 달러를 나눠 갖고 리처드 데니스가 향후 3년간 벌어들이는 수익의 절반을 취할 수 있도록 중재했다. 대신 리처드 데니스와 그의 회사는 불법행위는 하지 않았다는 판결이 났다.[6]

큰 손실과 잇따른 소송에 화가 났을 법했지만 시카고의 살아있는 전설은 자신이 겪은 일을 냉정히 되돌아보았다. "슬프게도 현 법률 체계는 허점이 많아 지난 일을 꼬투리 삼아 소송을 제기하면 떠안아서는 안 되는 책임까지 지게 됩니다. 제가 머리가 아픈데도 아스피린을 먹지 않았다고 말하면 아마 이를 빌미로 소송을 제기하는 사람도 있을 겁니다." 리처드 데니스는 트레이딩 성과의 상당 부분이 통제할 수 없는 요인에 의해 언제든 달라질 수 있다고 생각했다. 그는 바로 이 시기가 그런 경우라 여겼다.[7]

과연 당시 부진한 성과가 통제할 수 없는 요인 때문이었을까? 1988년 4월 터틀 수련생들은 -50퍼센트의 손실을 기록하지 않았다. 반면 리처드 데니스는 -50퍼센트를 넘겼다. 그의 추종자들은 터틀 수련생들이 리처드 데니스의 뛰어난 운용성과를 바탕으로 아주 공격적으로 투자하는 집단이었다고 생각했지만 이들의 운용전략은 스승의 투자전략과 같지 않았다. 데니스가 본 손실은 순전히 추세추종 전략만으로 매매한 결과는 아니었다. 그렇지만 구체적으로 어떻게 다르게 운용했는지는 알 방법이 없다.

헤지펀드 산업의 창시자이자 수십억 달러를 굴리는 영국 헤지펀드 운용사 맨Man의 창립 멤버 중 한 명인 래리 하이트Larry Hite는 그때 리처드 데니스가 어떻게 운용했는지 잘 모른다고 말했다. 당시에는 그토록 큰 손실을 유발할 만한 시장 움직임이 없었기 때문에 더욱 이해할 수 없다고 했다.

데이비드 체블도 래리 하이트와 마찬가지로 리처드 데니스의 업적을 인정하면서도, 경쟁자들이 꽤 괜찮게 운용하던 그때 그가 매매 결정을 어떻게 내렸는지에 대해서는 의문을 제기했다. "리처드 데니스가 적은 돈을 엄청나게 불렸다는 사실은 경탄할 만합니다. 문제는 그가 공모펀드를 운용하면서 규칙을 따랐는지 여부입니다. 그는 같은 시기에 운용했던 다른 터틀보다 하락폭과 변동성이 훨씬 더 높았다고 봅니다. 저는 리처드 데니스가 이룬 업적에 대해서는 진심으로

경의를 표합니다. 하지만 그도 인간이고 비난받아야 할 때는 받아야 한다고 생각합니다."**8**

현장에서 혼란스러운 상황을 목격했던 마이크 섀넌도 다른 여러 터틀과 마찬가지로 리처드 데니스의 지나치게 위험한 매매 행태에 깜짝 놀랐다. 마이크 섀넌은 포지션 한도 때문에 터틀들이 리처드 데니스의 포지션 상황을 늘 알고 있었다고 밝혔다. 상품선물거래위원회Commodity Futures Trading Commission는 특정 트레이더가 한 시장에서 너무 많이 매매하지 못하도록 한도를 설정해놓고 있었다.

터틀들이 리처드 데니스의 매매 포지션을 알고 있었던 이유가 또 있었다. 그의 트레이딩 내역이 공개되었기 때문이다. 마이크 섀넌은 리처드 데니스가 드렉셀 펀드를 운용하고 있을 당시 터틀은 S&P500 지수를 한두 유닛만 거래할 수 있었지만 리처드 데니스는 열에서 열다섯 유닛까지 보유하고 있었다고 주장했다. 아울러 섀넌은 과도한 매매는 파멸을 불러올 수 있다고 누누이 강조한 리처드 데니스가 어째서 그렇게 위험한 운용을 했는지 터틀들조차도 납득하지 못했다고 말했다. "날을 잡아 실제로 계산해보았더니 그의 위험 수준이 우리보다 100배나 높았습니다."

리처드 데니스가 터틀보다 100배나 더 높은 위험을 부담했다니 어처구니가 없다. 그는 수련생들에게는 제대로 트레이딩하도록 가르치면서 정작 자기 자신은 잘 관리하지 못했던 것이다. 그는 분명 훌륭한 업적도 이뤘지만 단점도 있었다.

놀라운 점은 리처드 데니스 본인은 손실을 보았지만 일종의 헤지 역할을 하는 터틀 수련생들이 뛰어난 성과를 거둔 덕분에 전체 수익률은 플러스였다는 사실이다. 실험을 진행하던 4년 동안 터틀 수련생들에게 자금을 맡김으로써 벌어들인 수익은 얼마였을까? 그는 눈도 깜빡하지 않고 대답했다. "엄청났습니다. 총수익이 1억 5,000만 달러, 순이익은 1억 1,000만 달러였습니다. 처음에는 성과보수를 10퍼센트부터 시작했습니다. 굳이 많이 줄 필요가 없었죠. 원래 저희 돈이었고 위험도 우리가 떠안았으니까요."⁹

하지만 리처드 데니스가 투자 세계를 떠나있는 사이 월가에서의 그의 명성은 치솟았다. 브루스 코브너Bruce Kovner와 에드워드 세이코타Edward Seykota에서부터 래리 하이트와 폴 튜더 존스Paul Tudor Jones에 이르기까지 최고의 트레이더들을 다룬 책이 출간된 덕분이었다.

저자 잭 슈웨거Jack Schwager는 《시장의 마법사들Market Wizard》에서 리처드 데니스를 다룬 장 제목을 "전설적 투자자의 은퇴"라고 붙이고 그가 겪었던 어려운 시기의 불명예를 일부 씻어주었다. 잭 슈웨거가 다룬 리처드 데니스 이야기는 일종의 고전이 되었다. 리처드 데니스가 숨은 전설이 되어가던 시기에 그가 한창 날리던 시절이 집중 부각된 책이 나오자 그를 전설로 믿는 사람이 부지기수로 늘어났다.

데니스의 명성이 하늘 높은 줄 모르고 치솟자 순회 연설 기회가 줄을 이었다. 온갖 투자 세미나의 연사로 초빙되었던 것이다. 1970년대 이후 그의 말을 듣고자 했던 사람은 그리 많지 않았다. 하지만 《시장의 마법사들》을 읽은 사람이 수없이 많아진 지금은 저마다 다음에 모집할지도 모르는 터틀 수련생으로 뽑히는 꿈을 꾼다. 물론 그런 계획은 없지만 말이다.

그즈음 시카고에서 열린 시카고상품거래소 컨퍼런스에서 리처드 데니스를 만난 찰스 포크너Charles Faulkner는 다음과 같이 말했다. "잭 슈웨거 씨가 사회를 맡은 패널 토의에서 리처드 데니스가 토론자로 나온다는 소식을 듣고 바로 티켓을 샀습니다. 트레이더들이 그의 시스템을 왜 따라하기 어려운지 정말 궁금했거든요."

찰스 포크너는 리처드 데니스가 마치 인기 록스타처럼 대접받았다고 했다. 리처드 데니스가 무대를 내려오자 터틀을 꿈꾸는 무리들이 그에게 구름처럼 모여들었다. 리처드 데니스는 그토록 많은 무리들이 자신에게 뭔가를 원하는 광경을 보자 경계하는 눈초리였다고 찰스 포크너가 말했다.

그날 저녁 찰스 포크너는 리처드 데니스에게 자신을 간단히 소개할 기회가 있었다. 《시장의 마법사들》 제2탄에 나오기도 하는 찰스 포크너는 원래 사람 표정과 마음을 잘 읽었는데 당시 리처드 데니스의 모습을 보고 깜짝 놀랐다. "저는 그를 자세히 살필 수 있을 만큼 가까이 있었는데 정말 힘든 시기를 보내고 있는 기색이 역력했고 자신도 제대로 추스르지 못하는 것처럼 보였습니다. 이 모습을 본 저는, 성공하는 트레이더가 되려면 엄청난 노력 외에 학문 외적으로 무엇이 필요한지 궁금해졌습니다. 성공의 대가를 아주 비싸게 치른 사람이 바로 제 앞에 있었으니까요."

그동안 살면서 격랑이 가장 큰 시기를 겪은 리처드 데니스에게 휴식이 필요했든 그렇지 않았든 터틀 수련생들은 결국 졸업을 했다. 이들이 스승 없이도 계속 승승장구했는지 알아볼 때가 되었다. 이제는 리처드 데니스라는 안전망이 없는 실제 실험이 될 터였다.

9

THE COMPLETE TURTLE TRADER

각자의
길을 걷다

터틀, 월가의 새로운 별이 되다

> "음모가 없다는 사실이 늘 가장 큰 음모였다.
> 내게 나쁜 짓을 하려는 사람도 없다. 내가 죽든 말든 신경 쓰는 이도 없다.
> 그럼 이제 마음이 더 편할까?"
>
> • 데니스 밀러Dennis Miller, 코미디언 •

명성은 마약과도 같다. 보는 시각을 왜곡시키기 때문이다. 터틀 실험의 부싯돌 구실을 했던 영화 〈대역전〉에서도 명성이라는 이슈를 다룬다. 에디 머피가 맡은 빌리 레이 발렌타인은 거리의 불법행상에서 성공적인 트레이더로 변신한다.

그는 사치에 빠져 풍족한 삶을 즐긴다. 담배를 물고 〈월스트리트 저널〉에 실린 본인에 대한 기사를 읽으며 자신에게 찾아온 행운을 돌아본다. 그의 집사인 콜먼이 존경 어린 눈으로 그를 바라보며 단 3주

214 터틀 트레이딩

만에 벼락부자가 된 사실에 대해 얘기한다. 이에 빌리 레이 발렌타인이 말한다. "3주라고요? 정말입니까? 사실 저는 이 모든 일이 발생하기 전에 제가 무슨 일을 했는지 생각이 나지 않습니다." 집사가 미소를 지으며 대답했다. "결국 좋은 기회를 잡은 덕분이죠."[1]

터틀 수련생들에게도 기회가 주어졌지만 리처드 데니스의 돈 수백만 달러를 굴릴 수 있었던 안전망이 순식간에 사라졌다. 돈을 버는 신을 위해 트레이딩하다 그야말로 한순간에 거리로 쫓겨나게 되었다. 나중에 확인된 사실이지만 몇몇 터틀은 리처드 데니스 밑에서 계속 안정적으로 일하기 어려울 수 있다고 예감하고 C&D 커머더티스와 비슷한 회사를 차리는 작업을 진행했다. 나머지 터틀들은 리처드 데니스의 편안한 우산이 곧 접힌다는 사실을 모른 채 기존 일에 전념했다.

짐 디마리아는 리처드 데니스가 프로그램을 계속 이어갔다면 모든 터틀이 그대로 머물렀을 것이라며 실험 중단을 아쉬워했다. "돈을 벌지 못한다는 이유로 내쫓기지 않은 한 저는 결코 떠나지 않았을 겁니다." 마이크 카발로도 정말 좋은 일이었다며 아쉬워했다. 그러면서 프로그램 중단은 결국 1987년 주가 대폭락에서 비롯되었다고 주장했다(물론 리처드 데니스의 1988년 4월 실적도 큰 이유였다).

하지만 리처드 데니스가 프로그램을 중단했다고 해서 터틀 수련생들이 보잘것없는 처지로 돌아간 것은 아니다. 대신 이들은 월가의 신성들로 급부상했다. 리처드 데니스가 터틀을 탄생시킬 당시에는 제자가 스승을 앞서는 상황을 예상하지는 못했지만, 사실 청출어람은 어느 분야에서든 드문 일은 아니다. 어느 스포츠든 우승하는 팀에서 보조코치가 수석코치로 승진하는 일은 비일비재하다. 승리는 전염되는 특성이 있어서 사람들은 크나큰 승리를 거둔 사람들과 함께 했던 승리자의 경험을 전수받고자 한다.

리처드 데니스는, 자기를 떠난 터틀 그룹이 고객들에게 수억 달러를 벌어줄 거라고 예상했다면 결코 프로그램을 중단하지 않았을 것이다. 하지만 수련생들이 교실을 떠난 뒤 터틀이 선풍적인 인기를 끌 줄 그가 어떻게 알았으랴? 그렇더라도 예상은 했어야 했다. 당시 다른 추세추종 트레이더들이 좋은 성과를 내고 있었기 때문이다. 이들에게는 똑 부러진 기술도 전설 같은 터틀 스토리도 없었는데도 수백만 달러의 자금을 끌어모았다.

사실 터틀 그룹 전체는, 오래전부터 리처드 데니스에게 고객 돈을 모아주고 있던 마이클 오브라이언Michael O'Brian과 함께 터틀 집단 전체가 공동 운용하는 펀드를 설립하는 안에 대해 논의한 적이 있었다. 즉, 터틀 공동 운용 펀드를 세우고 마이클 오브라이언을 브로커로 활용하는 방안이었다. 전체가 모여 논의를 했지만 배분 안에 대한 이견을 좁힐 수 없었다. 각자 자기 생각이 너무 강한 탓이었다.

마이크 섀넌은 터틀들이 '당시 지구상에서 가장 뛰어난 트레이더들'이었기 때문에 몇몇은 자만심에 도취되었다고 했다. 다른 친구들보다 앞선다고 여기는 터틀도 여럿 있었다. 하지만 리처드 데니스 밑에서 일하는 동안 기록한 수익률은 평균적으로 큰 차이가 없었다.

어쨌든 대부분의 터틀이 앞으로 무슨 일을 할지 갈피를 잡지 못하고 있을 때 한 터틀이 나쁜 조짐을 예상하고 과감히 움직였다. 제리 파커가 버지니아로 돌아가 자신의 트레이딩 비즈니스를 시작했다.

한 터틀은 그를 '배신자'로 여겼다. 공동 펀드를 논의할 때 갑자기 따로 나가 운용 비즈니스를 하겠다고 했기 때문이었다. 그렇지만 핵심은 게임에서 살아남는 것이었다.

홀로 독립하려는 제리 파커의 욕구가 강했던 탓에 터틀 공동 펀드를 만들려는 시도는 끝내 물거품이 되고 말았다. 한 터틀의 아쉬움 짙은 목소리에서 터틀 전체의 실망감을 엿볼 수 있었다. "잘됐어야 했는데 논의가 전혀 진척되지 않았어요. 출범했다면 역사상 가장 위대한 슈퍼 펀드가 될 수 있었을 겁니다."

곧바로 거의 모든 터틀들이 각자 고객 돈을 맡아 운용하기 위해 금융당국에 인가를 신청했다. 앤서니 브룩, 마이클 카, 마이클 카발로, 엘리자베스 체블, 샘 드나르도, 짐 디마리아, 제프 고든, 얼 키퍼, 필립 루, 스티그 오스트가드, 제리 파커, 브라이언 프록터, 폴 라바, 러셀 샌즈, 하워드 세이들러, 톰 생크스, 마이클 섀넌, 크레이그 소더퀴스드 등 모두 C&D 커머더티스 같은 운용회사를 이끄는 꿈을 꿨다. 커티스 페이스는 스물세 살에 은퇴를 선언하고 더 이상 트레이딩을 하지 않았다.

《시장의 마법사들》에 소개된 터틀

터틀 공동 펀드를 만들려는 노력은 수포로 돌아갔지만 터틀들은 월가에서 이름을 날리기 시작했다. 잭 슈웨거가 각각 1989년과 1992년에 출간한 《시장의 마법사들》과 《새로운 시장의 마법사들The New Market Wizards》에서 리처드 데니스와 터틀에 대한 얘기를 소개하면서 처음으로 터틀 실험이 많은 대중에게 알려졌다.

하지만 위 책에서 다룬 터틀 스토리는 이들이 끝내 '입을 다물었다'는 내용으로 끝을 맺는다. 모든 터틀이 하나같이 구체적인 발설을 꺼려 터틀 관련 장의 제목을 "터틀의 침묵"이라고 붙일 정도였다.

터틀이 말을 아낀 까닭 중 하나는 비밀유지 약정 때문이기도 했지만 또 다른 중요한 이유는 매매기법이 너무 많이 알려지면 자신들의 수익률에 해를 끼칠까 봐 걱정했기 때문이기도 했다. 그런데 반대 현상이 나타났다. 의도하지 않았는데도 '입을 다무는' 자기 보호적 태도가 오히려 신비감을 불러일으켰다. 터틀 이야기를 들어본 사람마다 터틀에게 돈을 맡기기를 원했다. 행운을 돈으로 바꿀 기회가 찾아온 것이다.

터틀마다 이 행운을 각자 다르게 활용했다. 폴 라바는 하루라도 빨리 월가로 가서, 리처드 데니스를 떠난 터틀들이 살아있음을 보여주는 것이 상책이라 생각했다. 그렇지만 제리 파커는 월가에서 아주 멀리 떨어진 버지니아 리치몬드로 직행해 러셀 샌즈와 공동 벤처를 설립할 기회를 살폈다. 러셀 샌즈는 이전에 키더 피바디Kidder Peabody의 리치몬드 사무실에서 트레이딩을 한 적이 있었다. 키더 피바디는 러셀 샌즈와 제리 파커 같은 스타일의 트레이더에 관심이 많은 고객들을 많이 확보하고 있었기 때문에 일하기 좋은 곳이었다. 한 터틀이 그곳의 키더 피바디 조직에 대해 이렇게 설명했다. "중동 자금을 끌어오기 위해 각국을 돌아다니는 세일즈맨 두 명이 있습니다. 러셀 샌즈에게도 사무실을 줘 고객 돈을 운용할 수 있도록 했습니다."

그렇지만 기본적으로 터틀 대부분이 홀로 움직였다. 폴 라바가 개별 운용을 시작했을 때 그에게 돈을 맡기려는 사람들이 찾아와 어떻게 운용할지 물어본 적이 있었다. 이때 폴 라바는 투자하고 싶으면 묻지 말고 그냥 돈만 맡기면 된다고 대답했다고 한다. 한마디로 질문 따위는 받지 않았다. 투자를 희망한 사람들이 그를 만나려고 공항까지 찾아가기도 했다. 왠지 거만해 보이는 그의 태도를 보고 돌아선 사람들도 있었지만 대부분은 그의 '싫으면 그만두라'는 식의 태도에 홀딱 반했다. 폴 라바는 자신감과 자만심 사이의 아슬아슬한 경계에서 곡예를 아주 잘했다.

러셀 샌즈와 제리 파커는 이런 경계선을 함께 걸었다. 세상 좁다는 흔한 말처럼 러셀 샌즈는 키더 피바디에서 브로커로 일하는 케빈 브란트Kevin Brandt와 뉴욕대학 동문이었다. 제리 파커가 러셀 샌즈에게 전화해 월가 사람들을 소개해 달라고 부탁했다(여기서 브로커는 운용할 돈을 모집해주는 사람을 일컫는다). 러셀 샌즈는 때마침 키더 피바디 리치몬드 사무실에서 일하는 두 브로커와 친구로 지내는 사이여서 제리 파커에게 이들을 소개해주었다. 러셀 샌즈가 당시 상황을 이렇게 설명했다. "키더 피바디에 있는 친구들이 제리 파커를 만났을 때 그를 살핀 뒤 저를 보며 이렇게 말했습니다, "둘이 같이 일하면 팀워크가 좋을 것 같네요. 함께 회사를 차리면 초기 운용자금을 대겠습니다." 그렇게 해서 체사피크 캐피탈Chesapeake Capital이 탄생하게 되었습니다."

리처드 데니스의 트레이딩 규칙을 덜 위험하도록 조정하다

잭 슈웨거와 〈월스트리트 저널〉이 바퀴에 기름칠을 해준 덕분에 모든 터틀은 쓰러지지 않고 자립할 수 있게 되었다. 하지만 각 터틀은 매매 시 위험 수준을 리처드 데니스로부터 배운 대로 할지(부록에 수록한 터틀의 월간 변동성 수치 참조), 아니면 고객들 입맛에 맞게 조정해야 할지 결정을 내려야 했다. 드렉셀 펀드 청산 과정을 직접 목격한 이들로서는 위험 수준에 대해 고민하는 것은 어쩌면 당연한 것이었다.

결과적으로 투자자들의 관심을 끌려면 레버리지를 적게 써야 한다는 사실을 가장 먼저 깨달은 사람은 바로 제리 파커였다. "공격적으로 투자할수록 수익률도 올라가지만 손실 폭도 그만큼 커집니다. 한마디로 양날의 검이죠."[2] 동시에 터틀 실험은 제리 파커로 하여금 레버리지 수준을 다시 생각하게 한 좋은 경험이었다.

"마지막까지의 누적 수익률은 +140퍼센트였지만 하루에 −60퍼센트의 손실을 기록한 적도 있습니다. 1988년 프로그램이 끝났을 때 저는 200만 달러 정도를 운용하고 있었을 겁니다. 체사피크 캐피탈을 출범시키면서 하루에 60퍼센트의 손실을 내는 것은 바람직하지 않다는 확신이 들었죠. 그래서 위험 수준을 줄이고 연간 20퍼센트 수익률을 목표로 더욱 보수적으로 매매하는 쪽으로 조정했습니다."[3]

충분히 숙고한 결과라 하더라도 엄청난 레버리지 사용은 터틀의 성과가 심하게 요동치는 원인이 되었다. 제리 파커가 털어놓았다. "한마디로 저희가 미쳤었죠. 이후 1980년대 중반과 1990년대에 이르러서야 '10억 달러를 굴리면서 1년에 +15퍼센트에서 +20퍼센트 정도의 수익률만 올려도 충분'하다고 생각을 바꿨습니다. 많은 자금을 모집해 운용할 때 투자자들은 연간 수익률이 +15퍼센트나 +20퍼센트면 족하다고 생각하거든요."[4]

헤지펀드 업계에 있는 많은 사람들도 레버리지에 대해 제리 파커와 비슷하게 생각한다. 예컨대 터틀이 아니었던 폴 튜더 존스는 레버리지 수준을 줄인 점 외에는 이전과 달라진 게 없다고 여겼다. 1980년대 이후 그의 수익률은 하락했지만 위험조정 수익률은 초기와 같았다. "위험과 변동성에 대한 제 개인적인 수용도만 달라졌을 뿐입니다. 많은 사람들이 나이가 들면 저처럼 위험 선호도가 바뀐다고 봅니다. 모든 것이 레버리지의 함수입니다. 즉, 어느 수준까지 손실을 감내할 수 있는지 레버리지를 얼마나 쓰는지에 따라 결과가 달라집니다. 제가 젊었을 때에는 하락폭도 컸고 또 그런 경우가 더 자주 있었으며 레버리지도 엄청났습니다." (참고로 폴 튜더 존스는 대학 시절 리처드 데니스에 대한 기사를 읽은 뒤 트레이딩에 입문했다. 그는 이렇게 회고했다. "리처드 데니스가 세상에서 가장 위대한 일을 해냈다고 생각했습니다.")

제리 파커는 큰 위험을 싫어하는 고객에게 적합하도록 리처드 데니스의 매매 시스템을 조정해 활용했다. 모든 고객이 초창기 터틀이 달성했던 대형 홈런 같은 엄청난 수익률을 원하는 것은 아니다. 통상 높은 수익률보다 작은 변동성(변동성이 작으면 수익률도 더 낮다)을 보이는 펀드에 더 많은 자금이 몰린다.

당연하겠지만 레버리지를 줄이려는 제리 파커의 노력은 다른 터틀에게도 영향을 끼쳤다. 터틀 출신에게 돈을 맡기려던 대형 기관투자가들은 제리 파커를 찾아낸 뒤에는 사실상 다른 터틀을 접촉할 필요가 없었다. 다른 터틀이 제리 파커와 다른 뭔가를 제시하지 않는 이상 어쩔 수 없는 일이었다. 제리 파커가 여러 투자자로부터 자금을 받아 운용하게 되자 다른 터틀은 각자 차별화된 점을 들고 나와야 했다. 문제는 리처드 데니스 밑에서 일하는 동안 이들의 운용 수익률이 마치 하나인 양 서로 엇비슷했다는 점이다. 많은 투자자들이 보기에는 모든 터틀이 한 방에 앉아 파란 신호등이 커지면 다 같이 스위스 프랑을 매수하는 것 같았다.[5] 터틀 각자 홀로서기를 추구해야 하는 상황에서 이처럼 비슷한 수익률은 자금을 모으러 다니기에 좋은 특징이 아니었다.

그렇지만 터틀들은 각자 차별화된 점을 보이려는 노력을 멈추지 않았다. 마이클 카는 목표 수익률을 낮추거나 이익을 조금만 취할 수도 있다고 제안했다.[6] 하지만 터틀이 차별화하고 싶었던 것은 운용 스타일만이 아니었다. 스티그 오스트가드는 자신이 터틀 프로그램으로 시카고의 어느 유명한 선물 트레이더의 자금을 운용했다는 식으로 설명해, 리처드 데니스와 거리를 두려고 했다.[7] 그는 이력서에 리처드 데니스라는 이름을 기재하지 않으면서도 그 밑에서 일했다는 사실은 밝히려는 터틀의 극단적 양면성을 보여줬다.

짐 디마리아도, 150퍼센트의 수익률을 기록한다 해도 한 달에 두 자릿수 손실을 보는 것을 좋아할 고객은 없다고 했다.[8] 모든 터틀이 자신만의 C&D 커머더티스를 출범시키려 했지만 그 도전은 결코 만만치 않았다. 한마디로 업계는 리처드 데니스 스타일의 높은 변동성을 원치 않았던 것이다.[9]

이는 놀라운 일이 아니다. 업계는 수십억 달러의 연금 플랜 자금을 굴리는 기관투자가의 재무담당자들이 주무르고 있었다. 이들은 높은 변동성도 꺼렸고 높은 수익률도 원치 않았다. 설령 장기적으로 연금 수령자들에게 최적화된 전략이라 하더라도 자기들에게는 직접적인 이득이 없었다. 왜일까? 연금기금 관리자들은 벤치마크와 비교해 평가받는다. 이들은 주로 '롱long(매수)' 전략만 쓰는 동종 집단의 전체 평균 수익률에만 관심이 있다. 이런 상황에서는 터틀의 높은 수익률도 쓸모가 없었다.

고객의 요구에 부응하기 위해 레버리지를 적게 쓰는 전략이 장기적으로 좋지 않을 수 있어도 터틀이 할 수 있는 것이 별로 없었다. 만약 고객이 "저는 이것을 원합니다."라고 말하면 터틀은 다음과 같이 대답할 것이다. "그렇게는 운용할 수 없습니다. 복리 수익률이 훼손되기 때문입니다." 그러면 결국 고객을 놓치게 된다. 진정한 진퇴양난의 상황이었다.

제리 파커는 이런 점을 간파했다. 그래서 기존 매매규칙을 기꺼이 수정했고 그 덕에 1990년 초 엄청난 갑부가 될 수 있었다. 하지만 하락폭을 줄이려고 레버리지를 축소함으로써 기대수익을 떨어뜨리는 승부수가 제리 파커에게는 잘 먹혔지만 다른 터틀들에게도 통한 것은 아니었다.

사실 이것이 이들이 성공하지 못하게 된 원인 중 하나였는지도 모른다. 터틀 수련의 본질은, 크더라도 사전에 계산된 위험을 떠안는 것이었다. 위험 수준 축소는 곧바로 예상 수익률 하락으로 이어졌다. 트레이딩 업계에서는 높은 수익률이 매우 중요하다. 복리 원칙이 늘 작용한다. 어느 해에 위험 수준을 줄이면 다음 해 성과가 아주 나빠졌을 때 수익률을 복구할 수 있는 여지가 크게 줄어들거나 없어지게

된다.[10]

하지만 제리 파커의 터틀 친구들은 원래 배운 공격적 스타일을 포기하려 하지 않았다. 이들은 리처드 데니스가 가르쳐 준 대형 홈런을 노리는 전략의 이점을 포기할 수 없었던 것이다.

소신대로 밀고 나가다

제리 파커나 폴 라바와는 달리 톰 생크스는 터틀 고유의 공격적 트레이딩 원칙을 고수했다. 그는 캘리포니아 소노마 밸리가 내려다보이는 자신의 사무실에 앉아 이렇게 잘라 말했다. "높은 수익률을 바라고 그에 따르는 위험을 기꺼이 감내하려는 개인 투자자들이 있습니다."[11]

그렇지만 대부분의 투자자들은 엄청난 수익을 얻을 수 있다 해도 톰 생크스 같은 공격적인 스타일을 원치 않는다. 다른 터틀들은 톰 생크스가 홈런왕 미키 맨틀Mickey Mantle 같다고 보았다. "그는 장외홈런을 때릴 친구입니다. 그냥 그에게 돈을 맡기면 됩니다. 그렇지만 불행히도 돈은 이 업을 모르는 사람들이 주무르고 있습니다. 그들은 목숨이 달려있기 때문에 조심스럽게 굴릴 수밖에 없죠."

높은 수익을 추구하는 트레이더를 외면하는 사람들을 향한 비판은 옳지만, 그렇다고 해서 톰 생크스가 제리 파커처럼 부자의 대열에 합류한다는 뜻은 아니다. 한 터틀은 톰 생크스 같은 공격적 스타일이 사람들의 투자 포트폴리오에서 왜 작은 비중밖에 차지하지 못하는지 이해할 수 없다며 이렇게 말했다. "금 가격이 온스당 345달러에서

600달러로 치솟는 걸 보면 톰 생크스에게 돈을 맡길 겁니다. 그와 같은 스타일의 사람에게 운용하도록 하면 큰돈을 벌 수 있으니까요."

이것이 바로 터틀의 원래 투자 마인드이지만 이는 인간의 본성과 정면 배치된다. 물론 리처드 데니스는 올바른 투자결정 관련해서는 본성이 십중팔구 틀리다고 터틀 수련생들에게 가르쳤다.[12]

톰 생크스도 다른 터틀과 차별화를 위해 최선을 다했다. 즉, 75퍼센트는 시스템으로 나머지 25퍼센트는 본인의 자의적 판단으로 트레이딩한다고 선언하기도 했다.[13] 컴퓨터에 내재된 코드로 주문을 내는 기계적인 '블랙박스' 매매 시스템을 낯설어하는 투자자들도 있다. 그래서 톰 생크스는 이러한 불안감을 누그러뜨리려고 '자의적 판단'이라는 단어를 썼다. 자의적 판단에 따른 매매로 기계적인 규칙에만 의존할 때보다 더 높은 수익률을 창출할 수 있음을 보여주려 했던 것이다. 하지만 1990년대 중반 그는 이 자의적 판단을 추가함으로써 거의 침몰할 뻔했다가 겨우 살아났다. 본인도 자신의 실수를 인정했다.

리처드 데니스의 고위험 고수익 스타일을 고집한 터틀은 톰 생크스만이 아니었다. 리즈 체블도 분명히 선을 그었다. "제 운용 실적을 믿고 투자한 사람들에게는 그 결과를 가져다 준 똑같은 트레이딩 프로그램으로 운용해 드려야 마땅합니다."[14] 그러면서 이렇게 덧붙였다. "무엇보다도 투자자가 원하는 높은 수익률은 변동성이 만들어주는 겁니다. 늘 그렇듯 위험을 떠안을 때에는 그에 상응하는 수익률을 기대하기 마련이죠. 높은 변동성이 없다면 고수익도 얻을 수 없습니다."[15] 리즈 체블은 리처드 데니스의 변동성 모델을 활용하여 자신의 매매 포지션을 조절한다고 공개적으로 밝혔다.[16]

몇 년이 흐르고 제리 파커의 분별 있는 레버리지 축소 접근법과 톰 생크스 및 리즈 체블의 공격적 운용 방식의 차이를 숙고할 수 있는 시간이 지나자 소심한 기관투자가들은 결국 한쪽을 택했다. 제리 파커의 선택을 선호하고 원래 터틀 스타일을 고집하는 전략에 대해서는 난색을 표했다.

서로 상관관계가 아주 높은 트레이더

각 터틀이 제시한 운용 스타일이 스승보다 덜 위험하든 더 공격적이든 월가 사람들이 보기에는 모두 같아 보였다. 이들의 성과는 서로 상관관계가 아주 높았다. 이는 터틀들의 과거 수익률이 엇비슷하게 움직이는 경향을 보였다는 뜻이다.[17] 상관계수 수치를 비교해보면 같은 방식으로 운용했음을 알 수 있다.[18]

하지만 톰 생크스는 터틀들이 시스템을 진화시키고 리처드 데니스로부터 배운 것과는 아주 다른 전략을 개발했다고 주장했다. "각자 진화하려는 노력을 기울였다는 사실은 각 운용 전략들 사이에 차이가 계속 커지고 있다는 뜻입니다."[19] 톰 생크스의 말은 터틀들이 실제로는 서로 경쟁하고 있음을 위장하려는 술책으로 여겨진 듯하다.[20]

월가의 노련한 프로들은 그럴싸해 보이는 톰 생크스의 말을 믿지 않았다. 펀드 컨설턴트인 버지니아 파커(제리 파커와는 아무런 관련이 없다)는 터틀들에게 수수께끼 같은 전략은 없다고 생각했다. 아울러 이들 모두 모멘텀에 기반을 둔 추세추종 시스템으로 운용한다고 여겼다.[21]

터틀 방식과 비슷하게 운용하는 켄마 에셋 얼로케이션Kenmar Asset

Allocation의 대표 마크 굿맨Mark Goodman은 터틀 모두가 싫어하는 말을 했다. "모든 자금을 서로 비슷한 추세추종 모델들에만 배분하면, 모두 같은 시장에 투자할 것이기 때문에 수익도 손실도 거의 비슷하다고 봐야 합니다. 리즈 체블의 EMC가 어느 특정 시장에서 돈을 벌 때 폴라바가 다른 시장에서 수익을 올리는 일은 없을 것입니다. 모두 같은 차트를 보고 동일한 투자 기회를 노리기 때문입니다."[22]

초기 명성을 다루는 일, 변동성을 조정하는 작업, 터틀 사이의 전략이 서로 엇비슷하다는 평판, 그리고 리처드 데니스와 관련되었기에 따라붙는 부정적 시각과의 싸움 등으로 터틀들은 압박을 느꼈다.

터틀 프로그램이 진행되는 동안 내부적 질투가 있었다고 한다면, 1990년대 중반까지 1억 달러가 넘는 부를 빠르게 축적한 제리 파커를 보고 다른 터틀들이 얼마나 심한 경쟁심을 가졌을지 상상해보라.

아마 터틀 스토리는 여기가 끝일 수도 있다. 이들 모두 위대한 실험의 일부였다. 아울러 리처드 데니스 밑에서 탁월한 운용법을 터득했다. 하지만 이제는 각자 흩어졌다. 이들은 여전히 장기적 성공을 위해서는 기존의 트레이딩 규칙을 뛰어넘는 뭔가가 필요했다.

10

THE COMPLETE TURTLE TRADER

리처드
데니스의
귀환

앞서나가는 제자들과 왕의 초라한 복귀

"그는 지금까지 본 사람 중 가장 지독했다.
트레이딩은 경쟁이 아주 심하다는 사실과 손실을 잘 다룰 수 있어야 한다는
교훈을 가르쳐주었다. 어떻게 손해를 보았든 이와 관련한 감정 기복은 엄청나다."

• 스승 일라이 툴리스Eli Tullis에 대한 코멘트, 헤지펀드 매니저 폴 튜더 존스 •

터틀이 큰 성공을 했든 실패를 했든 이들의 명성과 돈에 대한 소문으로 떠들썩해지자 옛 스승은 1990년 초 헤지펀드로 몰리는 자금 중 일부라도 얻고 싶은 마음이 생겼다. 터틀의 성공은 백퍼센트 스승 덕분이었지만 이제는 제자들이 앞서나가고 있었다. 자기가 키운 제자들과 경쟁해야 하는, 더욱 치열해진 시장에 재진입 여부를 검토하면서 리처드 데니스는 다시 매매를 할지 말지 고민이 많았다.[1]

하지만 1990년대 초중반은 리처드 데니스에게 정말 어려운 시기

였다. 드렉셀 펀드와 관련하여 낭패를 본 뒤 당한 집단소송 때문에 여전히 괴로움을 겪고 있었다, 그를 법정으로 몰고 간 원고들은 그가 "재정적으로 궁핍"하고 "빚에 시달리고" 있다고 결론지었다.[2] 리처드 데니스가 가난에 시달린다? 믿기지 않는 일이다. 그가 제자들의 성공을 부러워했을까? 본인은 그렇다고 시인했다.

제프 고든은 리처드 데니스의 마음속을 이렇게 꿰뚫었다. "그는 자신이 만들어낸 모델, 즉 수련생들을 이길 수 있다고 봤을 겁니다. 창안된 모델이 어떻게 그 창시자를 능가할 수 있겠냐고 생각했겠죠."

하지만 1988년 리처드 데니스의 은퇴와 터틀 프로그램 중단 사실을 알고 있는 제프 고든을 포함한 많은 이들은 달가워하지 않았다. 제프 고든은 당혹스러워했다. 어떻게 그런 일이 벌어질 수 있는지 아직도 의아해했다. "비유를 들자면 이렇습니다. 초보들을 모아놓고 체스를 가르쳐준 뒤 이들과 게임을 했는데 제자들 모두가 스승을 이기기 시작합니다. 그러면 스승은 어떤 마음이 들까요? 만약 리처드 데니스가 운용에서 손을 뗀 뒤 드렉셀에서 받은 자금을 모두 터틀에게 맡겼다면 이들은 아마도 투자금을 100억 달러로 불렀을 겁니다. 데니스는 풍족한 삶을 누리고 있겠죠. 그가 터틀 그룹을 해체시키는 바람에 날린 돈은 아마 수백만 달러, 아니 수십억 달러에 이를 겁니다."

리처드 데니스 본인도 많이 아쉬워했음에 틀림없다. 왜냐하면 1994년 형 톰 데니스와 함께 차린 데니스 트레이딩 그룹Dennis Trading Group 마저 빛을 보지 못했기 때문이다. 출입문에는 익명을 유지하기 위해 방 번호와 전화번호부에 등재하지 않은 전화번호만 달랑 적어놓았다.

1980년대에 이끌었던, 직원 100명, 고객 50~100명, 고정비 800만 달러의 대형 C&D가 아니었다. 그렇지만 여전히 충성스러운 지지자들이 있었다. "리처드 데니스는 평생 시장을 공부하는 사람이자 뛰어난 천재입니다. 그가 무슨 일을 하든지 관심을 기울일 만합니다." 이는 바클레이즈 트레이딩 그룹 소속 펀드 평가사에서 일하는 솔 왁스먼의 평가였다.[3]

리처드 데니스가 자신을 '트레이더'가 아니라 '분석가'라고 칭하고 다닐 무렵, 다음 질문을 가장 많이 받았다. "왜 이런 일을 합니까? 어째서 다시 불구덩이에 뛰어들려 하시나요?" 그는 자선사업이나 정치 등 온갖 이유를 갖다붙였지만 계속 추궁받자 유명해진 제자들 얘기를 꺼냈다. "트레이딩 저널을 볼 때마다 터틀들이 얼마나 많은 돈을 운용하고 있는지 확인할 수 있었습니다. 적어도 이들만큼은 잘할 수 있다고 생각했죠. 그래서 시도나 해보자고 마음먹었습니다."[4]

그가 업계로 돌아온다면 여전히 활동할 여지는 있었다. 시카고상업거래소의 플로어 애널리스트인 빅 레스피나스Vic Lespinasse는 그가 단점도 있지만 장점도 있다고 봤다. "드렉셀 사건으로 흠집이 나긴 했지만 아직도 명성이 높습니다. 다시 좋은 실적을 쌓을 수 있는데도 왜 시도하지 않는지 궁금합니다. 그는 슈퍼스타이거든요."[5]

리처드 데니스에게 새 투자회사의 운용 전략이 터틀과 어떻게 다른지 묻자 이전과는 다르게 대답이 자신 있는 어투가 아니었다. "제가 가르친 사람(터틀)들은 바로 저한테서 배운 전략을 토대로 성공가도를 달리고 있습니다. 사람들은 뭔가 업데이트된 전략에 관심을 기울이죠. 어제의 모토가 '추세는 친구다'였다면 오늘의 모토는 '추세는 까칠한 애인이다'일 듯싶습니다.[6]

터틀들이 월가에서 정체성 문제를 극복하려고 애쓰고 리처드 데니스가 무대로 복귀할 무렵 터틀 출신인 러셀 샌즈가 아무도 예상하지 못한 일을 벌였다.

러셀 샌즈

러셀 샌즈는 뭔가 석연치 않은 이유로 1년 만에 터틀 프로그램을 등졌다. 본인은 스스로 떠났다고 밝힌 반면, 다른 터틀들은 그가 '해고'되었다고 했다. 내막이 어찌되었든 그가 리처드 데니스의 트레이딩 규칙을 팔고 다닌 일에 비해서는 중요한 문제가 아니었다.

그는 제리 파커와 함께 설립했던 체사피크 캐피탈을 떠난 직후 리처드 데니스의 트레이딩 기법을 팔고 다니기 시작했다. 러셀 샌즈는 제리 파커가 왜 전 직장에 더 중점을 두는지 이해했지만(거기서의 경력이 "더 길고 유효하기에") 둘 사이에 갈등의 싹도 자라고 있었다.

한동안 둘은 서로 가까이 지냈다. 날마다 상대방 집에서 지낼 정도였다. 하지만 얼마 지나지 않아 제리 파커가 러셀 샌즈의 지분을 모두 사들였다. 러셀 샌즈는 이 일을 어떻게 평가했을까? "제리 파커가 욕심이 생긴 겁니다." 공평하게 말하자면 열심히 일해 백만장자가 된 많은 사람들은 탐욕스럽다는 말을 듣는다. 마찬가지로 러셀 샌즈도 질투심이 많다는 소리를 들어도 이상할 게 없다.

러셀 샌즈는 제리 파커와 헤어진 후 당초 뜻하던 대로 진행되지 않은 이유를 다음과 같이 설명했다. "폴 손더스Paul Saunders와 케빈 브란트(키더 피바디, 제임스 리버 캐피탈 프린서플스 James River Capital Principles 등에서 일했다)가 다가와 이렇게 제안했습니다. "러셀 씨, 회사를 별도로 차리시면 어떨까요? 그러면 저희가 돈을 대겠습니다. 체시파크는 제리 파커에 맡기시고요.' 저는 좋다고 답했습니다. 그때가 첫 걸프전 직후여서 원유 시장이 엄청나게 움직였습니다."

러셀 샌즈는 키더 피바디에서 자금을 받아 운용을 시작했지만 이후 이삼 분기 동안 시장에 추세가 나타나지 않았다. 러셀 샌즈는 당시 운용성과가 대략 −25퍼센트였다고 설명했다. 고객들 모두 아우성이었다. 하지만 그 엄혹한 상황에서 그의 설명은 모호했다. "이제 그만두려고요. 앞으로 무엇을 할지 모르겠습니다."

1992년 8월 허리케인 앤드류가 플로리다 남부를 강타하고 며칠지난 뒤 러셀 샌즈는 세심하게 고안된 비밀유지 약속을 저버렸다. 〈시카고 트리뷴Chicago Tribune〉에 다음과 같이 까발렸던 것이다.

"세계적으로 유명한 시카고 선물 트레이더 리처드 데니스의 제자가 스승의 트레이딩 비법을 처음으로 대중에게 공개할 예정이다. 이번 주말 시카고를 포함한 전국 순회 세미나에서 모든 내용을 밝히기로 했다. 참가비 1인당 2,500달러."[7]

아마 일반적 상황이라면 스승의 비법을 팔아먹는 행동이 큰 문제가 되지 않았을 테지만 터틀 세계의 비밀은 그 깊이가 달랐다. 마이크 섀넌은 당시 일을 뒤돌아보면서 헛웃음 쳤다. "1986년이나 1987년에 이런 인터뷰를 했다면 우리는 입을 꾹 다물었을 것입니다. 그때에는 진행되고 있는 모든 것을 비밀리에 진행했고 자부심도 대단했습니다. 정말 특별한 무언가가 있다고 느꼈고 저희도 그 독특한 실험 프로젝트의 일부라 여겼습니다. 비밀유지도 정말 엄격했습니다. 리처드 데니스 및 그와 함께 일하는 직원 모두가 실험 관련 내용을 발설하는 것을 허용하지 않았습니다."

짐 디마리아는 비밀유지 약정서에 서명할 필요조차 없었다고 했다. "비밀은 당연히 지켜야 한다고 생각했습니다. 배운 내용이 원래 저희 것이 아니기 때문입니다. 저는 그 비법을 다른 사람들에게 알려주고 싶지 않았어요."

짐 디마리아의 반응은 대부분의 터틀이 리처드 데니스에 대해 지녔던 생각을 그대로 드러낸 것이라 할 수 있다. 결국 터틀 실험은 엄청난 돈을 버는 비법에 대한 것일진대 수백만 달러를 버는 방법을 다른 사람과 공유한다는 것은 말이 안 된다. 한편 러셀 샌즈의 행동이 어떤 파장을 몰고 올지 알지 못했던 다른 터틀들은 리처드 데니스 매매기법의 중요성을 깎아내리려 했다. 다시 말해 그 기법만으로는 부자가 될 수 없다는 점을 세상에 알리고 싶었다(맞는 말이다).

러셀 샌즈는 이는 좋은 사업 기회라며 되받아쳤다. "저는 불법 행위를 저지르지 않았습니다. 비도덕적인 짓도 하지 않았고요. 저는 사람들에게 "제가 설명하는 것은 20년 전 리처드 데니스가 했던 내용 그대로입니다."라고 말합니다. 모든 것이 그의 공이죠. 감히 그의 생각을 따라갈 수가 없어요. 저는 그저 전달만 할 뿐입니다. 이것도 못하게 막을 수는 없죠."

15년 후 억만장자 반열에 올랐다고 알려진 제리 파커는 이전에 함께했던 동료를 맹비난했다. "러셀 샌즈가 말하는 내용은 2,500달러의 가치가 없습니다."[8] 한때 서로 동료이자 친구였다는 사실을 감안하면 이 같은 비난은 러셀 샌즈의 머리를 향해 던지는 시속 150킬로미터짜리 강속구나 마찬가지였다.

리즈 체블은 리처드 데니스의 매매기법을 이해하고 활용하는 데 꼬박 2년이 걸렸다며 "당시 러셀 샌즈가 배운 내용은 제한적"이었다고 깎아내렸다.[9] 러셀 샌즈가 1년 만에 프로그램을 떠났기 때문에 '진짜' 비법은 알지 못한다고 말하는 터틀도 있었다.[10]

그렇다. 제리 파커와 러셀 샌즈는 날마다 같은 곳에서 일했다. 당시 제리 파커가 아는 터틀 트레이딩 기법을 러셀 샌즈도 알았다. 둘은 기본적 지식도 함께 나눴다. 하지만 오늘날 제리 파커의 성공을 이끈 '실행' 부분에서는 전혀 그렇지 않았다.

샘 드나르도는 러셀 샌즈의 숨은 면을 들춰냈다. "저는 러셀 샌즈가 자신이 하는 일을 외부에 발설하고 다녔다고 생각합니다. 그래서 큰 문제가 되었습니다. 이는 제 귀로 직접 들은 얘기입니다. 자신이 다르게 매매한다는 사실을 자기 어머니나 다른 사람들에게 말하고 다녔다고 들었습니다. 결국 이를 리처드 데니스도 알게 되었죠. 그가 프로그램을 떠나게 된 이유가 그 일 때문인지 성과 때문인지는 잘 모르겠습니다. 하여튼 그는 중도에 탈락했습니다." 여러 터틀이 이와 같은 얘기를 했다.

러셀 샌즈는 자신이 퇴출당한 것이 아니라 스스로 그만두었다고 주장하면서 이렇게 말했다. "물론 제가 스스로 떠났다고 하는 사람들도 있고 잘렸다고 말하는 이들도 있겠죠. 제가 입이 가볍고 발설해서는 안 될 말을 하고 다녔다고 주장하는 사람들도 분명 있을 겁니다."

한편 1992년 러셀 샌즈가 추진한 세미나의 안내장에는 그가 제리 파커와 공동으로 자금을 운용했다고 적혀있었다. 하지만 제리 파커는 대부분의 결정은 본인이 내렸고 러셀 샌즈는 그저 주문만 냈다고 주장했다. 그는 러셀 샌즈가 트레이딩 기법을 팔려는 주된 이유는 돈을 모아 트레이딩에 복귀하려는 욕심 때문이라고 했다.[11]

제리 파커는 러셀 샌즈의 행위가 위법은 아니지만 비도덕적이며 비윤리적이라고 지적했다. 리처드 데니스에 대해서는 "우리에게 그 모든 지식을 준 그에게 무엇으로 보답할 수 있겠습니까?"라며 옹호했다.[12] 그러면서 덧붙였다. "리처드 데니스는 항상 책이나 기사나 논문 따위는 거들떠보지 말라고 가르쳤습니다. 정말 읽을 만한 가치가 있다면 자기들만 보면서 매매에 활용할 것이라고 했습니다." [13]

터틀 동료들은 러셀 샌즈의 행동에 당황한 나머지 마침내 어떻게든 대응해야 한다고 느꼈다. 러셀 샌즈와 이를 마케팅하는 사람들이 터틀 매매규칙을 팔기 위해 제시한 홍보용 문구는 이랬다. "전례 없이 가장 강력하고 가치 있으며 수익성도 좋은 트레이딩 기법이 저렴하고 위험도 없는 투자자금으로 참가할 수 있는 새로운 트레이딩 코스에서 곧 밝혀질 것이다."

러셀 샌즈의 광고는 "정말 부담 없는 가격! 15년 연속 수익을 기록한 트레이딩 기법!"이라는 점을 크게 부각시켰다.

러셀 샌즈에 대한 공격에 대항하는 내용의 홍보도 진행했다. "잘 들어보세요. 러셀 샌즈가 아주 낮은 가격에 비법을 공개한다고 매우 기분 나빠하는 사람들이 많습니다. 다른 터틀들, 그리고 엄청나게 성공한 이들의 스승은 이 귀중한 비법이 밝혀지는 것을 원치 않았습니다. 돈을 아무리 많이 줘도요!" 2007년에 성행했던 야간 투자 광고 문구나 나름 없었다.

한편 샘 드나르도는 러셀 샌즈의 세미나 추진을 아주 호의적으로 해석했다. "러셀 샌즈가 트레이딩 기법을 밝힌다고 하니 모두 화가 났습니다. 그렇지만 그가 다른 무슨 일을 할 수 있겠습니까? 택시 운전요?" 얼 키퍼는 터틀들이 어떻게든 비밀을 지키려 한 이유는 따로 있었다고 했다. "솔직히 저희들은 그렇게 교양 있는 사람들은 아닙니다. 그저 리처드 데니스에 대한 충성심이 강한 것뿐이었습니다."

리처드 데니스는 러셀 샌즈의 세미나에 대해 침묵으로 일관했다. 하지만 몇몇 터틀이 실패했다는 점은 분명히 밝혔다. "무명으로 남을 터틀이 한두 명 있었습니다. 반면 대부분은 모범적이었습니다."[14]

리처드 데니스가 일부러 점잖게 말했을지도 모른다. 하지만 그의 오랜 친구로서 트레이딩을 함께한 톰 윌리스는 러셀 샌즈의 팬은 아니었지만 이렇게 말했다. "리처드 데니스는 모범적이고 신앙심이 깊은 기독교인이 아닌 적이 없었습니다. 아마 그는 러셀 샌즈에 대해 유감스럽게 생각하지 않은 듯합니다."

리처드 데니스 다시 은퇴하다

러셀 샌즈 관련 소동이 있은 후 리처드 데니스는 무대로 화려하게 복귀했다. 이로써 그는 1990년대 대부분을 트레이더로 활동하게 된다. 대중에게 정확한 운용 시스템을 공개하지는 않았지만 실적을 보면 추세추종 전략을 구사하고 있음을 알 수 있다. 1994년 복귀 후

1998년 9월까지 연복리 수익률은 약 63퍼센트에 이른다. 1995년과 1996년에 각각 108.9퍼센트와 112.7퍼센트의 수익률을 올리며 2년 연속 세 자릿수의 성과를 달성했다.[15]

항상 그랬듯 이전과 같은 고위험 고수익 트레이딩 전략이었다. 이 전략은 그를 명예의 전당으로 이끌기도 했지만 아킬레스건이 되기도 했다. 그렇지만 이 시기는 빌 클린턴이 대통령이었고 닷컴 버블이 한창이던 때였다. 이 때문에 그의 성과가 탁월했는데도 사람들의 눈길을 끌지 못했다.

더욱이 복귀한 그가 제대로 자금을 운용할 수 있을지 우려하는 사람들이 많았다. 그래서 그는 고객의 근심을 불식시키고자 자신의 자의적 판단 능력이 형편없음을 인정하고 매매규칙에 대한 임의적 개입은 없다고 못 박았다. 그러면서 컴퓨터를 자신의 새 친구라고 불렀다. "몇 년 전과는 확연히 다른 오늘날의 컴퓨터가 할 수 있는 것을 생각해보면 정교하게 고안된 컴퓨터 트레이딩 시스템과 인간이 대등하게 경쟁한다는 것은 상상할 수 없습니다."[16]

고객을 유인하기 위해 '컴퓨터'라는 단어를 쓰는 것은 옛날에나 있던 일이다. 웬일인지 리처드 데니스는 인터넷 혁명이 한창이던 때에도 신기술에 능하지 못했다(그는 늘 프로그램을 짜지 못한다고 했다). 예순을 넘긴 사람들은 그의 말을 믿었겠지만, 월가에서는 그의 '컴퓨터'라는 단어에 큰 안도의 숨을 쉰 사람이 단 한 명도 없었다.[17]

설상가상으로 리처드 데니스를 비판하는 사람들은 그의 엄격하고 기계적인 트레이딩 공식은 마케팅 전략에 불과하다고 여겼다. 이에 리처드 데니스는 견제와 균형까지 두루 갖추었다면서 그들에게 반박했다. 그는 자신 있는 투로 말했다. "결국 트레이더는 살 돌아가는 시스템으로 운용해야 합니다. 제가 알기로 기계적 시스템이 가장 잘 작동합니다. 따라서 저희의 트레이딩 기법으로 계속 좋은 성과를 거둘 수 있다고 굳게 믿고 있습니다."[18]

이 시기 리처드 데니스의 트레이딩 전략에 차이가 있었다. 즉, 그는 수련생들에게 가르쳤던 동일한 트레이딩 원칙을 고집스럽게 고수했다. 월가에서 가장 역사적이었던 때인 1998년 8월 그는 큰돈을 벌면서 현장에 있었다. 그는 다른 추세추종 친구들과 마찬가지로 그달에 엄청난 수익을 거두었다. 그는 신난 듯 말했다. "루블화, 옐친, 진퇴양난의 상황에서 시장은 미친 듯 움직였습니다." 8월에만 13.5퍼센트의 수익률을 올림으로써 1월부터 8월까지 누적 수익률은 45퍼센트에 육박했다.[19]

리처드 데니스가 펄펄 날던 그 순간 다른 트레이더들은 제로섬 게임의 시장에서 돌처럼 가라앉고 있었다. 월가에서 이름을 날리던 롱텀 캐피탈 매니지먼트LTCM도 같은 시기에 붕괴되었다. LTCM은 수십억 달러를 날렸다. 살로먼 브라더스의 전설적 채권 트레이더 출신인 존 메리웨더John W. Meriwether 대표는 투자자들에게 보내는 편지에 이렇게 적었다. "(1998년) 8월은 저희에게 정말 고통스러운 달이었습니다."[20] LTCM과 두 노벨상 수상자 로버트 머튼Robert H. Merton과 마이런 숄즈Myron S. Scholes가 리처드 데니스, 그리고 터틀을 포함한 추세추종 트레이더들의 주머니를 채워준 꼴이었다.

이것이 리처드 데니스가 올린 수익률의 정점이었다. 왜냐하면 그가 제로섬 게임에서 역사적인 승리를 거둔 후 몇 년이 지난 후 다시 게임에서 밀려났기 때문이다. 2000년 9월 데니스 트레이딩 그룹은 매매를 중단하고 고객 계좌를 청산했다. 리처드 데니스의 현재 펀드의 투자자인 버트 코즐로프Bert Kozloff는 고통스러운 사실을 밝혔다. "데니스 트레이딩 그룹은 6월에 −50퍼센트를 기록한 뒤 7월에 소폭 회복했습니다. 하지만 다시 −50퍼센트를 깨고 −52퍼센트까지 내려갔습니다. −50퍼센트일 때 계속 매매해 회복을 시도할 수도 있겠지만 −60퍼센트나 −70퍼센트로 주저앉을 위험도 있죠. 그러면 복구할 방법이 없습니다."[21]

리처드 데니스에게는 위안이 되는 얘기는 아니지만 고객들이 그에게서 돈을 찾아간 2000년 가을은 추세추종 트레이더들이 진짜 바닥을 친 시기였다. 그로부터 12개월 동안 수많은 경쟁 트레이더들은 100퍼센트 또는 그 이상의 수익률을 거두었다. 바닥에서 공포에 질려 자금을 인출한 리처드 데니스의 고객들은 그 대가를 톡톡히 치렀던 것이다.

리처드 데니스는 일반 투자자의 자금을 모아 운용하다 또 실패했다. 그 사이 보수 성향의 공화당 지지자인 그의 제자 제리 파커는 트레이딩 업계와 정치 세계에서 높게 치고 올라갔다. 그의 성공 스토리는 터틀과 터틀의 철학을 완전히 새로운 수준으로 끌어올렸다.

11

기회를
잡아라

성공한 터틀과 실패한 터틀을 가른 차이

"당장 실행할 수 있는 좋은 계획은 다음 주에 나올 완벽한 계획보다 낫다."

• **조지 패튼**George S. Patton **장군** •

1994년 제리 파커 사무실을 찾아가기 위해 버지니아 리치몬드 외곽의 마나킨-사보로 운전해 간다고 상상해보라. 마치 지방 보험회사나 부동산 중개소가 있을 법한 콜로니얼 양식의 벽돌과 나무로 지어진 건물에 그의 사무실이 있으리라고는 누구도 예상치 못했으리라. 더욱이 건물은 시골길을 따라 있는 들판 옆에 있었다. 그 건물을 본 내 느낌은 한마디로 벼락을 맞은 것 같은 충격이었다.

사실 제리 파커의 사무실에 들어가는 순간, 은퇴가 임박한 70세

시골 변호사가 쓰는 케케묵은 방이 떠올랐다. 하지만 안내 직원은 가식이 없었고 편안하며 친절했다.

이곳에서 약 16킬로미터 떨어진 곳에 1995년에 마련한 새 사무실은 남부의 고상함과 성공의 이미지가 풍겨 이전보다 훨씬 더 품위 있어 보였다. 입구에서부터 이어진 두 개의 나선형 계단은 방 양쪽과 옥상의 헬기 착륙장으로 연결되었다. 그렇지만 여기를 방문하는 사람은 사전 예약 없이는 진입할 수 없었다. 까만 코팅 유리, 비디오카메라, 신분증 요구 등은 보안이 강조되는 요즘 사회에서는 놀라운 것들이 아니다.

현재 사무실은 제리 파커의 현실적 스타일이 반영된 듯 메리 로우 Mary Lou & Co.나 헤어 네일스 앤 위그스Hair, Nails & Wigs 같은 가게가 들어선 1960년대식 스트립 몰 건너편에 자리하고 있었다. 이웃 교회에서 운영하는 유치원에 아이를 보낸 엄마들은 방과후 축구를 하는 아이를 데려가기 위해 체사피크 캐피탈 주차장에 차를 댔다. 한 터틀이 리치몬드 교외에서 엄청난 돈을 벌고 있었지만 이곳에서는 그를 주의 깊게 보는 사람이 아무도 없었다.

더욱이 제리 파커 사무실의 가구나 비품만 봐서는 그와 다른 터틀 사이의 재력 차이를 거의 알아채지 못할 것이다. 책상에 놓인 작은 거북이 외에는 대부분 실용적이고 평범한 장식이었다. 하지만 그와 그의 옛 파트너 러셀 샌즈는 재산에서 거의 10억 달러나 차이가 났다. 그 원인을 파악하는 것이 당초 터틀이 배웠던 트레이딩 기법보다 분명 더 중요하다.

중요한 점은 제리 파커, 리즈 체블, 톰 생크스, 하워드 세이들러,

짐 디마리아, 폴 라바, 그리고 이들의 스승인 빌 에크하르트에게는 리처드 데니스의 트레이딩 규칙을 넘어서는 기업가적 수완이 있었다는 사실이다. 즉, 뭔가 특별한 점이 있었다는 것이다. 어느 분야에서든 성공하는 사람들은, 언제 어디서나 기회는 있으며 그 기회를 잡아야 할 때가 있음을 아는 이들이다. 이들은 이 순간을 적극 노리는 사람들이다.[1]

리처드 데니스는 종국에 자기 제자들 모두 그런 기회를 노렸다고 생각했을까? 터틀이 독립하기 전인 1986년 그는 본인이 터틀 광고를 봤다면 어떻게 반응했을지에 대해 질문받은 적이 있다. 그는 이렇게 대답했다. "저라도 지원했을 겁니다. 합격만 하면 틀림없이 일생일대의 최고 기회였을 테니까요. 분명 열네 명 모두 최고 트레이더가 되지는 못했겠지만 두세 명은 정말 뛰어난 트레이더가 되리라 생각했습니다."[2]

제리 파커는 크게 성공했다. 페럼대학과 버지니아대학교를 나온 그는 독실한 기독교인이자 가정적인 아버지로서 아내와 함께 집에서 세 자녀를 교육시켰다.

그는 고지식한 편이었지만 때로는 쉬기도 하면서 스포츠를 즐겼다. 시카고 불스의 마이클 조던이 뛰는 결승전은 빼놓지 않고 좋은 자리를 예약했다. 요즘은 샬로츠빌의 새로운 존 폴 존스 경기장에 찾아가 버지니아대학 캐벌리어스 농구팀을 응원한다.

제리 파커가 리처드 데니스 밑에 있을 당시에는 지금처럼 크게 성공할 것이라고 누구도 예상하지 못했다. 터틀 수련 첫해에는 손실이 -10퍼센트에 이르렀다. 이후 전열을 가다듬어 3년간 뛰어난 성과를 실현했지만 말이다. 하지만 스승 밑에 있을 때 그리 많은 돈을 벌지 못한 이유는 운용을 못해서가 아니라 배분받은 금액이 적었기 때문임을 알아야 한다. 그는 스승의 자금 배분 방식이 조금은 못마땅했을 테지만 어쨌든 터틀 수련은 그의 발전에 커다란 도움이 되었다.

제리 파커가 리처드 데니스를 위해 매매하면서 얻은 가장 큰 교훈은 바로 자신감이었다. "스승님의 시스템으로 트레이딩하면서 거둔 엄청난 성공은, 제가 기술적 분석을 활용할 수 있도록 이끌어준 정말 중요한 경험이었습니다."[3] 그가 리처드 데니스 밑에서 얻은 중요한 경험이란 무엇일까? "중요한 것은 "돈을 잃어도 상관없어요."라고 말하는 사람과 함께했다는 사실입니다."

톰 생크스도 멘토의 중요성에 대한 제리 파커 의견에 전적으로 동의했다. "제 트레이딩은 단연코 리처드 데니스의 시스템에 기반을 두고 있습니다. 매매와 관련한 모든 운용 철학은 분명 스승으로부터 배운 원칙에 바탕을 두고 있습니다."[4]

제리 파커와 리처드 데니스는 여전히 정치적으로 서로 반대편에 있다. 제리 파커는 버지니아주 공화당 후보를 가장 열성적으로 지원하는 사람 중 하나다. 그가 1995년 이후 지금까지 그곳의 가장 보수적인 후보들에게 후원한 금액은 50만 달러가 넘는다. 그는 정치에 입문할 생각이 없었지만 재산과 정치적 영향력으로 보면 버지니아 주지사 후보감으로 전혀 손색이 없었다.

제리 파커의 정치적 견해는 고른 지지를 받을 만하다. "세금이 늘어 재정이 흑자면 납세자는 세금을 돌려받아야 마땅합니다. 물건을 살 때 돈을 더 많이 내면 잔금을 돌려받는 이치와 같습니다."[5]

어쨌든 1988년부터 2006년까지 제리 파커가 거둔 실적을 보면 터틀 스토리가 오늘날에도 가치가 있음이 분명해진다. 제리 파커가 공개한 자료와 펀드 규모, 표준 수수료 구조를 감안했을 때 그의 재산에 대한 가장 근접한 추정치는 7억 7,000만 달러 수준이다.

표 11.1 | 제리 파커의 체사피크 캐피탈의 연도별 수익률 (1998~2006)

연도	수익률(%)	연도	수익률(%)
1988	48.91	1998	16.31
1989	28.30	1999	3.30
1990	43.12	2000	5.23
1991	12.51	2001	−7.98
1992	1.81	2002	11.01
1993	61.82	2003	23.08
1994	15.87	2004	4.84
1995	14.09	2005	1.15
1996	15.05	2006	10.90
1997	9.94		

출처: 미 상품선물거래위원회에 제출한 자료

위 20년 동안의 수익률은 복리를 감안하지 않은 수치다. 연복리 10퍼센트를 적용하면 그의 재산은 17억 5,000만 달러로 추산된다.

제리 파커의 다른 터틀 대비 차별점

"리처드 데니스 회사에 채용되려면 정말 똑똑해야만 한다." 이처럼 지능만이 터틀의 탁월한 트레이딩 실적을 설명하는 요인이라 생각하기 쉽지만 이는 오산이다. 그럼에도 많은 터틀들이 뛰어났다. 이들의 지적 능력을 무시해서는 안 된다.

하지만 높은 IQ가 성공의 열쇠는 결코 아닌 듯하다. 수백 명의 미국 최고 MBA 출신 직원들이었다면 엔론의 파멸을 막았을지도 모른다.[6] 하지만 지능은 장기적으로 아무것도 보장하지 못한다. 성공하려면 더욱 특별한 뭔가가 필요하다.

실제로 밝혀진 것처럼 거대기업 CEO들은 대부분 아이비리그 대학에 다니지 않았다. 이들은 크고 작은 주립대학이나 덜 알려진 사립대학 출신이다. 전체 CEO 중 10퍼센트만이 아이비리그 대학 출신이지만 대부분의 사람들은 그 비중이 훨씬 더 높다고 착각한다.[7] 그렇다면 지능 이외에, 지난 20년간 제리 파커가 거둔 성공의 열쇠는 무엇이었을까?

리처드 데니스 밑에서 일한 뒤 트레이딩으로 엄청나게 성공한 터틀과 실패한 터틀 사이를 가른 차이점은 기업가적 스킬에 대한 이해와 응용이었다. 트레이딩 규칙을 배우기는 했지만 기업가적 소양이 없는 터틀은 실패할 수밖에 없었다. 오랫동안 기업가 정신을 연구한 베일러대학의 낸시 업튼Nancy Upton과 돈 섹스턴Don Sexton 교수는 제리 파커와 다른 기업가들이 지닌 특성을 다음과 같이 정리했다.

1. 잘 순응하지 않음: 자립심이 강해 순응할 필요성이 적다.
2. 정서적 초연함: 남을 크게 신경 쓰지 않지만 타인에게 차갑게 대하지도 않는다.
3. 스카이다이버 같은 도전정신: 물리적 위험에 대해 덜 걱정한

다. 하지만 나이가 들면 바뀐다.

4. 위험 감수: 위험을 기꺼이 무릅쓴다.

5. 뛰어난 사회성: 남을 잘 설득한다.

6. 자율성: 독립성이 강하다.

7. 변화 추구: 새로운 접근법을 좋아한다. 99퍼센트의 사람들은 그렇지 않다.

8. 넘치는 활력: 더 많이 요구한다. 더욱더 오래 일하는 능력이 있다. (둘 모두이거나 둘 중 한 가지에 속한다.)

9. 자족 능력: 동정하거나 안심시킬 필요가 없다. 하지만 극단적으로 흐르지 않기 위해서는 네트워크를 형성할 필요가 있다.[8]

우리는 위 아홉 가지 요소를 과소평가해서는 안 된다. 리처드 데니스는 조명을 밝히고 브로커, 돈, 시스템까지 제공했다. 터틀 수련생들은 리처드 데니스 없이 성공할 능력과 의지가 있는지 스스로에게 물어야 했다. 당시 이를 알았든 몰랐든 성공하기 위해서는 이 아홉 가지 특성을 잘 적용했어야 했다.

제리 파커는 터틀 수업을 마치면서부터 위 아홉 가지 특성을 잘 활용했지만 많은 터틀들이 그렇지 못했거나 그럴 마음이 없었다. 제리 파커는 언젠가는 리처드 데니스에 버금가는 돈을 벌 수 있으리라는 강한 믿음이 있었다. 다른 터틀들은 1986년 리처드 데니스가 8,000만 달러의 수익을 올리는 모습을 처음 접했을 때 "나는 결코 할 수 없는 일"이라고 생각했을 것이다. 정말 운 좋게 터틀이 되었다고 털어놓은 터틀들도 있었고, 동료를 묘사할 때 "소심하거나 겁이 많다"는 단어를 쓰는 친구들도 있었다.

하지만 제리 파커에 대해서는 누구도 그렇게 묘사하지 않았다. 제리 파커는 딱 집어서 말하지는 않았지만 성공의 진정한 요인이 기업가들이 지닌 위 아홉 가지 특성임을 간접적으로 인정했다. "우리는 프랑스 주식시장이나 독일 채권시장에 정통한 전문가에는 별 관심이 없습니다. 하버드 MBA나 골드만 삭스 출신으로 꾸린 거창한 조직 따위는 필요 없다는 뜻입니다."

소규모 인문대학의 장점을 극찬한《삶을 변화시키는 대학Colleges that Change Lives》의 저자 로렌 포프Lauren Pope는 제리 파커의 금언에 담긴 뜻을 높이 평가했다. "아이비리그나 다른 A급 대학들은 졸업생들이 취직도 잘되고 성공가도를 달릴 수 있다는 기대 때문에 많은 특권을 누리고 있다. 하지만 자식을 아이비리그 대학에 입학시키기만 하면 성공이 보장된다고 생각한다면 오산이다. 지금과 같은 경제 시스템에서는 동문 인맥은 별 도움이 되지 못한다. 중요한 것은 능력이다."[9]

능력은 쉽게 터득되지 않는다. 제리 파커는 홀로 사업을 꾸리는 일에 비하면 터틀 수련 생활은 아주 편했다고 털어놓았다. "리처드 데니스 밑에서 트레이딩할 때에는 아침 7시에 출근해 일하다가 오후 2시가 되면 시카고 컵스 야구 경기를 봤습니다." 하지만 직접 고객 돈을 맡아 운용하면서부터는 자금 모집, 직원 고용, 리서치, 성과 측정, 운용까지 모든 것을 처리해야 했다. "성공은 부분적으로는 매수와 매도를 얼마나 잘하는지에 달려있습니다. 하지만 운용업도 비즈니스이므로 고용, 회계, 법률, 마케팅까지 모두 잘 챙겨야 합니다."[10]

제리 파커의 뛰어난 사업적 기질의 원천은 리처드 데니스만이 아니었다. 실제로 그가 가장 좋아하는 책은 현대 마케팅의 바이블인 《보이지 않는 것을 팔아라Selling the Invisible》이다. 그렇지만 그는 항상 공을 스승에게로 돌렸다. "정직하고 겸손한 스승이 있다면 가장 좋겠죠. 다른 사람들에게 배우세요. 날마다 옳은 일을 하고 업무에 매진한 뒤 결과를 기다리는 자세가 필요합니다."[11]

짐 디마리아는 터틀 프로그램 종료 후 제리 파커가 틀림없이 성공할 것이라고 보았다. "제리는 많은 돈을 모집하고 싶어 했습니다. 첫날부터요."

진정 원하는 것을 정하라

《시장의 마법사들》출간 이후 많은 터틀은 탄탄한 사업 기반을 구축하기 위한 노력은 하지 않은 채 자신들의 명성만 믿고 안주했다. 제리 파커는 잡지 표지에 나오는 것이 목표가 아니었다(리치몬드 외곽 사무실을 둘러싼 흰 말뚝 울타리에 기대선 모습이 1994년 〈파이낸셜 트레이더Financial Trader〉에 나온 적은 있지만 말이다). 결코 그렇지 않았다. 그는 '엄청난' 돈을 벌기를 원했다.

조너선 크레이븐Jonathan Craven은 체사피크에 고용된 두 번째 사람이었다. 그는 지금은 자신의 회사를 차려 2,000만 달러를 굴리고 있다. 그는 제리 파커의 원칙을 결코 잊지 못한다고 했다. 제리 파커가 "두 가지를 믿어야 한다"고 하자 조너선 크레이븐이 물었다. "그게 뭐죠?" 제리 파커가 답했다. "신과 우리 시스템입니다." 이에 조너선 크레이븐이 덧붙였다. "시스템이 잘 돌아간다는 확신이 있어야겠죠. 그렇지 않으면 밤잠을 설칠 테니까요."

조너선 크레이븐의 말에 함축된 의미는 무엇일까? 제리 파커를 따라 하는 트레이더들이 쓰는 시스템과 규칙은 특정 시장에만 국한되어있다고 생각하는 사람들이 많다. 제리 파커 방식의 매매를 배운 사람들은 순진하게도 그가 오로지 상품 시장에만 투자했다고 여긴다. 하지만 제리 파커는 리처드 데니스의 철학을 모든 시장에 적용했다. 그는 스승으로부터 원래 배운 원칙을 전 세계 모든 시장에 적용하려 했다. 즉, 어느 시장이든 가리지 않았다. 중국 도자기, 금, 은 등 존재하는 모든 시장과 현재는 없어진 시장, 그리고 자신이 투자한 적은 없지만 다른 사람들이 투자해 많은 돈을 버는 시장에도 관심을 기울였다. [12]

조너선 크레이븐은 제리 파커 밑에서 일하는 동안 다양성의 철학을 배웠다. 투자한 시장의 개수는 늘 유동적이었다. "예순다섯 개 시장에 투자할 때도 있었고 서른 개 시장에 투자할 때도 있었습니다." 그가 이런 질문을 받은 적이 있다. "항상 포지션을 들고 있습니까? 최대 몇 개 포지션까지 보유합니까?" 그러자 이렇게 대답했다. "상황에 따라 다릅니다. 시장이 계속 옆으로 움직이면 이론적으로는 보유 포지션이 제로입니다. 시장이 위로든 아래로든 추세를 보이면 어떨까요? 예순다섯 개 포지션도 보유할 수 있겠죠."

안타깝게도 돈을 벌기 위해 시장을 가리지 않는 제리 파커의 투자 방식을 매니지드 퓨처스managed futures(선물 매매형) 또는 CTA(상품 투자 자문Commodity Trading Advisor)라고 잘못 알고 있는 경우가 종종 있다. 이 둘은 헤지펀드 감독당국이 쓰는 용어로, 대부분의 경우 트레이더들 때문에 혼동이 가중되었다. 제리 파커도 이 점을 바로 인정했다.

"투자 시장을 한정하는 '매니지드 퓨처스'라고 스스로 정의내린 것도 저희 잘못입니다. 저희 전문성이 이곳에 있을까요? 아니면 시스템 추세추종이나 모델 개발에 있을까요? 우리는 중국 도자기든 금이든 은이든 주가지수 선물이든 추세가 있는 곳이라면 어디든 투자합니다. 투자 대상을 전 세계로 넓히고 저희 시스템 트레이딩의 전문성을 알릴 필요가 있습니다."[13]

그는 자신의 전문성을 알리려 애썼지만 늘 어려움이 따랐다. 제리 파커와 상반되는 트레이딩 철학으로 운용하는 사람들은 '상품 commodity'이라는 단어를 일부러 부정적인 느낌이 나도록 썼다. 항상 강조하지만 터틀의 추세추종은 '전략'이다. 이 트레이더들은 금, 통화, 에너지, 곡물, 금, 채권, 원자재까지 전 세계 어디든 가리지 않고 투자한다.

제리 파커는 성공가도를 달리고 있었지만 여전히 많은 동료 터틀을 침몰시킨 편견과 힘겨운 싸움을 계속해야 했다. 시스템이나 컴퓨터 매매를 너무 부정적으로 보는 사람들이 있었기 때문이다. "우리의 전문성을 제대로 전달하지 못했다고 봅니다. 저희 전략은 서로 다른 수많은 시장에 잘 먹힙니다. 오늘 뜨겁게 달아오르는 시장이 있는가 하면 그렇지 못한 시장도 있습니다."[14] 그는 마치 1984년 윌리엄 에크하르트의 터틀 수업에 있는 듯했다. 메시지가 그때와 똑같았기 때문이다.

펀더멘털 투자의 문제점

오늘날 많은 최고의 헤지펀드 매니저와 마찬가지로 제리 파커도 지역사회에 기부한다. 그는 50만 달러를 들여 버지니아대학에 '체사피크 캐피탈 트레이딩 룸'을 만들어주었다. 이곳은 실제 트레이딩 룸처럼 아주 세련되게 디자인되었다. 고맙게도 버지니아대학 금융혁신 맥킨타이어 센터The McIntire Center for Financial Innovation의 밥 웹Bob Webb 이사가 나를 위해 이 시설을 안내해주었다. 수많은 트레이딩 데스크와 벽에 붙은 대형 스크린을 보면 제리 파커가 기부한 돈이 얼마나 유용하게 쓰였는지 알 수 있다.

버지니아대학 금융학 교수이기도 한 밥 웹은 체사피크 캐피탈 트레이딩 룸을 가리켜 '금융시장에서 벌어지는 일을 실시간으로 보여주는 이상적 교육 환경'이라 치켜세웠다. 이곳 학생들은 시장이 뉴스에 어떻게 반응하는지 관찰할 수 있다. 아울러 최근의 시장 변화를 살피고 이를 촉진시키는 요인이 무엇인지도 파악할 수도 있다. 그는 학생들이 바로 경험해보도록 한다고 했다. 즉, 이들은 수업 첫날부터 실제 발생한 이벤트를 바탕으로 시장을 예측한 뒤 가격 변화를 일으키는 요인과 더욱 나은 매매결정을 내리는 데 도움을 주는 요소들을 조사한다.[15]

칸막이로 나눠진 TV도 없는 제리 파커와 원래 터틀들의 수련 현장에 대해 잘 알지 못하는 어느 학생이 체사피크 캐피탈 트레이딩 룸을 신난 듯 자랑했다. "모든 회사의 정보를 검색할 수 있는 소프트웨어가 있다니 굉장하죠. 대차대조표, 손익계산서, 각종 재무비율과 성장 추이 등 모든 것을 다 볼 수 있습니다."[16] 하지만 아이러니하게도 제리 파커는 투자결정을 내릴 때 이 '모든 것'을 하나도 활용하지 않았다.

밥 스피어Bob Spear는 '미케니카Mechanica'라는 시스템 테스트 소프트웨어 회사를 운영한다. 그는 대중용 트레이딩 시스템을 테스트하는 소프트웨어 중 가장 강력하다는 프로그램을 보유하고 있다.

제리 파커와 얼 키퍼는 수년 전부터 이 회사의 고객이다. 제리 파커를 사로잡은 것은 밥 스피어의 소프트웨어 광고였다. 광고 내용은 이러했다. "돈 버는 시스템을 정확히 짚어내 수익률을 엄청나게 향상시키는 트레이딩 레시피!" 드물게도 1994년 광고에서 (윌리엄 에크하르트가 위험관리라 칭한) '자금관리'라는 용어도 썼다.

당시 제리 파커는 터틀 트레이딩 시스템과 자금관리(4장과 5장 참조)를 테스트하는 소프트웨어가 있다는 사실을 알지 못했다. 소프트웨어에 대해 알아보려고 전화한 제리 파커를 밥 스피어는 첫 통화에서 바로 알아차렸다. "그가 제게 체사피크 캐피탈에 대해 설명할 필요는 없었습니다."

제리 파커와 버지니아대학 교수 및 학생들의 말은 서로 모순이지만 이는 의도된 것이 아니다. 금융에 조예가 깊은 밥 웹 교수는 제리 파커의 철학과 정반대되는 내용을 가르치고 있다. 예를 들어, 밥 웹 교수는 연방준비제도이사회 위원들이 개별적 발언을 통해 금융시장에 영향을 끼칠 수 있다고 본다. 그는 이렇게 설명했다. "트레이더들은 연준 위원 각자 무슨 말을 하는지 잘 살펴야 합니다." 그의 조언은 기본적 분석을 하는 많은 월가 전문가와 일반 대중에게 타당하게 받아들여진다. 하지만 체사피크 캐피탈 트레이딩 룸을 후원해 준 제리 파커의 트레이딩 접근법과는 거리가 멀다.

제리 파커는 스승인 리처드 데니스와 마찬가지로 매매결정을 내릴 때 연준 위원들의 목소리에 조금도 귀 기울이지 않는다. 실제 제리 파커의 표준 유의사항 문구에도 이런 내용이 있다. "체사피크는, 모든 시장의 향후 가격 움직임은 기본적 경제 분석보다는 정량적 기술적 분석의 과거 가격 움직임에 의해 더 정확하게 예측할 수 있다고 믿습니다."[17] 이렇듯 명확히 설명되어있는데도 버지니아대학의 체사피크 트레이딩 룸에서 학습하는 학생들이 어떻게 제리 파커의 트레이딩 스타일을 알지 못한단 말인가?

제리 파커는 기술적 분석에 기반한 트레이더는 자신이 투자하는 시장에 대해 전문 지식이 없어도 된다는 점을 기회가 있을 때마다 강조했다. "기상 현상이나 지정학적 사건에 대한 전문가일 필요가 없습니다. 세계의 특정 사건이 경제와 시장에 어떤 영향을 미치는지 자세히 파악하지 않아도 됩니다."[18] 제리 파커는 자신의 주장을 이해시키기 위해 목소리를 높일 때도 있었다. "주식을 엄청나게 분산하는 대안밖에 없다면 주식을 사서 보유하거나 기본적 분석가의 말에 귀를 기울이세요. 그러면 어떻게 되는지 알 수 있을 겁니다."[19] 이는 사람들이 받아들이기 어려운 주장일 수 있다. 투자자들은 펀더멘털 관점에서 그럴싸해 보이는 정교한 스토리에 기대어 큰돈을 벌기 원한다.

설령 투자자들이 제리 퍼커의 터틀 투자 방식을 알고 투자한다 해도 이들은 계좌 잔고가 오르락내리락하는 모습을 보고 싶어 하지 않는다. 제리 파커의 고객들조차도 월간 수익률을 끊임없이 주시하면서 다음과 같이 압박했다. "벌어들인 월 수익을 토해내지 마세요."

"이 월간 수익률 데이터를 보니 걱정스럽네요." "이번 달은 지난 달보다 못하군요." 제리 파커는 딱 잘라서 말했다. "말도 안 되는 요구입니다."

그가 덧붙여 말했다. "원금에서 10퍼센트 손실이 나면 심각한 문제일 수 있습니다. 하지만 수익률이 50퍼센트였다가 40퍼센트로 줄어들면 이는 전혀 문제가 되지 않습니다. 하지만 고객들은 그렇게 받아들이지 않죠! 이들은 최근 대비 10퍼센트 손실이 난 것만 생각하니까요. 그래서 우리가 고객 자금을 운용할 때에는 이와 같은 쓸데없는 수익률 문제로 시간을 허비하죠. 즉, 실제로는 위험한데 그렇지 않은 듯 보이려고 실적표를 미세조정하기도 합니다. 초기 자본에 대비한 위험과는 많이 다르게 보이도록 말이죠. 정말 우스꽝스러운 일입니다."[20]

불안에 떠는 고객들 입맛에 맞도록 실적표를 그럴싸하게 다듬는 작업은 제리 파커가 좋아하는 일은 아니다.

"우리가 아무리 운용을 잘해도 다음과 같이 말하는 사람이 늘 있습니다. '당신이 돈을 얼마나 많이 벌든 트레이딩을 얼마나 잘하든 상관없이 그저 당신들의 운용 스타일이 싫습니다. 가격에만 의존하는 트레이딩 방식을 좋아하지 않는다는 말입니다. 저는 원자재를 싫어해요. 왠지 야바위 같으니까요.' 20퍼센트 손실을 보면 그들은 우리가 망할 것이라며 난리법석을 칩니다. 저희 수익률이 −12퍼센트일 때 실제로 제게 전화해 이렇게 말한 고객이 있었습니다. '결코 회복하지 못할 거요. 다시는 돈을 벌지 못할 거라고요. 그러니 이제 그만두시죠.' 하지만 나스닥NASDAQ 지수가 40퍼센트 하락하면 이는 아주 좋은 매수 기회입니다."[21]

펀더멘탈(기본적) 분석 기반의 트레이더들에게도 불편한 진실이 숨어있다. 이들은 비밀리에 제리 파커와 아주 비슷하게 매매하는 경우가 종종 있다. 나스닥 지수가 40퍼센트 떨어지면 겉으로는 좋은 매수 기회인 양 가치철학을 읊어대지만 실제 매매를 위해서는 추세를 살핀다.

제리 파커는 월가의 유명한 애널리스트인 네드 데이비스Ned Davis 로부터 계량 정보를 구입할 때 이와 같은 모순된 현실을 직접 목격했다. 당시 그는 날마다 팩스를 받아 네드 데이비스와 자신의 포지션을 서로 비교 분석했다. 늘 의문을 던지는 습관이 있는 제리 파커는 네드 데이비스 사무실에 전화해 물었다. "제 포지션과 그쪽 포지션이 거의 똑같은 듯 보입니다." 그들이 대답했다. "그렇습니다. 저희 분석이 아무리 좋아도 추세추종 요소를 덧붙이지 않으면 결과가 좋지 않기 때문입니다."[22]

그렇지만 가장 성공한 터틀인 제리 파커는 자신의 운용 스타일을 그럴싸하게 꾸미지 않았다. 대신 자기 트레이딩 스타일의 단점을 있는 그대로 밝혔다. 그는 자신의 투자 철학을 교과서에 나오는 운용 방식과 비교할 때에는 마치 주일학교 목사의 설교처럼 사실 그대로를 말했다.

"추세추종 방식은 민주주의와 비슷합니다. 좋아 보이지 않을 때도 있지만 다른 어떤 방식보다도 낫습니다. 바이 앤드 홀드Buy and Hold(매수해 보유하는 전략)을 쓰는 게 맞을까요? 저는 바이 앤드 홀드를 바이 앤드 호프Buy and Hope(매수한 뒤 그저 오르기를 희망하는 것)라 부릅니다. 손실이 나면 투자금을 두 배 늘려 물타기를 해야 할까요? 세상은 너무나도 넓어서 제대로 분석할 수 없습니다. 펀더멘털 분석 대상이 너무너무 많다는 말입니다. 우리는 추세추종 전략을 줄기차게 적극 알리고, 있는 그대로 설명할 필요가 있습니다. 즉, 좋은 투자 기회를 제대로 잡아주되 최악의 시나리오를 면하게 해주는 위험관리 시스템이라고 말입니다."[23]

헤지펀드의 파산

제리 파커의 투자세계에도 결국 전혀 예상하지 못한 사건들이 일어났다. 세상이 순탄하다고만 생각하는 사람이라면 언제든 당신을 날려버릴 수 있는 태풍에 대비하라. 2006년 아마란스Amaranth 헤지펀드(운용자산이 무려 60억 달러에 달했다) 파산에서 굳이 긍정적인 부분을 찾는다면 이 펀드에 투자한 주와 시의 연기금 담당자들을 당혹하게 했다는 정도이다. 영원히 시들지 않는 신비스러운 꽃을 뜻하는 아마란스에는 다른 숨겨진 의미가 있었다. 돼지 여물로 쓰이는 잡초이다.[24]

이 '잡초' 펀드는 '평균회귀' 원리에서 시작했다. 평균회귀의 학문적 의미는 사람들을 움찔하게 할지 모르지만, 그 파급 효과를 이해한다면 아마란스와 롱텀 캐피탈 매니지먼트 헤지펀드가 파산한 이유를 이해할 수 있다.

평균회귀란 무엇인가? 시장 가격은 장기적으로 '평균으로 회귀하는' 경향이 있다. 연구에 따르면 주가가 (어느 가격이든) 위로든 아래로든 지나치게 움직이면 결국 평균 수준으로 되돌아온다는 것이다. 하지만 주가가 하룻밤 사이에 정확히 제자리로 돌아오는 것이 아니다. 아주 오랫동안 저평가 또는 고평가 상태에 머물러 있을 수 있다.[25]

바로 이 오랜 기간이 배를 침몰시키는 모래톱이다. 시장이 질서정연하게 움직인다고 생각해 차익을 노리고 베팅하는 사람들은 가짜 황금을 찾아 헤맨다. 제리 파커와 다른 터틀들은 옳은 일은 결코 쉽지 않다는 사실을 오래전에 리처드 데니스에게 배웠다.

"평균회귀는 대부분 잘 들어맞습니다. 그러다 어느 순간 작동하지 않기 때문에 투자자가 망하는 겁니다. 시장은 그렇지 않을 때 이외에는 늘 평균으로 회귀하죠. 기껏해야 '승률이 40퍼센트인 우리 시스템을 누가 좋아하겠습니까? 대부분의 매매에서 손실을 기록해 잔고가 원금을 밑도는 경우가 허다하고 열 번 투자해 큰 수익은 한 차례밖에 없으며 나머지는 본전이거나 손해니까요.' 승률이 55퍼센트나 되고 매달 1~2퍼센트 수익을 올리는 평균회귀가 훨씬 좋아 보일 수밖에요. 그래서 '평균회귀 투자방식이 늘 옳다!'라고 생각합니다. 사람들의 반응도 좋습니다. 그러다 한 8년 정도 지나 평균회귀 원리가 통하지 않아 파산하게 되면 이 원칙도 쓸모없다는 걸 깨닫게 됩니다."[26]

제리 파커가 남부 특유의 억양으로 평균회귀에 대해 열을 올려 비판하는 말을 듣고 있노라면 정말 그렇구나 하는 생각이 든다. 그의 논점을 예를 들어 설명하면 다음과 같다. 투자자들은 지난 2년 동안 손해 본 달이 한 번도 없이 매달 2퍼센트씩 수익을 거둔 사실만 믿고 돈을 맡긴다. 이 펀드는 평균회귀 원리에 바탕을 두고 있기 때문에 6년 뒤 엄청난 손실을 겪게 되고 투자자들의 연금도 허공으로 사라진다. 사람들은 본능적으로 평균회귀를 믿지만 제리 파커는 경고한다. "그것은 치명적인 투자전략입니다."

'치명적'이라는 말은 목을 졸라 숨통을 끊을 수 있다는 뜻이 숨어 있다. '대부분의 경우'라는 말에 의존해 투자해서는 곤란하다. 평균회귀를 믿는 투자자들은 홍수가 100년에 한 번 날까 말까 한다고 믿는다. 하지만 실제로는 2~3년 만에 발생해 전 재산을 쓸어가 버릴 수 있다는 사실을 알아야 한다.

제임스 리버 캐피탈

1994년 여름 버지니아 마나킨-사보에 있는 제리 파커 사무실 밖 간판에는 체사피크 캐피탈과 제임스 리버 캐피탈이라는 두 이름이 적혀있었다. 제임스 리버 캐피탈James River Capital은 버지니아주 지역색 덕분에 더욱 특별한 운용사가 된 듯하다. 이는 키더 피바디의 매니지드 퓨처스(선물 매매형) 본부에서 파생되어 나온 회사의 새 이름이다.

조너선 크레이븐은 제임스 리버 캐피탈이 체사피크 캐피탈의 출범에 아주 중요한 역할을 했음을 잘 알고 있다. 그가 이렇게 밝혔다. "저는 제임스 리버 캐피탈에 있는 사람을 통해 제리 파커를 만났습니다. 그 친구들이 저를 제리 파커에게 소개시켜줬고 결국 1990년 3월에 그 회사에 들어갔습니다. 저희는 꽤 오랫동안 제임스 리버 캐피탈 사무실의 일부를 빌려 썼죠." 투자자였던 브래들리 로터가 덧붙였다. "제리 파커는 사업 초기에 아주 현명하게 움직였습니다. 폴 손더스와 케빈 브란트와 관계를 맺었으니까요." 제리 파커가 그렇게 행동한 데에는 그럴 만한 이유가 있었다. 대중에게 터틀들을 멋지게 보이도록 홍보하는 데에는 증권회사만큼 좋은 파트너가 없었던 것이다.

반면, 얼 키퍼는 제리 파커의 성공에는 우연적인 요소가 있었다고 생각했다. "터틀 프로그램 종료 후 누가 대박을 터트릴지 미리 알기 어려웠어요. 일종의 복불복이었다고 봐야죠."

'복불복'이라는 표현이 정확히 들어맞지는 않지만, 얼 키퍼는 제리 파커의 엄청난 성공가도에는 우연한 요인들이 있다고 여겼다. "일종의 '도박사'에게 더욱 어울리는 다른 시대였다면 톰 생크스는 수십억 달러를 굴리는 반면, 제리 파커는 2억 5,000만 달러를 운용했을 겁니다. 일반 투자자의 자금을 운용하기를 원치 않은 터틀이 여럿 있었습니다. 이들은 항공기보다는 경주용 자동차를 몰고 싶었던 거죠." 얼 키퍼는 제리 파커처럼 엄청나게 성공할 가능성이 있는 터틀들이 있었다고 생각했다. 다음은 그의 말이다. "만약 제리 파커가 아닌 폴 라바가 키더 피바디 사람들을 만났더라면 선생님께서는 일이십 억 달러를 운용하는 사람이 폴 라바라고 썼을 것입니다."

그렇다고 얼 키퍼가 제리 파커를 깎아내리지는 않았다. "제리 파커는 때와 장소를 잘 만났고 찾아온 기회를 잘 움켜잡았습니다. 가장 긍정적으로 보면 그렇다는 겁니다. 살면서 접하게 되는 기회 앞에서 망설이는 사람들이 너무나 많습니다." 그렇다. 결국 제리 파커는 방망이를 휘둘러야 하는 상황에서 승리하기 위해 있는 힘껏 공을 쳤다.

이겨야만 했기 때문이다. 스트라이크 존으로 온 힘을 다해 휘둘렀던 것이다.

그렇지만 제리 파커가 CNBC에 나와 뜻밖의 천재지변 상황에서 돈 버는 방법을 설명하거나, 폭스 뉴스에 나와 숀 해니티Sean Hanity나 앨런 콤스Alan Colmes와 정치 논쟁을 벌일 것이라 기대하지 마라. 대신에 버지니아 리치몬드 지역의 스타벅스에 가면 그를 만날 확률이 훨씬 더 높을 것이다. 모닝커피를 사러 갈 때 주위를 둘러보라. 그러면 당신의 연금을 운용하거나 여러분이 지지하는 정치인을 후원하는 훌륭한 트레이더를 만날 수 있을지도 모른다.

12

실패도
내 선택의
결과

트레이딩 기법의 전수 가능성은 별개의 문제

"연료가 바닥나고 타이어도 펑크 났는데 택시 탈 돈도 없습니다.
세탁소에서 턱시도를 아직 찾아오지 못했어요. 멀리서 옛친구까지 찾아왔습니다.
누가 내 차를 훔쳐갔습니다. 지진이 났어요! 홍수도 발생했고요,
메뚜기떼 습격까지 받았습니다! 맹세컨대 제 잘못이 아닙니다!"

• 제이크 블루스, 영화 〈블루스 브라더스The Blues Brothers〉에서 •

다른 친구들이 성공가도를 달리는 사이 몇몇 터틀이 자존심과 헛된 기대감에 사로잡혀 무너졌다. 그 이유를 파악한다면 장기적으로 성공을 거두는 데 필요한 것이 무엇인지 알 수 있을 것이다. 리즈 체블이 솔직히 말했다. "터틀 프로그램에서 가장 흥미로운 점은 성공한 친구가 있는 반면 그렇지 못한 사람이 있다는 사실입니다."[1] 리즈 체블은 각 터틀이 이 두 부류 중 어디에 속하는지는 밝히지 않았다. 하지만 그녀가 말한 내용을 보면 누구를 얘기하는지 감을 잡을 수 있다.

리처드 데니스는 2005년에 진행했던 인터뷰에서 다음과 같이 털어놓았다. "뒤돌아보면 우리가 선발한 수련생들은 서로 별 차이가 없었습니다. 터틀 프로그램 이후 트레이딩을 지속한 친구들은 대부분 자신의 능력 덕분에 그렇게 된 것입니다. 비록 우리의 관리 감독을 받았지만 이들이 본질적으로 똑똑하다는 점에서는 차이가 거의 없었습니다."[2]

사실 리처드 데니스가 터틀들이 본질적으로 똑똑하다고는 말했지만, 잘 고안된 트레이딩 프로그램을 실행할 때에는 똑똑할 필요가 없다는 점을 분명히 밝혔다. "훌륭한 트레이더는 시스템을 개발할 때에는 총명함을 최대한 발휘해야 하지만 일단 만든 시스템을 돌릴 때에는 바보 같아도 됩니다. 멍청이처럼 따라야 한다는 뜻입니다. 시스템을 만들 때에는 미친 듯이 일하고 이를 작동시킬 때에는 돌부처처럼 묵묵히 따르세요. 조지 부시 대통령도 좋은 시스템이 있다면 훌륭한 트레이더가 될 수 있습니다."[3]

다른 사람들은 전혀 다르게 생각했다. 커티스 페이스, 그리고 터틀 스토리의 조연이라 할 수 있는 데이비드 체블은 리처드 데니스의 '누구나 매매를 잘할 수 있다'는 전제를 받아들이지 않았다. 데니스가 이 내용을 실제 증명했는데도 말이다.[4] 커티스 페이스는 이렇게 주장했다. "분명 매매와 트레이딩 개념은 가르칠 수 있습니다. 누군가를 지도해 훌륭한 트레이더로 키울 수 있겠죠. 하지만 그룹에 있는 개개인의 성과는 천차만별입니다. 트레이딩 기법을 터득하지도 응용하지도 못하는 사람들이 있는가 하면 몇 년 뒤에야 습득하는 이들이 있습니다. 저는 전설적인 트레이더는 타고난다고 생각합니다. 하지만 잘 배우면 어느 정도까지는 성공할 수 있습니다. 따라서 저는 선천적이라 믿는 쪽이기도 하고 후천적이라 보는 편이기도 합니다."[5]

터틀 스토리는 위 논쟁을 어중간한 선에서 끝내지 않았다. 리처드 데니스는 위대한 트레이더는 타고난 것이 아니라 후천적 교육으로 가능함을 확실히 증명했다. 하지만 프로그램을 뒤로 하고 세상에 나온 터틀들은 각자 다른 방식으로 자신들의 명성을 활용하려 했다. 이들의 행동을 보면 큰돈을 벌려면 무엇을 하면 안 되는지에 대한 흥미로운 통찰력을 얻을 수 있다.

나중에 드러난 사실이지만 리처드 데니스의 트레이딩 규칙을 판 사람은 러셀 샌즈만이 아니었다. '원조 터틀'임을 자처하는 커티스 페이스는 2003년 4월 웹사이트를 개설하면서 터틀 규칙을 무료로 제공하겠다고 홍보했다. 내용이 쓸모 있다고 여기는 사이트 방문자들이 "리처드 데니스와 빌 에크하르트, 그리고 다른 원조 터틀들을 기리는" 명목으로 자선단체에 기부하는 조건이었다.

커티스 페이스는 직접 거명하지는 않았지만 터틀 시스템을 팔아먹은 러셀 샌즈를 비판했다. "사실 리처드 데니스와 빌 에크하르트의 작품을 허락 없이 이용해 돈을 챙긴 사람이 있어서 늘 당혹스러웠습니다."[6]

하지만 트레이딩 규칙을 팔아 자선단체에 기부하는 행위에 리처드 데니스가 동의했다는 증거도 없다. 본인이 만든 트레이딩 룰이 온라인에서 공짜로 제공되고 있는 부분에 대해 묻자 리처드 데니스는 체념한 투로 대답했다. "미시간 거리를 걷다가 그 내용에 대해 말하는 사람을 보았습니다. 제가 만든 시스템을 접하고 저의 축복을 받았다고 여기고 있음이 분명해 보였죠. 그러니 제가 뭘 어쩌겠습니까?"[7]

하지만 커티스 페이스의 기부는 곧 돈벌이로 탈바꿈했다. 2006년에 방향을 틀어 웹사이트 방문자에게 더 이상 기부를 요구하지 않았다. 대신 온라인에서 리처드 데니스의 트레이딩 규칙을 29.95달러에 팔았다. 커티스 페이스와 그의 회사는 자신이 비판했던 러셀 샌즈의 행위를 되풀이했다. 더욱이 그는 러셀 샌즈가 트레이딩에서 수익을 제대로 내지 못했다고 비난했지만 본인이 성공적으로 매매했다는 증거도 내놓지 못했다.

커티스 페이스는 부침이 심한 과거 경력을 설명할 때 16년 전 터틀로 있을 무렵에 번 돈을 거론했다. "여러분들은 이렇게 생각하겠죠. '수백만 달러나 벌었다는데 다 어디로 갔을까?' 절반 이상은 세금으로 냈고 4분의 1은 자선단체에 기부하거나 아버지를 돕는 데 썼습니다. 나머지 돈은 이런저런 사업에 들어갔죠." 그는 자기 수익의 가장 큰 부분이라고 할 수 있는 200만 달러를 소프트웨어 회사에 투자했다고 밝혔다.[8]

커티스 페이스는 온라인 채팅방을 통해 이 소프트웨어 회사(나중에 미 증권거래위원회의 집중 조사를 받았다)가 어떻게 파산했는지 밝혔다. 그는 파산 원인을 새로 채용한 CEO 탓으로 돌렸다. 당시 그에게는 개인적인 문제도 있었다. "저는 이혼소송 중이었고 무위험 자산의 많은 부분을 전 아내에게 줬습니다. 여전히 그녀를 사랑해 좋게 헤어지면서 집과 포르쉐 자동차를 그대로 넘겨줬죠. 말하자면 지금은 그때만큼 돈이 없습니다. 하지만 대부분의 사람보다 형편이 낫기 때문에 불만은 없습니다."[9]

그렇지만 커티스 페이스가 2003년 주식투자로 돈을 잃었고 직원 불만이 컸으며 파산 상태일지도 모른다는 얘기들이 인터넷에 돌았다. 그는 2004년 자신이 재정적으로 어려움을 겪고 있다는 소문에 대해 이렇게 해명했다. "저는 무일푼은 아닙니다. 지난 수년 동안 현금이 거의 바닥나기 직전까지 간 적이 몇 번 있었지만 파산하지는 않았습니다. 설령 제가 돈 한 푼 없다 치더라도, 소프트웨어를 팔고 있고 파산하지 않는 방법에 대해 조언하지도 않았으니 문제될 것이 없다고 봅니다." [10]

그 뒤 얼마 지나지 않아 커티스 페이스는 1988년 리처드 데니스품을 떠난 후 처음으로 트레이딩 사업을 시작했다. 〈헤지펀드 데일리Hedge Fund Daily〉는 커티스 페이스와 유리 플리암Yuri Plyam 증권사가 엑셀러레이션 머큐리Acceleration Mercury 4X LP라는 헤지펀드를 새로 설립했다는 사실을 머리기사로 보도했다. 이 헤지펀드는 투자 기간이 서로 다른 세 가지 운용 전략이 있었다. 하나는 1~2일, 다른 하나는 10~15일, 나머지는 수개월에서 수년이었다. [11]

복귀 배경은 어떻게 설명했을까? 커티스 페이스는 15년간의 공백을 딛고 트레이딩 업계로 돌아온 이유에 대해 트레이딩 기술의 혁신적 발전을 활용하기 위해서였다고 밝혔다. 그는 고객들이 자신에게 돈을 맡겨야 하는 이유를 다음과 같이 제시했다. "옛날에는 트레이더들이 종일 스크린을 쳐다봐야 했지만 지금은 그렇게 하지 않아도 높은 수익을 올릴 수 있습니다." [12] (리처드 데니스 밑에서 일했던 터틀 수련생들은 결코 스크린 앞에 앉지 않았음을 주목할 필요가 있다.)

커티스 페이스는 은퇴생활을 접고 새 펀드를 모집한다고 온라인 채팅 룸에서 자신 있게 말했다.[13] 엑셀러레이션 캐피탈이 터틀 출신인 커티스 페이스라는 간판 없이 자금을 모집하기는 분명 어려웠을 것이다. 리처드 데니스와 '터틀'이라는 단어는 회사 소개서와 여러 뉴스 기사에 핵심 포인트로 제시되었다.

커티스 페이스는 빠른 시일 내에 1억 달러를 모집하겠는 포부를 밝혔지만 엑셀러레이션 캐피탈은 100만 달러에도 미치지 못하는 금액으로 운용을 시작했다. 사실 100만 달러는 헤지펀드치고는 아주 작은 규모다. 이 펀드는 큰 손실을 기록했을 뿐만 아니라 얼마 운용하지도 못하고 청산되고 말았다.

불행히도 청산은 저조한 성과 때문만은 아니었다. 미 증권거래위원회와 비슷한 금융 감독기관인 상품선물거래위원회가 이 펀드에 대해 조사하기 시작했다.

엑셀러레이션과 같은 사무실을 쓰던 캐슬 트레이딩Castle Trading 소속의 토비 웨인 데니스턴Toby Wayne Denniston이 엑셀러레이션 캐피탈의 고객 자금을 횡령했다. 이 직원은 2004년 11월부터 2005년 8월까지 엑셀러레이션 캐피탈의 고객 계좌에서 19만 883달러를 착복했다. 그는 수표를 위조하고 회사의 은행 계좌와 거래 내역을 조작해 횡령 사실을 은폐했다.[14] 더군다나 그 돈으로 BMW를 새로 구입하고 여행도 다녔다. 결국 그는 2006년 8월, 25만 달러의 벌금형을 받았다.

2007년 1월 16일 감독기관은 웨인 데니스턴의 위법 행위에 엑셀러레이션 캐피탈도 책임이 있다는 내용의 추가 조사 결과를 발표했다. 이로써 엑셀러레이션 캐피탈은 항구적 고객 자금 운용 금지와 21만 8,000달러의 벌금형 처분을 받았다. 유리 플리암도 벌금형과 상품

펀드 관리 업무 3년 금지 처분을 받았다. 2007년 6월에도 상품선물거래위원회 조사는 계속 이어졌으며, 공개되지 않은 관련 진술서만 해도 869건, 금융 거래 기록은 694건, 거래 내역은 200쪽에 달했다.

커티스 페이스는 지난 20년 동안 가장 성공한 트레이더 중 한 명으로 남을 만한 인물이었지만 분명 제리 파커에 비해 뭔가가 부족했다. 몇몇 터틀이 어려움을 겪는 모습을 본 저자 잭 슈웨거는《시장의 마법사들》에서 만들어낸 전설에 대해 다른 평가를 내렸다. 그는 내게 이렇게 털어놓았다. "대중에게 알려진 만큼의 기적은 없다고 생각합니다. 마술 같은 것도 없고 터틀 프로그램을 출범시킨 창시자들 이외에는 정말 재능이 탁월한 터틀 수련생들도 없지 않나 싶습니다."

터틀 프로그램 종료 뒤 트레이딩에서 결코 뛰어난 실적을 거두었다고 할 수 없는 커티스 페이스와 다른 터틀들에 대해서는 잭 슈웨거의 지적이 맞을 수 있다. 하지만 윌리엄 에크하르트와 적어도 다른 여섯 명의 터틀은 20년간 의심의 여지없이 눈부신 실적을 거두었다.

어쨌든 터틀들이 세상의 모든 트레이딩 규칙을 가졌다 하더라도 게으르거나 사업 수완이 없거나 열의가 부족하거나 헤쳐 나가는 능력이 없다면, 트레이딩이나 다른 어떤 사업에서 실패한다 하더라도 이는 놀랄 일이 아니다.

그렇지만 초기 터틀 몇 명의 성공과 실패 사례를 기준으로 리처드 데니스가 주장한 트레이딩 기법의 전수 가능성에 대해 결론지을 수는 없다. 터틀 스토리는 투자 역사의 흥미로운 한 페이지에 불과할 뿐, 우리에게 대단한 시사점을 주지 못한다고 치부할 수도 있다. 핵심 쟁점은 터틀들이 리처드 데니스 밑에서 배우고 아주 성공적으로 응용했던 투자 기법을 다시 전수할 수 있는지 여부다.

　다행히 리처드 데니스의 트레이딩 기법의 진정한 전수 가능성에 대해 고무적인 증거를 제시한 사람이 적어도 한 명은 있다. 그는 리처드 데니스나 윌리엄 에크하르트와 직접적 연결고리는 없었지만 열심히 노력하면 트레이딩으로 엄청난 돈을 벌 수 있다는 사실을 여실히 보여줬다. 그는 텍사스주 북쪽 지역의 한산한 작은 마을에서 성공을 이루어냈다. 리처드 데니스의 초장기 실험을 더욱 널리 응용할 수 있는지에 대해 의문을 지녔던 사람들이라면 2세대 터틀의 성공 앞에서 다른 구실을 찾아야 할 것이다. 바로 살렘 에이브러햄Salem Abraha이 그 주인공이다.

13

2세대
터틀의
등장

원조 터틀을 능가한 또 다른 신화

"나는 서너 번 파산했다.
하지만 운 좋게도 나는 MBA가 아니어서 파산했다는 사실을 몰랐다."

• **티 분 피켄스** T. Boone Pickens •

2세대 터틀이 존재했다는 사실이 터틀 스토리 가운데 가장 중요한 부분이라 해도 과언이 아니다. 궁극적으로 이들은 트레이딩 능력은 타고난 것이 아니라 얼마든지 가르칠 수 있음을 뒷받침하는 논거를 성공한 1세대 터틀보다 훨씬 더 설득력 있게 제시했다. 더욱이 누구든 터틀이 될 수 있다는 사실을 입증했다.

2세대 터틀에는 마크 월시, 조너선 크레이븐, 1989년 윌리엄 에크하르트가 원래부터 가르친 존 포넨고 John. D. Fornengo, 그리고 살렘 에이브러햄 등이 있다. 이들 넷 모두 터틀 스타일의 추세추종 전략을 간접적으로 배운 수백 명의 추세추종 트레이더 무리에 속한다. 이들은 여러 면에서 원조 터틀을 훨씬 능가하는 트레이딩 사업을 육성했다.

마크 월시가 강세장과 약세장에 어떻게 대응하는지 예를 들면서 자신의 운용 스타일을 설명할 때에는 마치 리처드 데니스와 윌리엄 에크하르트를 보는 듯했다. "대두 선물이 10센트 오르고 옥수수 선물이 5센트 내리면 저희는 대두를 삽니다. 옥수수가 대두처럼 곧 상승하리라 기대하고 옥수수를 사려는 사람들이 있습니다. 하지만 우리는 이와 반대로 매매합니다. 가장 강한 상품은 사고 가장 약한 상품은 팝니다."[1] 마크 월시는 리처드 데니스를 시장에 대한 지식을 아낌없이 나눠준 사람으로 평했다. "그는 우리 트레이딩 프로그램의 단단한 기반이 되어주었습니다."[2]

다른 2세대 터틀 둘은 리치몬드 그룹 펀드Richmond Group Fund를 운용하는 로버트 마셀러스Robert Marcellus와 스콧 헨리Scot Henry다. 스콧 헨리는 제리 파커와 키더 피바디(제임스 리버 캐피탈)를 위해 일한 적이 있다는 사실 이외에는 알려진 것이 거의 없다. 우연히도 이들도 버지니아주 마나킨-사보의 제리 파커 사무실 가까이에 근거지를 두고 있다.

트레이딩 비즈니스의 성공 여부를 판단하는 잣대에는 여러 가지가 있겠지만 출발점은 '수익률'이다. 사람들은 팀워크나 균형감각도 중요하다고 말하지만 여전히 큰돈을 버는 개인적 능력을 성공의 기준으로 삼는다. 진정한 경쟁력을 지난 사람들은 실패에도 결코 흔들리지 않는다. 설령 실패하더라도 쉽게 그만두지 않는다. 이들은 목표에 매진하고 어떤 장애물이라도 굴하지 않고 넘어서려고 노력한다.

더욱이 어떤 상황에서도 희망의 끈을 놓지 않는다. 승리자들은 쟁취할 수 있다는 강한 확신이 있기 때문에 우승을 향해 앞으로 나아간다. 공이 날아올 때마다 삼진을 두려워하지 않고 방망이를 휘두르는 것이다.[3]

많은 원조 터틀은 그렇지 않았다. 리처드 데니스는 원조 터틀들에게 성공 요인의 일부분만 가르쳤다. 그는 자신을 시카고 사우스사이드에서 '거래소의 왕자'로 이끌어 준 내적 욕구까지 터틀 수련생들에게 가르칠 방법은 없었다. 리처드 데니스는 많은 2세대 터틀과 마찬가지로 필요에 의해 고학으로 운용법을 터득할 수밖에 없었다.

모든 2세대 터틀 가운데 두드러진 한 사람은 바로 살렘 에이브러햄이다. 그는 트레이딩을 시작할 때 리처드 데니스나 윌리엄 에크하르트처럼 투자 경력이 있지도 않았고 경험을 나눌 엇비슷한 터틀 수련생 그룹도 없었다. 골드만 삭스나 헤지펀드에서 근무한 적도 없었다. 하지만 전혀 걸림돌이 되지 않았다.

에이브러햄은 두꺼운 갈색 머리에 체격도 탄탄한데다 성격도 낙천적이어서 실제 나이인 마흔 살보다 젊어 보였다. 그는 목장 일꾼으로 오해받을 수도 있는 인상이지만 그의 느릿느릿한 텍사스 말투와 친절한 태도 이면에는 몇 세대를 이어온 강한 기업가적 기질이 숨어 있었다.

살렘 에이브러햄은 월가의 혈통과 얼마나 멀리 떨어져있을까? 그는 1913년 텍사스 캐너디언 지방에 정착한 기독교계 레바논 이주민 출신이다. 그의 할아버지 맬러프 우피 에이브러햄Malouf 'Oofie' Abraham은 가게를 열기 전에 기찻길 옆에서 기성복을 팔아 생계를 꾸렸다.

살렘 에이브러햄은 트레이더로 방향을 틀기 전 노틀담대학에 다닐 당시에는 어릴 적 친구인 루스 앤Ruth Ann과 결혼한 뒤 통신판매 사업을 꾸릴 생각을 하고 있었다. 그는 루스 앤과 결혼을 하고 여전히 텍사스 캐너디언에 살고 있지만 사람들의 이목을 끈 것은 그의 통신판매 경력이 아니었다. 그것은 바로 20년간의 운용 실적이었다.

표 13.1 | 에이브러햄 트레이딩 컴퍼니–다양한 매매 프로그램(살렘 에이브러햄)

연도	연 수익률(%)	연도	연 수익률(%)
1988	142.04	1998	4.39
1989	17.81	1999	4.76
1990	89.95	2000	13.54
1991	24.39	2001	19.16
1992	−10.50	2002	21.51
1993	34.29	2003	74.66
1994	24.22	2004	15.38
1995	6.12	2005	−10.95
1996	−0.42	2006	8.88
1997	10.88		

출처: 미 상품선물거래위원회에 제출한 자료

내가 살렘 에이브러햄을 처음 인터뷰한 것은 2005년 그의 사무실에서였다. 그의 세상은 내게 문화 충격으로 다가왔다. 텍사스 캐너디언은 미국의 대표적인 시골 마을이었지만 예상과는 다른 모습이었다. 크게 성공을 거둔 에이브러햄이 이 작은 동네보다 몇 배나 큰 마을에도 없을 것 같은, 흔치 않은 편의시설들을 지어주었던 것이다.

신호등이 하나밖에 없는 캐너디언 중심가에 이제는 캐틀 익스체인지Cattle Exchange 스테이크하우스가 들어섰고 디지털 사운드 시스템이 있는 극장도 다시 생겼다. 살렘 에이브러햄이 수백만 달러를 들여 이러한 오아시스를 만들었던 것이다. 그가 이를 어떻게 이뤄낼 수 있었을까?

터틀을 만나다

살렘 에이브러햄이 제리 파커를 만날 기회가 없었다면 결코 트레이딩의 길로 들어서지 않았을 것이다. 1987년 봄 그는 노틀담대학에서 졸업까지 한 학기를 남겨두고 있었다. 당시 그는 통신판매 사업을 시작하기 위해 3년 반 만에 대학을 마칠 작정이었다. 그러던 어느 날 친척 결혼식에 참석해 제리 파커를 만났고 삶이 바뀌었다.

그곳에서 살렘 에이브러햄은 인생이 바뀌는 순간이 다가오는 줄도 모른 채 제리 파커와 일상적인 대화를 하고 있었다(제리 파커의 아내와 살렘 에이브러햄은 서로 사촌관계였다). 그는 제리 파커에게 무슨 일을 하느냐고 묻자 이런 답변이 돌아왔다. "우리는 특정 패턴이 나오는지 살피고 확률을 계산하면서 위험을 관리합니다. 그러다 이 패턴이 나오면 매매를 실행하죠." 살렘 에이브러햄은 믿지 못하겠다는 듯 되물었다. "확률이 유리하게 나오나요? 정말 그런가요?"

살렘 에이브러햄은 터틀 스토리를 처음 들었을 때 어안이 벙벙했다. 그는 당시 상황을 이렇게 설명했다. "제리 파커는 리처드 데니스 및 그가 모집해 훈련시킨 터틀에 대해 얘기해줬습니다. 이들 모두 수익을 올리고 있다는 것과 매년 얼마나 버는지도 알려줬죠.""텍사스의 작은 마을에서 생계를 꾸리기로" 마음먹었던 살렘 에이브러햄은 속으로 외쳤다. "바로 이곳 캐너디언 시골동네에서도 할 수 있는 일이군."

그 순간 그는 수십 년 전 미국에서 한창 철도가 건설 중일 때 할아버지가 그랬듯 자신도 이 기회를 꼭 잡아야 한다고 판단했다. 그는 터틀과 리처드 데니스에 대해 들어본 적도 없고 트레이딩에 대해서도 잘 몰랐지만 제리 파커의 경력을 살펴본 뒤 트레이딩을 직업으로 삼기로 바로 마음을 바꾸었다. 즉, 통신판매 사업을 접기로 했다.

운 좋게도 그는 제리 파커로부터 리치몬드에 방문하고 싶으면 언제든 오라는 제의를 받았다. 바른 결정을 내릴 수 있도록 이것저것 보여주겠다는 것이었다. 다음 주에 살렘 에이브러햄은 제리 파커를 찾아갔다. 사실 그는 제리 파커가 방문하라는 제의를 했을 때 형식상 건넨 말이라고는 생각하지 않았다. 그러나 제리 파커는 그가 실제 찾아오리라고는 조금도 기대하지 않았다.

제리 파커 사무실 방문이 부담을 주는 일이라는 생각을 전혀 하지 않았던 그는 당시의 생각을 이렇게 회상했다. "제리 파커는 과묵한 젊은 친구여서 '그가 제의를 했을 때 그게 진심'이라고 생각했습니다." 살렘 에이브러햄이 전화했을 때 제리 파커는 "아, 그게……."라며 연신 머뭇거렸다. 그때서야 그는 제리 파커가 친척에게 형식상 던진 말이었음을 알아차렸다. 하지만 결국 제리 파커는 승낙했다. "물론이죠. 오세요."

살렘 에이브러햄은 제리 파커가 리치몬드에 거주하고 있다는 점에 착안해 자신도 조그마한 캐너디언에 살면서 트레이딩을 할 수 있지 않을까 생각했다. 그렇게만 된다면 전화선만 있으면 장차 제리 파커처럼 될 수 있을 것이다. 통신판매업을 하려던 계획을 바로 트레이딩 쪽으로 바꾼 자신감은 그가 실천하는 기업가 정신을 지녔다는 첫 번째 신호였다. 더욱이 그는 아주 운 좋게도 말도 안 되는 아이디어에서 기회를 잡은 자수성가한 집안 출신이었다.

그렇다고 살렘 에이브러햄도 기업가 정신이 타고났다는 뜻은 아니다. 아주 제한된 자본을 현명하게 쓰는 일은 그의 몫이었다. 그리 놀라운 일은 아니겠지만 그는 제리 파커 사무실을 처음 방문했을 때 '위험관리'가 아주 중요하다는 점을 배웠다. 살렘 에이브러햄은 이렇게 회상했다. "제리 파커에게는 분명 제게 알려줄 수 없는 고유의 기법들이 있었습니다." 하지만 그는 살렘 에이브러햄에게 "추세추종 전략은 잘 들어맞습니다. 하지만 생각해야 할 요소들이 있어요."라면서 위험관리 개념을 설명해주었다. 그는 제리 파커의 너그러움을 고마워했다. "초기에 그가 도와주지 않았다면 저는 분명 이 자리에 오르지 못했을 겁니다. 결코 지금의 저는 없었을 것입니다."

당시 살렘 에이브러햄은 트레이딩에 문외한이었다. 그는 이 분야에 경험이 없었지만 제리 파커 사무실을 방문한 뒤 연구를 시작했다. 노틀담대학에 가서 리처드 데니스와 추세추종 트레이더에 대한 자료를 샅샅이 찾아 읽었다. 다음은 그가 한 말이다. "어떤 분야에서 성공하고 싶으면 누가 성공했는지 그리고 이들이 무슨 일을 했는지 보면 됩니다."

그는 노틀담대학에서 마지막 학기를 보내면서 리처드 데니스의 성공 스토리를 적극 홍보했지만 귀담아 들어주는 사람이 없었다. 교수들도 도무지 관심을 보이지 않았다. 그들은 리처드 데니스가 "운이 좋았을" 뿐이라고 치부했다. 교수들이 이렇게 회의적으로 반응한 데에는 그럴만한 이유가 있었다. 살렘 에이브러햄이 설교하고 다닌 내용은 금융계에서 널리 인정된 효율적 시장 가설과 정면으로 배치되었기 때문이다.

제리 파커를 만난 뒤 방향을 바꿔 성공한 사람은 살렘 에이브러햄만이 아니었다. 이 책에서 이름을 밝힐 수는 없지만 다른 트레이더도 너그러운 제리 파커의 조언을 받았다고 털어놓았다. 몇 년 전 그는 제리 파커의 도움 덕에 트레이딩 회사를 차릴 수 있었다. 그가 운용하는 자산은 1억 달러에 이른다.

트레이딩의 세계로 뛰어들다

살렘 에이브러햄은 초기에 제리 파커의 도움을 받은 뒤 추세추종 기법을 직접 연구하기 시작했다. 하지만 결코 쉽지 않았다. 위험관리 규칙을 적고 날마다 계산해 차트에 표시했다. "이곳에서 매수하면 저곳에서 청산하고, 여기서 사면 저기서 판다."

그는 스물한 개 시장을 대상으로 8개월간 테스트한 뒤 할아버지를 찾아갔다. "할아버지, 100만 달러를 투자하면 8개월 뒤 160만 달러로 불릴 수 있어요." 그는 자신이 작업한 내용을 보여주며 흥분을 감추지 못했다. 텍사스에 있었던 수많은 거래를 보아온 당시 일흔두 살의 할아버지는 손자의 새로운 도전을 탐탁하게 여기지 않았다.

할아버지의 회의적 태도는 넘어서기 어려웠다. 그리고 기를 죽이는 빈정거림 앞에서 마음을 더욱 단단히 먹어야 했다. 할아버지가 다음과 같이 비아냥댔다. "도대체 뭘 하겠다는 거냐? 이 모든 것을 싸서 시카고로 보내면 그들이 수표라도 보내줄 것 같으냐? 이 멍청한 녀석아, 네가 노틀담대학을 나왔다고 똑똑한 줄 아는 모양인데 시카고에 있는 선수들은 너를 물어뜯어버릴 거야. 돈을 잃는 방법이 널려있는데 왜 하필 가장 빨리 돈을 날리는 길을 택하겠다는 게냐?"

살렘 에이브러햄은 이에 굴하지 않고 트레이딩 철학 뒤에 숨은 분별 있는 전략을 설명했다. 위험관리를 철저히 하겠다는 내용이었다. "람보르기니를 몬다고 꼭 시속 260킬로미터로 달릴 필요는 없잖아요. 저는 시속 50킬로미터가 넘지 않도록 위험을 관리할 겁니다."

살렘 에이브러햄은 자신감과 기업가적 열정을 물려받았음에 틀림없었다. 냉엄한 비즈니스 세계에 대한 이해 이상의 것들도 대물림했다. 살렘 에이브러햄은 상도의를 지켜야 한다는 점도 배웠다. 할아버지는 남을 등치면 그것으로 끝이고 사업을 접어야 한다고 늘 강조했다. 그는 손자들에게 무슨 일이 있어도 약속을 지키는 것이 가장 중요하다고 가르쳤다. 더욱이 "작은 일이라도 확실하게 하라"고 말하면서 공정함을 넘어서기를 바랐다. 이들과 오랜 친분을 쌓아온 전설적 투자자 티 분 피켄스는 살렘 에이브러햄이 추진력도 물려받았다고 생각했다. 그는 이 가족과 반세기 동안 알고 지내면서 이들이 텍사스 팬핸들 지역에 엄청나게 공헌하는 모습도 지켜보았다.[4]

살렘 에이브러햄은 운 좋게도 기업가적 모험을 주저하지 않는 환경에서 자랐고 실제 가족의 사업상 거래에 참여하기도 했다. 실패로 끝나기는 했지만 실제 거래에 참여해 큰 교훈도 얻었다. 할아버지로부터 얻어들은 오일가스 거래를 성사시키기 위해 셸 오일Shell Oil 대표를 직접 찾아가기로 마음먹었다. 이 회사가 유전의 일부를 팔수도 있다고 생각했기 때문이다.

불가능하다고 여긴 할아버지는 이렇게 말했다. "그들은 30~40년간 이 사업을 해왔단다. 그동안 우리도 계속 접촉해봤지만 그들은 누구에게도 팔려하지 않아." 살렘 에이브러햄은 포기하지 않았다. "셸오일 대표가 새로 부임했어요. 그러니 이번에는 움직일 수도 있어요."

할아버지도 고집을 꺾지 않았다. "만약 거래를 성사시키면 시내 한가운데 교차로에 가서 네 엉덩이에 뽀뽀해주마." 살렘 에이브러햄도 지지 않았다. "뽀뽀할 준비나 하세요, 할아버지. 제가 꼭 성공시킬테니까요." 물론 거래는 이루어지지 않았다.

하지만 살렘 에이브러햄이 노틀담대학에서 마지막 학기를 다니면서 트레이딩 일을 병행할 수 있었던 것도 이 같은 두려워하지 않는 기업가 정신 덕분이었다. 사실 공부와 일을 동시에 하기란 정말 힘들었다. 스물한 개 시장에서 거래하면서 쉽지 않은 21학점도 따야 했기 때문이다. 시간을 쪼개야 했기 때문에 수업시간은 모두 오후로 잡았다. 아침 일곱 시에 일어나 열 시까지 트레이딩한 뒤 스톱주문을 걸어놓고 수업을 들으러 갔다. 수업이 끝난 뒤에는 스톱주문이 체결되었는지 점검했다.

1987년 가을은 역사에 남을 만한 커다란 변동성을 처음 겪은 신참 트레이더에게는 특히 어려운 시기였다. 9월 말에서 10월 초 사이 금리가 폭락하기 시작했다. 그는 단기 가을방학 중이던 1987년 10월 19일 집에 돌아왔다. 그는 당시 일을 회상했다. "방학 시작 전 금요일까지 꽤 많은 돈을 벌었습니다. 5만 달러가 6만 6,000달러로 불었으니까요. 집으로 돌아오면서 정말 흐뭇한 기분이 들었어요." 그러더니 다음 월요일에는 시장이 완전히 망가져버렸다.

이는 정말로 큰 사건이어서 온통 난리법석이었다. 살렘 에이브러햄은 유로달러 포지션이 마음에 걸렸다. 그래서 브로커에게 전화해 물었다. "현재 유로달러는 어떤가요?" 브로커가 답했다. "250 올랐습니다." 그가 되물었다. "250이라고요? 25가 아닌가요?" 브로커가 다시 말했다. "아닙니다. 250이 맞습니다." 그는 자기가 걱정한 수준 이상인지를 알고 싶었다. 알고 보니 유로달러가 평소 거래되던 평균 범위에서 10 표준편차 정도 벗어나 움직이고 있었다.

6만 6,000달러가 3만 3,000달러로 쪼그라들었다. 그렇지만 살렘 에이브러햄은 이 사건으로 큰 교훈을 얻었다. 끝까지 살아남아 다음 날 거래할 수 있도록 하는 것이 중요하다는 사실을 깨달았다. 그 시점에 자금을 몽땅 날리지 않고 생존하는 것이 '우선'이었다. 그는 당시를 떠올리며 말했다. "한 가지 확실히 배운 점은, 결코 발생하지 않는다고 여겨지는 사건들이 언제든 일어날 수 있음을 명심해야 한다는 것이었습니다."

살렘 에이브러햄은 1987년 10월 시장 폭락 후 잠시 매매를 중단했다. 몇 주간 쉰 뒤 복귀해 11월과 12월 초반 즈음까지 매매한 후 한 해를 마감했다. 3만 3,000달러까지 줄었던 자금이 4만 5,000달러까지 늘었다. 그는 계좌에서 1,600달러를 인출해 지금의 아내가 된 여자친구에게 약혼반지를 사주기 위해 보석가게를 찾았다.

커머더티스 코퍼레이션

1988년에 접어들자 살렘 에이브러햄은 트레이딩에만 전념하고 싶었지만 여전히 할아버지에게 자신을 증명해 보여야 했다. 그는 할아버지에게 말했다. "이 일을 부업으로 하고 싶어요. 그리 바쁘지 않으니 트레이딩 부업을 허락해 주시겠어요?" 당시 그는 4만 5,000달러를 가지고 있었는데, 형 에디 에이브러햄Eddie Abraham이 1만 5,000달러를 보태기로 했다. 동생 제이슨 에이브러햄Jason Abraham도 1만 달러를 출자해 '에이브러햄 브라더 펀드'는 7만 달러가 되었다. 그는 할아버지에게서도 3만 달러를 받아 총 10만 달러로 시작하고 싶었다.

할아버지는 기꺼이 협조할 의사가 있었지만 가풍에 맞게 조건을 내걸었다. "좋다만 조건이 있다. 내가 3만 달러를 내겠다. 하지만 10만 달러가 5만 달러로 줄어들면 저 모니터를 창밖으로 내던지고 이 말도 안 되는 트레이딩은 끝내는 거다."

당시 20대 초반의 청년인 살렘 에이브러햄은 커다란 위험과 압박에 직면했다. 종종 있는 일이지만 10만 달러로 새 회사를 출범시키자마자 기반이 흔들렸다.

1988년 5월 첫 두 주 동안은 정말 끔찍했다. 어느 날 아침 할아버지가 아래층 사무실로 내려와 머리를 툭 치며 물었다. "얼마나 남았냐?" 살렘 에이브러햄이 대답했다. "6만 8,000달러요." 이에 할아버지는 비꼬듯 말하며 나갔다. "파산은 시간 문제군."

하지만 파산하는 일은 끝내 일어나지 않았다. 1988년 가뭄으로 곡물 가격이 폭등할 때 그는 대두, 옥수수, 밀 매수 포지션을 들고 있었다. 5월 중순 이후 나타난 곡물 시장 급등 추세는 6월까지 이어졌다. 포지션을 제대로 구축한 그는 엄청난 이익을 챙길 수 있었다.

살렘 에이브러햄은 트레이딩을 시작한 첫 8개월 동안 엄청난 변동이 있은 뒤 곧 커다란 추세가 나타나리라 어떻게 확신할 수 있었을까? 대부분의 사람들은 실패했다고 선언하고 그만두었을 것이다. 부침은 있었지만 수익을 내는 모습을 할아버지에게 보여주자 형도 이사로 참여해 적극 지원해주었다. 어느 날 할아버지가 "딘 위터Dean Witter 원금보장펀드 2호" 안내장을 들고 와 책상에 던지며 말했다. "이봐, 이 친구들보다 더 잘했더구나."

커머더티스 코퍼레이션은 딘 위터 펀드의 운용회사였는데 이들은 1억 달러를 모집해 8~10명의 트레이더에게 배분할 계획이었다. 커머더티스 코퍼레이션은 유서 깊은 회사였다. 뉴저지 프린스턴에 기반을 둔 회사로서 인큐베이터로 명성을 날리고 있었다(이 기업은 1990년대 후반의 인수합병으로 골드만 삭스의 사업 부문으로 편입되었다). 이 회사는 주로 역량 있는 헤지펀드에 초기 자금을 대주거나 훈련시키는 일을 했다. 폴 튜더 존스Paul Tudor Jones, 루이스 베이컨Louis Bacon, 에드 세이코타Ed Seykota, 브루스 코브너Bruce Kovner, 마이클 마커스Michael Marcus 같은 저명한 트레이더도 이 회사를 통해 자금을 지원받았다.

당시 살렘 에이브러햄은 커머더티스 코퍼레이션의 훌륭한 역사를 모른 채 전화기를 들어 연락했다. 늦은 오후 일레인 크로커Elaine Crocker가 전화를 받았다. 루이스 베이컨의 무어 캐피탈을 이끌고 있는, 헤지펀드 업계에서 가장 영향력 있는 여성으로 인정받는 일레인 크로커는 관련 정보를 보내주겠다고 했다. 살렘 에이브러햄은 일레인 크로커가 자기 회사를 후보 운용사로 진지하게 고려하고 있는지 의문이었다. 운용 기간이 1년밖에 안 되었기 때문이다.

하지만 결국 커머더티스 코퍼레이션으로부터 다시 연락이 왔다. 곧 휴스턴으로 갈 계획이니 그곳으로 오라는 메시지였다. 그는 좋은 기회다 싶어 휴스턴 공항으로 날아가 일레인 크로커와 마이클 가핑클Michael Garfinkel을 만났다.

회의 전 살렘 에이브러햄은 스물세 번째 생일을 자축했다. 상대편에서는 마이클 가핑클이 주로 얘기했다. 일레인 크로커는 가만히 앉아 논의 모습을 지켜보았다. 마이클 가핑클이 말했다. "와, 지난 달은 어려웠군요. 무슨 일이 있었죠?" 살렘 에이브러햄은 이번 달은 수익률이 40퍼센트라고 강조했다.

일레인 크로커가 웃기 시작했다. 비웃는다고 여긴 살렘 에이브러햄이 물었다. "40퍼센트 수익률이 우습나요?" 어색한 분위기를 읽은 마이클 가핑클이 살렘 에이브러햄에게 목표 수익률이 얼마인지 알고 싶다고 했다. 살렘 에이브러햄은 연 100퍼센트를 추구한다고 터틀처럼 대답했다. 리처드 데니스를 떠난 많은 원조 터틀이 들었던 것처럼, 그도 '대박을 노리는' 위험한 전략에서 한 발 물러서기를 바란다는 말을 일레인 크로커로부터 들었다. 그녀와 마이클 가핑클은 제리 파커와 다른 사람들이 들었던 똑같은 말을 했던 것이다. "연 30퍼센트 수익률만 올려도 사람들이 돈을 싸들고 몰려올 겁니다. 그러니 레버리지를 줄일 필요가 있습니다."

커머더티스 코퍼레이션은 살렘 에이브러햄 트레이딩 시스템의 10년 시뮬레이션 자료도 보고자 했다(이 자료는 아직 없었다). 그래서 그는 재빨리 트레이딩 시스템을 테스트하기 위해 프로그래밍을 배워야 했다. 압박감이 이만저만이 아니었다. 그래서 그는 전혀 새로운 연구를 하고 프로그래밍 기술을 습득하기 시작했다. 이는 바로 원조 터틀과 차별화되는 여러 요소 중 하나였다.

짚고 넘어가야 할 일이 한 가지 더 있었다. 커머더티스 코퍼레이션은 살렘 에이브러햄에게 최소 금액만 맡기고 싶었다. 최소 금액을 따로 정해 놓지 않은 살렘 에이브러햄은 나중에 분명 합리적인 수준으로 올라가리라 보고 20만 달러로 제시했다. 그의 판단이 맞아 이들은 그의 가장 큰 첫 고객이 되었다.

오랜 트레이딩 경험도 헤지펀드 경력도 없는 젊은이에게 이 투자는 메이저리그 합격 통지서나 마찬가지였다. 다음에 커머더티스 코퍼레이션은 700~800만 달러를 또 투자했다. 할아버지가 투자한 3만 달러는 얼마가 되었을까? 그 돈은 자그마치 130만 달러로 불어났다.

하지만 살렘 에이브러햄이 큰돈을 벌어 성공했는데도 여전히 나이도 어리고 경력도 짧아, 젊은 시절 성공한 리처드 데니스가 그랬듯 그를 의심하는 큰 회사들 때문에 곤란을 겪었다. 리처드 데니스가 은행에서 25만 달러 수표를 찾는데 애를 먹었던 것처럼, 스물다섯인 살렘 에이브러햄도 차를 빌리기가 어려웠다. 운 나쁘게도 자동차 렌탈 회사가 최근에 최저 나이 기준을 올렸기 때문이다. 그는 1,500만 달러나 운용하고 있었지만 허츠Hertz 렌터카 직원은 그에게 차를 빌려주려 하지 않았다. 여러 차례 시도한 후 태도를 바꿔 말했다. "내게 1,500만 달러를 맡긴 사람들이 있고, 내가 이 1,500만 달러로 원하는 것은 무엇이든 사고팔수 있다는 사실도 모르나요? 그런데도 내게 차를 빌려주지 않겠다는 겁니까? 고작 1만 5,000달러, 2만 달러짜리 차를 하루만 빌리겠다는데도 싫다고요?" 카운터에 있던 여직원이 그를 위아래로 훑어보며 말했다. "그래, 못 믿겠다. 이 풋내기야." 살렘 에이브러햄이 응수했다. "중고차 렌터카 회사에나 전화해야겠군."

리처드 데니스와 윌리엄 에크하르트로부터 배우다

터틀에 대해 아는 사람들조차도 터틀 전설의 기반을 이룬 1983년과 1984년의 원조 수업 뒤에 있었던 잘 알려지지 않은 세 번째 훈련에 대해서는 잘 모른다. 실제 살렘 에이브러햄은 자신의 운용회사를 세운 뒤 후 몇 해 지나서 리처드 데니스와 윌리엄 에크하르트로부터 개인 지도를 받았다. 1990년대 초 커머더티스 코퍼레이션은 자사가 자금 운용을 맡긴 트레이더들을 위해 트레이딩 수업을 열어달라고 리처드 데니스와 윌리엄 에크하르트에게 요청했다. 이 회사는 두 사람에게 운용 자금을 제공하면서 세미나를 열어야 한다는 조건을 달았던 것이다. 이 세미나는 2주일이 아닌 4일 동안 진행된 점을 빼고는 초창기 터틀 수업과 거의 똑같이 진행되었다.

살렘 에이브러햄은 이미 터틀처럼 추세추종 방식으로 매매하고 있었고 세미나도 이미 알고 있는 것을 보강해주는 정도의 내용이 꽤 있었지만(그는 특히 여러 위험관리 기법, 트레이딩 규모, 시스템 분석 등이 유익했다고 밝혔다), 30명이 받은 이 수업은 아주 기억에 남는 경험이었다.

하지만 그는 실력이란 운 좋게 확 느는 것이 아니라 차근차근 쌓아나가는 과정이라 여겼다. "배움은 마치 등산과 같습니다. 정상에 오르기 위해서는 한 걸음 한 걸음이 소중합니다. 비록 한 걸음만으로는 멀리 가지 못하지만요." 이런 점에서 그는, 리처드 데니스로부터 간접비용을 지원받으며 4년 동안 배운 제리 파커, 폴 라바, 그리고 다른 터틀보다 '평범한 트레이더'에 훨씬 더 가깝다.

살렘 에이브러햄은 이 세미나를 통해 시야가 많이 넓어졌다. 특히 윌리엄 에크하르트의 강의가 인상 깊었다. 참가자 모두 《새로운 시장의 마법사들》 신간도 받았다. 살렘 에이브러햄이 털어놓았다. "강의실에 들어가면서 '리처드 데니스가 진짜이고 윌리엄 에크하르트는 조수에 불과할 것'이라고 생각했습니다." 하지만 원조 터틀들이 수업을 들으면서 확인했듯 살렘 에이브러햄도 자신의 생각이 틀렸음을 알아챘다. "그렇지만 세미나가 진행되면서 수학과 객관적 데이터가 중요함을 절실히 깨달았습니다. 통계적으로 맞는지 틀리는지를 모두 확률로 따졌으니까요. 윌리엄 에크하르트로부터는 정말 유익한 정보를 얻었습니다. 물론 리처드 데니스도 천재적인 트레이더였습니다."

리처드 데니스는 기본적으로 이렇게 가르쳤다. "시스템은 여러분들을 안내해주는 좋은 지침이지만 이를 잠시 치워놓아도 상관없습니다." 윌리엄 에크하르트는 이와는 조금 달랐다. "확률이 중요합니다. 트레이딩은 수학 게임이니까요." 이 둘은 원조 터틀 실험 이후 전혀 달라지지 않았다.

윌리엄 에크하르트는 커머더티스 코퍼레이션 트레이더들에게 여러 가지 어려운 질문을 던졌다. 즉, 범위 값으로 답해야 하는 질문 열 개를 마련했다. 그중 아홉 문제를 맞추어야 했다. 이런 질문도 있었다. "747 비행기 무게는 얼마일까?" 참가자들은 원하는 대로 큰 수치를 얼마든 제시할 수는 있지만 목표는 90퍼센트의 확률로 맞히는 것이었다. 이는 자신감과 추론 능력에 대한 테스트였다. 모두 열 문제 중 네다섯 개를 틀렸다. 윌리엄 에크하르트는 대다수가 현실을 추정하는 능력을 과신한 탓에 오답이 45퍼센트에 이르렀다고 밝혔다.

추세추종은 과신을 밑거름 삼아 번창한다. 살렘 에이브러햄은 이 논거를, 최근 몇 년 동안 유가가 폭등한 점을 예로 들어 설명했다. "추세추종 전략으로 매매하다 보면 사람들이 고점과 저점에 대해 잘못 판단한다는 사실을 알 수 있습니다. 이런 오류는 사람들의 경험이 아주 제한적이기 때문에 나타납니다. 즉, 적은 표본에 근거해 가정을 세우기 때문이죠. 원유가격이 배럴당 20달러에서 70달러까지 오를 수 있다고 누가 주장하면 사람들은 '그럴 리 없다'고 무시할 것입니다. 현재 55달러인 원유에 대한 매수를 검토한다고 칩시다. 사실 과거에 56달러까지 오른 적이 없다면 베팅하기 어렵습니다. 하지만 이전에 한 번도 56달러까지 상승한 적이 없었더라도 지금 55달러이면, 사람들은 '오늘 55달러를 찍었으니 사야겠군.'이라고 생각합니다."

시장이 최고가를 경신하고 있을 때, 계속 상승할지 아니면 다시 추락할지 모르는 상태에서, 추격 매수할 수 있는가? 살렘 에이브러햄은 정말 중요한 부분에 초점을 둔다. "저는 통계를 살펴봅니다." 그는 동전 던지기를 예를 들어 설명했다. "물리학자는 이렇게 말합니다. "동전을 던지면 절반은 앞면이 나오고 절반은 뒷면이 나옵니다." 하지만 통계학자는 다르게 주장합니다. "백만 번 던져봤더니 65퍼센트가 앞면이 나왔습니다." 그러면 하버드대학 출신 물리학자가 따집니다. "결코 그럴 리 없습니다. 확률이 50대 50이니까요."

살렘 에이브러햄이 물었다. "어느 편이 맞을까요?" 그는 동전 앞면이 나올 확률이 65퍼센트가 될 수 없다는 온갖 이유를 댈 수 있는 대학교수를 많이 알고 있지만 다음과 같이 대답할 수 있어야 한다고 했다. "왜 65퍼센트나 앞면이 나오는지 모르겠습니다. 그럴 리 없다고 생각하지만 백만 번 던져 실제 65퍼센트가 앞면이 나왔다면 그쪽에 베팅하겠습니다." 그러면서 덧붙였다. "이해할 수 없다고 해서 베팅하지 말아야 한다는 법은 없습니다."

궁극적으로 그는 오래전 그저 '숫자'만 보고 매매하라는 톰 윌리스 Tom Willis의 주장을 되풀이하고 있었다. 경험주의자인 살렘 에이브러햄은 예상 밖의 대형 사건을 강조한다. 즉, 그는 '가격'을 보고 매매해 이익을 얻는다. "수익을 가져다줄 수 있는 뜻밖의 큰 사건이 앞으로도 벌어질 수 있다고 봅니까?"라고 묻자 그가 바로 대답했다. "그렇습니다만 이전에는 보지 못한 것이겠죠. 늘 다르니까요."

불가능한 일을 시도하다

살렘 에이브러햄은 수익률로는 월가에서 아직 열 손가락 안에는 들지 못한다. 운용자금도 10억 달러에 미치지 못하지만 실적은 탁월하다. 그는 트레이딩을 하면서 가스 임대 프로젝트에서부터 고문서와 논문 복원까지 다른 여러 분야에도 힘을 쏟고 있다. 가족, 친구, 그리고 뜻을 같이하는 현지 채용 직원들과 꾸리고 있는 회사에도 신경을 쓰며 소홀함 없는 삶을 살아가고 있다.

그의 채용 방식은 원래 리처드 데니스가 했던 방법과 아주 비슷하다. 아이비리그 대학 출신은 아무도 없다. 직원 대부분 축산업이나 천연가스 채굴회사처럼 전혀 다른 분야에서 일한 경험이 있다. 실례로 사무직원으로 채용된 제프 도크레이Geoff Dockray는 가축 사육장에서 일했었다. 그는 살렘 에이브러햄 회사에서 일하게 된 것을 고맙게 여겼다. "이곳 업무는 아침 여섯 시부터 거름을 주는 일보다 낫습니다. 금융시장은 복잡하기는 하지만 쉽지 않고 가축을 돌보는 일보다 정신없지는 않습니다."[5]

아마도 살렘 에이브러햄은 누구나 친하게 지내는 시골에 살면서 현실에 기반을 둔 사업가적 기질을 확실히 다진 듯하다. 그의 사무실이 있는 본인 소유의 유명한 무디 빌딩에 있는 캐틀 익스체인지 스테이크 전문식당에 앉아서 그가 한 말에서는 강인한 기업가적 기질이 묻어난다. "성공한 터틀들은 사업을 이끌어 나갈 수 있다는 자신감과 카리스마가 있었다고 생각합니다. 직접 나서서 실행에 옮긴 추진력이 있었던 것이죠. 원하는 바를 얻고자하는 의지도 강했고요. 어떤 사람들은(성공하지 못한 터틀들은) '웬만큼 벌었으니 이제는 됐어.'라고 말합니다."

하지만 온갖 방법을 동원해도 달성하기 쉽지 않은 불가능해 보이는 일을 이루기 위해서는, 특히 경쟁이 심하고 사업성이 좋은 것이면, 오르막뿐만 아니라 내리막도 지나야 한다. 살렘 에이브러햄도 그러한 경험을 했다. 고객 자금을 운용하면서 수익률 부진으로 고객이 떠난 아픔을 두 번 겪었다. 그럴 때마다 다시 시작해 더 많은 자금을 모았다. 힘든 시기에는 돈을 버는 다른 아이디어를 구상해 어려움을 헤쳐 나갔다. 늘 트레이딩에 집중하면서도 더욱 넓게 그물을 쳐 물고기를 잡았다.

거래가 늘 순조롭지만은 않았다. 억만장자인 티 분 피켄스와 물을 거래하면서 가격이 맞지 않아 관계가 끊어질 뻔도 했다. 텍사스 팬핸들에 있는 그와 살렘 에이브러햄의 목장은 서로 60킬로미터밖에 떨어져있지 않아 둘은 오랫동안 친분을 유지했다. 필자가 댈러스에 있는 티 분 피켄스 사무실을 찾아갔을 때 그는 살렘 에이브러햄에 대한 칭찬을 아끼지 않았다.

크게 성공을 거둔 다른 거래들이 또 있었다. 살렘 에이브러햄이 겸손하게 말했다. "애머릴로 시에 물 공급권을 팔았습니다. 150만 달러에 매수한 뒤 900만 달러에 처분하고 나왔죠. 처음부터 '꽤 괜찮은 아이디어'라고 판단했습니다. 그 뒤 시카고상업거래소 기업 공개에도 참여했습니다. 150만 달러를 투자한 후 1,300만 달러에 팔고 나왔습니다. 잘 살펴보면 기회가 보입니다."

이처럼 번뜩이는 기지와 기꺼이 위험을 감수하는 태도는 살렘 에이브러햄처럼 스물다섯에 백만장자가 될 수 있었던 지름길이었다. 기회만 살펴서는 충분치 않다. 자신 있게 실행에 옮기는 자세가 필수다. 킬러 본능도 필요하다. 생사의 기로에 섰을 때 저녁밥상에 올릴 닭이나 돼지일지라도 방아쇠를 당기거나 목을 비트는 일은 결코 쉽지 않다. 월가가 피로 물들었을 때 방아쇠를 당길 수 있어야 한다. 특히 그 피가 내 것일 때 그럴 수 있어야 한다.[6]

제리 파커는 살렘 에이브러햄을 처음 만났을 때 그가 킬러 본능을 지녔으리라고는 생각하지 못했다. 그는 아마 이렇게 생각했을 것이다. "이 친구는 내가 하는 일을 대충은 파악했군. 내가 몇 가지 방향도 제시해주었으니 진지하게 여긴다면 구체적인 방법을 찾아 '바로 실행'에 옮기겠지. 하지만 반대로 그가 열심히 하지 않아도 놀라지 않을 거야."

원조 터틀들은 리처드 데니스에게 발탁되는 커다란 행운을 얻어 C&D 커머더티스라는 우산 속에서 그의 자금을 받아 그가 알려준 승리의 규칙대로 매매했다. 하지만 살렘 에이브러햄은 스스로 일궈냈다. 즉 끈질긴 노력으로 성공을 거두었다. 이런 점에서 원조 터틀 어느 누구보다도 이 2세대 터틀의 자세와 행동에서 배울 점이 훨씬 더 많다.

14

훌륭한
본보기

선천적 재능만으로는 결코 충분치 않다

> "터틀의 능력은 타고났는가? 아니만 후천적으로 터득한 것인가?
> 이들이 마술 같은 육감이라도 지녔을까? 이 질문에 대한 답은 이미 나왔다,
> 그렇지 않은가? 이들은 육감보다는 터득한 지식 덕분에 더욱 성공할 수 있었다.
> 나는 다른 집 아이를 데려다 트레이딩을 시키는 상상을 해봤다. 그러고는
> "시키는 대로만 하면 1년에 5만 달러를 주마. 하지만 정확히 시키는 대로 하지 않으면 해고할 테다."
> 라고 한다면 그는 매일, 매주, 매월, 매년 나보다 더 나은 실적을 올릴 것이다."[1]
>
> • 톰 윌리스 •

터틀 스토리는 두 부분으로 나뉜다. 앞부분에서는 리처드 데니스가 마련한 비교적 평평한 운동장에서 진행된 터틀 실험을 다뤘다. 이 실험으로 트레이딩은 타고난 것이 아니라 누구든 배우면 잘할 수 있음이 증명되었다. 터틀 실험 이후 얘기를 담은 뒷부분에서는 각 터틀이 현실을 마주하며 겪는 과정과 규칙 이외의 인간 본능이 개입되는 모습을 그렸다.

터틀 실험이 가장 중요한 부분이기는 하지만, 터틀 스토리에 대

해 잘 아는 몇몇 사람들은 각 터틀이 실험을 뒤로하고 홀로서기를 하는 과정을 그린 뒷부분을 더욱 중요하게 여긴다. 어느 금요일 늦은 오후, 파크 애비뉴 사무실 근처에서 점심을 함께 했던 래리 하이트가 내게 전화했다. 민트 캐피탈Mint Capital을 설립하고 수십억 달러를 운용하는 맨 파이낸셜Man Financial 헤지펀드의 초창기 성공에 결정적 기여를 한 그는 (지금 독자가 읽고 있는) 터틀 스토리를 쓰고 있던 내게 조언을 해 줬다.

그가 "이 새 책에 대해 곰곰이 생각해봤습니다……."라며 말을 꺼 냈다. "좋은 실적을 거두고 오래 지속하는 사람들은 강인합니다. 어떤 난관을 만나도 자신의 게임에 집중하죠. 초점을 잃지 않을 만큼 정신력이 강하다는 뜻입니다. 강인함이란 두들겨 맞아도 아랑곳하지 않고 돌진하는 능력을 말합니다. 이런 사람들은 손해가 나도 실망하지 않습니다. 손실이 발생한 뒤 다시 일어서지 못하는 사람들이 있습니다. 트레이딩에 실패한 터틀들을 생각해보세요. 실패한 사람들의 공통점이 무엇일까요? 실패한 사람들은 쉽게 포기합니다. 강인하지 못하죠."

리처드 데니스는 터틀을 훈련시킨 동안에는 이들에게 강인한 정신력을 요구했다. 하지만 터틀들은 수련이 끝난 뒤에 리처드 데니스가 제공한 보호막이 없는 세상과 맞닥뜨려야 했다. 래리 하이트는 이를 직접 목격했다. 그는 터틀들에게 레버리지를 50퍼센트 줄이라는 내용의 리처드 데니스의 메모를 꺼냈다(7장 참조). 그는 리처드 데니스가 실수를 저지르고 자기의 자존심을 건드리는 행위를 묵살했지만 끝내 실수를 인정하고 고쳤다는 점을 강조했다. 래리 하이트는 이런 결단력이 '강한 정신력'이 있었기에 가능했다고 보았다.

하지만 리처드 데니스는 강인함이나 승리에 대한 의지를 기준으로 수련생들을 뽑지 않았다. 정신력을 강화하는 훈련을 시키지도 않았다. 그가 간접비용을 대주고 매매하도록 한 평평한 운동장에서는 모두가 정신력이 강한 듯 보였다. 하지만 제리 파커와 폴 라바, 그 외 몇몇 터틀과 살렘 에이브러햄만이 리처드 데니스가 지녔던 기업가적 기질과 추진력을 보였다.

해마다 있는 프로 스포츠 팀의 신인선수 선발 과정을 생각해보라. 각 구단은 정신력이 강한 후보를 걸러내는 능력이 없다. 실제로 매년 대학 스타선수들이 많은 환영을 받으며 프로가 되지만 '결코 실망시키지 않으리라' 예상되었던 선수 중 한 명 이상은 기대에 미치지 못한다. 대학에서는 이름을 날렸지만 NFL나 NBA나 메이저리그에는 선발되지 못한 선수들이 수천 명이나 된다는 사실을 생각해보라. 겉으로만 잘하는 듯 보이는 사람과 정말 경쟁력이 있는 사람 사이의 차별점은 분명 존재한다. 선천적 재능만으로는 결코 충분치 않다.

돈을 버는 일도 마찬가지다. 예컨대 2005년 헤지펀드 업계에서 돈을 가장 많이 번 열 명의 트레이더는 다음과 같다.

1. 제임스 시몬스(르네상스 테크놀로지스 코퍼레이션): 15억 달러

2. 티 분 피켄스 주니어(BP 캐피탈 매니지먼트): 14억 달러

3. 조지 소로스(소로스 펀드 매니지먼트): 8억 4,000만 달러

4. 스티븐 코헨Steven Cohen(SAC 캐피탈 어드바이저스): 5억 5,000만 달러

5. 폴 튜더 존스 2세(튜더 인베스트먼트 코퍼레이션): 5억 달러

6. 에드워드 램퍼트Edward Lampert(ESL 인베스트먼츠): 4억 2,500만 달러

7. 브루스 코브너Bruce Kovner(캑스턴 어소시에이츠): 4억 달러

8. 데이비드 테퍼David Tepper(애팔루사 매니지먼트): 4억 달러

9. 데이비드 쇼David Shaw(DE 쇼 앤 컴퍼니): 3억 4,000만 달러

10. 스티븐 맨델 쥬니어Stephen Mandel, Jr.(론 파인 캐피탈): 2억 7,500만 달러

위 트레이더들은 규칙만으로 톱10이 된 것이 아니다. 모두가 월가의 톱10(이들 중 상당수가 추세추종 트레이더다)이 될 수는 없지만 터틀 스토리는 최고 트레이더의 전략을 배우고 따라하는 것이 가능하다는 확실한 증거다.

더욱 위대한 도전과 진정한 성공의 '비결'은 이 책 후반부에 나오는 투철한 기업가 정신을 지닌 트레이더들의 발자취에서 확인할 수 있다. 이 승리자들은 자신감, 강인함, 기업가적 열정을 모범적으로 보여줌으로써, 대부분의 사람을 주저하게 만드는 본능적 회피 성향은 극복될 수 있다는 사실을 증명했다.

하지만 승리자들이 보여준 자신감, 강인함, 기업가적 열정은 마음먹고 노력해야만 쌓을 수 있는 것들이다. 실제 이처럼 살아온 버크셔 해서웨이 그룹의 2인자 찰리 멍거는 이렇게 말했다. "다양한 분야에서 지혜로움을 보인 사람치고 늘 책을 읽지 않은 사람은 제 평생 단 한 명도 본 적이 없습니다."[2] 대부분의 사람들은 성공을 바라기만 할 뿐 진정으로 열심히 노력하지는 않는다.

위 톱10중 6위인 에디 램퍼트 사례를 살펴보자. 워렌 버핏의 투자

근거를 하나하나 분석한 그는 이렇게 말했다. "당시 그의 입장에 서서 '왜 그렇게 투자했을까?'를 따져봅니다. 저는 이런 식으로 익혀왔습니다."[3] 2세대 터틀도 리처드 데니스의 트레이딩 전략을 분석할 때 이처럼 했다.

의사와 트레이더가 서로 비슷한 점을 살펴보자. 훌륭한 의사는 성실하고 부지런하며 몇 년이고 밤낮으로 끊임없이 훈련한다.[4] 다시 말해 타고났다기보다 후천적 노력의 결실이다.

중요한 점은 시장은 투자자를 전혀 신경 써 주지 않는다는 사실이다. 성, 문화, 종교, 인종 따위에는 관심이 없다. 하지만 시장은 누구든 참여해 큰돈을 벌려는 시도를 할 수 있는 마지막 영역이다. 한마디로 제리 파커, 살렘 에이브러햄, 리처드 데니스 같은 트레이더들은 누구나 참가할 수 있는 합법적 게임을 하고 있다.

1983년 리처드 데니스가 낸 모집광고를 발견하는 행운이 없어도 트레이더로 성공할 수 있다. 살렘 에이브러햄은 리처드 데니스와 그의 철학이 존재한다는 사실만 알고 이후로는 스스로 개척해 나갔다. 이 점이 바로 전체 스토리에서 살렘 에이브러햄이 중요한 이유다. 그는 리처드 데니스가 시카고 트레이딩 피트에 처음 들어간 이후 40년 넘게 다져온 확고한 의지와 기업가적 기질을 실천에 옮겼다.

하지만 지속되는 터틀 전설의 최고 방점은, 2006년 가을 시카고 오헤어 공항에서 잠깐 만난 리처드 샌더Richard Sandor가 찍었다. 선물시장의 창시자로 불리는 이 전설적 인물은 끊임없이 훈련하고 승리를 위해 포기하지 않는 의지가 중요하다고 계속 강조했다. 공항에서 헤어질 때 그가 활짝 웃으며 존경과 감탄을 숨기지 않고 말했다. "당신도 리처드 데니스가 트레이딩을 다시 시작한다는 것, 알죠?"

이 한마디에 모든 의미가 담겨있다. 이 말로 우리 모두 타고난 재능을 발전시킬 기회가 있다는 내 믿음이 더욱 확고해졌다. 시카고의 평범한 젊은이를 최고 트레이더로 이끈 길, 초보 터틀을 훈련시켜 자기처럼 큰돈을 벌 수 있도록 한 길, 가까이서든 멀리서든 한 세대에 걸쳐 월가 거장들에게 다방면에서 영감을 불어넣어 준 길은 우리도 밟을 수 있는 행로다.

지금까지 네 명의 터틀이 그들에 대해 쓴 내 글의 어느 부분에 대해 소송을 제기하겠다고 으름장을 놓았다. 이들의 반응을 보면 이 책을 집필하는 과정에 얼마나 많은 굴곡이 있었는지 알 수 있을 것이다. 이 책을 준비해온 지난 몇 개월 동안에도 그랬듯, 작품에 대한 평이 좋으면 작가는 늘 만족스럽기 마련이다. 그렇지만 내가 보기엔 이 책을 출간하기까지 겪은 과정이 터틀을 주제로 한 이야기 중 가장 흥미로운 부분일 듯싶다. 월가는 대중이 숭배할 수 있는, 떼돈을 버는 신 같은 존재를 만들어내는 것을 좋아한다. 이런 신과 같은 트레이더들은 정말 숭배할 만하기도 하지만 그렇지 못하기도 한다. 그럴 자격이 있는 사람과 그렇지 못한 이를 가르는 일은 집필 과정에 재미를 더

했다. 터틀에 대한 리서치가 끝날 무렵 흥미로운 일이 벌어졌다. 터틀 스토리를 책으로 펴내는 일을 막기 위해 냉전시대에나 있을 법한 온갖 CIA식 공작을 벌인 터틀이 있는가 하면, 내막을 자세히 알려주면서 퍼트려주기를 바라는 터틀이 나타났던 것이다.

뒷이야기를 재미있어하는 사람들은 많다. 이 책의 초안이 나왔을 때 어느 한 사람이 정말 공감을 불러일으키는 피드백을 줬다. 노련한 트레이더인 밥 파도Bob Pardo는 약점을 찾아내기 위해 책을 샅샅이 뒤지는 스타일의 사람이다.

밥 파도는 내게 여러 날카로운 질문을 던졌다. 그는 몇몇 터틀이 리처드 데니스가 내막을 밝히지 않기를 바라는 데에는 그럴 만한 사정이 있기 때문이라고 주장했다. 아울러 리처드 데니스의 자산운용 비즈니스 실패 사례에서 어떤 교훈을 얻을 수 있는지 살펴봐야 한다고 했다. 더욱이 자기들의 이야기를 책으로 쓰는 것에 대해 근거 없이 의심하는 터틀에 대해서는 더욱더 자세히 캐봐야 한다고도 했다.

뒤이은 전화 통화에서 그가 제안한 내용을 초안의 후기에 적었지만 너무 민감한 사안이어서 출판사에서 결국 제외하기로 결정했다는 말을 그에게 전했다. 돌이켜보건대 이는 잘못된 결정이었다. 지금까지도 진실을 왜곡하는 터틀들이 있음을 생각해보면 더욱더 강하게 싸워 알려지지 않은 이야기를 캐냈어야 했다.

하지만 막후 사정을 파헤쳐 글로 옮기는 데에는 장단점이 있다. 이 드라마보다 더한 스토리가 사소하고 하찮게 보이지 않을까? 아니면 터틀 중 승자와 패자를 명확히 구분함으로써 인간의 나약함을 적나라하게 보여줄 수도 있지 않았을까?

신비에 싸인 터틀 전설이 20년 넘게 이어져온 상황에서, 장막을 걷어 빛이 들어오도록 하면 실제 터틀식 수련과 성공을 경험하지 못한 투자자들이 터틀도 인간임을 깨닫는 데 도움이 될 것이라는 내 생각이다. 원조 터틀이 트레이딩 기법을 터득할 수 있다면 길거리에서 뽑힌 사람들도 얼마든 배울 수 있다. 터틀이 터득한 트레이딩 기법은 중요하다. 더욱이 이 가운데 몇 명은 정말 똑똑하다. 하지만 1983년부터 2008년까지의 성과를 보면 인간적 요소의 작용도 무시할 수 없다. 많은 내부 토의를 거쳐 양장본 초판 이후 발행된 페이퍼백 버전에는 후기를 넣기로 결론을 냈다.

터틀 스토리를 캐는 일은 할리우드 최고의 시나리오 작가도 생각해내기 어려운 복잡하게 꼬인 미로를 걷는 것과 같았다. 이것은 마치 한 발짝씩 나갈 때마다 불쑥 튀어나오는 비밀의 단서와 숨은 뜻을 찾아 미지의 세계로 계속 달리지만 살아남는다는 보장도 없는 닌텐도 마리오 브라더스3 게임과도 비슷했다.

터틀 스토리를 파헤치는 작업을 지속하던 2006년 마침내 터틀들이 태도를 바꿔 하나둘씩 입을 열기 시작했다. "필요하면 전화로" 기꺼이 인터뷰하겠다는 터틀이 있는가 하면 터틀 수련 이야기를 언제든 해주겠다는 터틀도 있었다. 질문서를 보내면 답장하겠다는 정도의 성의만 보인 터틀도 있었다. 하지만 상황이 허락할 때 말해주겠다는 이도 있었다. 어쨌든 결국 이들은 친절하면서도 명쾌하게 인터뷰해줬다. 당초의 우려는 기우인 듯 보였다. 왠지 흥미로울 듯싶었다.

리서치가 탄력을 받고 있을 때 전혀 들어보지 못한 새 터틀이 나타났다. 루돌프 파피어닉Rudolf Papirnik이었다. 리처드 데니스의 트레이딩 플로어 업무를 총괄하던 로버트 모스Robert Moss는 루돌프 파피어닉을 터틀이라 불렀다. 루돌프 파피어닉은 터틀 프로그램 전후에 걸쳐 리처드 데니스를 도운 적이 있어서 분명 '터틀 기법'을 알고 있었다. 잘 알려진 터틀인 짐 디마리아는 루돌프 파피어닉도 터틀이라는 로버트 모스의 주장을 뒷받침했다.

더욱이 터틀들이 입을 열기 시작하면서 리처드 데니스가 단순히 가르침을 주는 사람이 아닌 우두머리로 그려지는 것에 대해 바로 우려를 표명했다. 이들은 빌 에크하르트도 자신들의 성공에 중요한 역할을 했다는 사실이 가려지지 않게 해달라고 했다. 예를 들어 제프 고든은 다음과 같이 강조했다. "빌 에크하르트는 아주 똑똑했습니다. 그의 한마디 한마디를 모두 새겨들었죠. 저는 이 정도로 치켜세울 만한 사람을 만나본 적이 없습니다. 그에게서 늘 뭔가를 배웠어요." 시간이 흐를수록 빌 에크하르트의 가르침이 중요했다는 터틀들의 주장이 계속 이어졌다.

빌 에크하르트의 공도 크다고 고쳐 지적한 점 이외에, '터틀'이라는 닉네임이 탄생한 배경에 대해서도 엇갈린 의견이 있었다. 마이크 섀넌은 리처드 데니스가 싱가포르에서 거북이 농장을 보고 이름을 지었다는 구전과는 다른 주장을 폈다. "터틀 수련 첫해에 지은 원래 명칭은 '디사이플스Disciples'였습니다. 이는 시카고 웨스트사이드에서 이름을 날리던 갱단 이름이었습니다. 하지만 모두 동의해 '터틀'로 바꿨습니다." 맞는 얘기일까? 지금까지 누구도 이런 말을 해주지 않았다. 하지만 아무도 밝히지 않았으나 결국은 사실로 드러난 이야기를 마이크 섀넌이 많이 알려줬다. 반면, 두 여성 터틀 중 한 명인 루시 와

이어트 매티넌Lucy Wyatt Mattinen은 사실 리처드 데니스가 1960년대 팝 그룹이었던 '더 터틀스The Turtles'를 좋아해서 터틀이라 이름 지었다고 주장했다.

이처럼 처음에는 협조도 있었고 다채로운 스토리도 새로 나왔지만 이후 내 책의 출간을 어떻게든 막으려는 시도가 점차 드러났다. 결국 터틀에 대한 객관적 이야기가 공개되는 것을 꺼리는 터틀이 여럿 있다는 사실이 분명해졌다.

터틀과 리처드 데니스 사이에 맺은 비밀유지 약정에 대해서도 터틀들은 각자의 입장에 따라 스토리 공개 여부에 대해 서로 다르게 해석했다. 모든 터틀이 서명한 비밀유지 약정은 이미 만기가 지난 지 오래였고, 그 내용은 인터넷에 떠돌고 있어서 알만한 사람은 알고 있었다. 대학에서 학생을 가르치고 있는 터틀인 필립 루Philip Lu는 내가 접촉을 시도했을 때 당혹스럽게도 대놓고 거절했다. 그는 에지우드 대학 이메일 계정을 통해 이런 답장을 보내왔다. "리처드 데니스와 맺은 비밀유지 약정은 여전히 유효하다는 입장입니다. 그래서 인터뷰에 응할 수 없습니다."

브라운대학을 졸업한 필립 루는 아주 총명한 사람이다. 터틀로서 분명 수백만 달러를 벌었고 다른 여러 터틀의 존경도 받고 있는데 어처구니없는 비밀유지 약정 핑계라니? 한 터틀이 불쑥 나타나 필립 루가 제리 파커나 폴 라바와 어깨를 견줄 만하다고 주장하며 그를 옹호했다. "그는 수십억 달러를 운용할 능력이 있는데도 많은 돈을 굴리는 것을 원치 않았습니다."

다른 터틀인 샘 드나르도는 비밀유지 약정이 여전히 유효하다는 필립 루의 주장을 확실히 존중했다. "그는 시스템이 여전히 잘 작동하고 있다고 알고 있습니다. 그리고 이 시스템을 더 많은 사람들이 사용할수록 그 효과가 떨어집니다. 그는 우리처럼 터틀 수련을 받았다는 사실에 대해 자부심이 클 것입니다." 하지만 터틀 트레이딩 규칙이 널리 전파되면 그 효과가 떨어진다는 주장은 아직까지 입증되지 않았다.

하지만 스토리를 감추려는 사람은 필립 루만이 아니었다. 나는 리서치를 마친 뒤 여러 터틀들에게 인터뷰를 요청했다. 폴 라바는 다음 질문으로 대답을 대신했다. "제 이메일 주소는 어떻게 아셨습니까?" 그로부터 다시는 연락을 받지 못했다. "관심 없어요."라고 딱 잘라 거절한 터틀도 있었다. 몇 개월 뒤 이 터틀은 비서를 시켜 내 인터뷰에 협조 의사를 표시한 터틀 명단을 요청했다. 인터뷰에 응하겠다고 밝힌 터틀 명단을 보내면서 그에게 다시 면담을 요청했지만 그의 대답은 "싫습니다."였다. 그때는 몰랐지만, 그는 건네준 명단에 나온 터틀들에게 일일이 연락해 더 이상 발설하지 말라고 설득했다고 한다. 이 꼼수는 통하지도 않았을 뿐만 아니라 (인터뷰에 이미 응했는데도 더 이상 밝히지 말라는 압력을 받은) 마이클 카발로를 짜증나게 했다. 사실 마이클 카발로는 터틀 스토리를 널리 알려야 한다고 내게 말한 적이 있다.

내 인터뷰 요청에 다음과 같이 대답한 터틀도 있었다. "이 프로젝트에 저까지 감안해주셔서 감사합니다. 하지만 리처드 데니스와 윌리엄 에크하르트의 입장을 고려할 때 제가 참여하기는 어려울 것 같습니다. 하지만 전에 밝힌 대로 [누구누구] 터틀이 참가한다면 저도 함께하겠습니다. 어쨌든 훌륭한 작품이 나오리라 확신하며 행운을 빌겠습니다." 좋은 말도 있었지만 다른 터틀 여럿이 참여해야 본인도 함께하겠다는 이상한 답변이었다. 리처드 데니스와 윌리엄 에크하르트가 어떻게 생각하는지 확인하지도 않았는데, 셋이 함께하면 이 스승들의 의견을 무시해도 좋다는 궤변이었다. 결국 터틀 수련이 있기 훨씬 전인 1970년대 초부터 리처드 데니스와 막역하게 지낸 톰 윌리스Tom Willis를 접촉할 수 있었는데 그는 내게 모든 내막을 알려주었다.

하지만 인터뷰를 거절한 몇몇 터틀은 하나같이 "리처드 데니스를 보호"한다는 애매모호한 구실을 댔다. 내게 터틀 스토리에 대해 말해준 한 터틀은 그 평계는 "헛소리"라며 비웃었다.

이 이야기를 둘러싼 섹스, 마약, 로큰롤 등이 얽힌 복잡한 얘기들도 있다. 배경이 1970년대 후반과 1980년대 초반이니 몇몇 방탕한 터틀이 전혀 없으리라 기대하기는 어렵다. 그렇다고 모든 터틀이 그랬다는 뜻은 아니다. 이 책에 모든 스토리를 담을 수는 없었지만, 거친 삶을 보낸 터틀들도 있었다는 정도만 말해두겠다.

제리 파커

제리 파커의 사무실을 처음 보면 아주 하찮아 보일지 모르지만 내게는 '놀라움' 그 자체여서 어제인 듯 아직도 생생하다.

사무실 위치를 찾아내는 일도 쉽지 않았다. 버지니아 리치몬드는 우리집에서 150킬로미터밖에 떨어져있지 않았고 사무실 주소도 있었지만 골목골목까지 안내해주는 맵 퀘스트Map Quest가 없었다. 대신 훌륭한 옛날식 AAA 지도책이 있었다. 덕분에 제리 파커 사무실이 자리한 지역까지는 무난히 갈 수 있었지만 그곳에서 두 시간을 더 헤맸다. 결국 한 지방은행 점포 앞에 차를 세우고 제리 파커의 회사, 체사피크 캐피탈에 대해 들어본 적이 있는지 물었다.

처음 만난 사람은 내 질문에 대답하지 않고 나를 뻔히 쳐다보기만 했다. 다음으로 물어본 은행 창구 직원은 체사피크가 오른쪽으로 800미터쯤 올라가면 있을 것 같다고 알려줬다. 그녀 말대로 사무실은 그곳에 있었다. 돌이켜보건대 이 여직원은 이상하게도 체사피크가 어떤 회사인지 모르면서 위치는 알고 있었다. 나이로 미루어보아 그녀의 연봉은 3만 5,000달러 정도였을 것이다(이는 전혀 이상할 것이 없다). 하지만 제리 파커는 연간 3,500만 달러를 벌어들이고 있었다. 나는 속으로 그 여직원을 잡아 흔들며 이렇게 말해주고 싶었다. "저 건너편에서 일하는 사람이 누군지 모르세요? 당장 여길 그만두고 제리 파커 회사에 인턴으로 취직해 큰돈을 버는 방법을 배우세요!"

그 여름에는 제리 파커를 만나지 못했다. 그때 본 것은 로비와 20대의 비서뿐이었다. 그를 처음 대면한 것은 약 18개월 뒤인 1995년 12월 리치몬드 교외에 있는 새 사무실에서였다. 심층 대면 인터뷰를 해달라고 계속 성가시게 굴자 마침내 비서인 조너선 크레이븐이 인터뷰 허락이라는 기쁜 소식을 전해왔다. 놀랍게도 제리 파커가 쓰는 방은 책상에 놓인 조그마한 유리 거북이 외에는 장식품이 전혀 없었다(지금은 건물 밖에 유일한 홍보물인 돌로 만든 커다란 거북이 조각상이 있다). 당시 나는 긴장하고 있었는데 놀랍게도 그도 긴장한 듯 보였다. 제리 파커가 물었다. "무엇이 가장 궁금하세요?" 나는 자세한 설명도 없이 그냥 "실행"이라고 내뱉었다. 그는 내가 브로커 세계를 궁금해한다고 잘못

받아들이고 너그럽게도 자기가 거래하는 브로커를 접촉해보라고 알려줬다.

하지만 허락된 30분간의 인터뷰가 끝나기 전 그의 눈을 똑바로 쳐다볼 기회가 있었다. 나는 그 순간을 활용해 금년 초 베어링 은행이 주관한 매매 경진대회에서 누가 우승 경품을 탔는지 물었다. 그 사람 '이름'을 알려달라는 내 질문에 그는 "내 사무실에서 그런 질문을 하다니 믿을 수 없군요."라고 말하는 것 같은 표정을 지었다. 그렇지만 그의 한 단어 대답으로 그 사람 이름을 확인할 수 있었다. 그 순간 내가 추세추종에 대해 이해하고 있던 많은 것들이 더욱 확고해졌다. 그가 당시 내게 얼마나 큰 영향을 끼쳤는지 알지 못할 것이다.

얼마 뒤 제리 파커가 추천한 브로커인 마이크 커티스가 버지니아 리치몬드 외곽에 있는 자기 집으로 나를 초청했다. 그는 큰돈을 벌어 시카고 딥 사우스 지역으로 이주해 삶을 즐기고 있었다. 언젠가 그는 제리 파커가 자기의 먼 친척에게 추세추종 매매기법을 가르친 적이 있다는 사실을 말한 적이 있었다. 그가 말한 제리 파커의 먼 친척이 바로 2세대 터틀인 살렘 에이브러햄이라는 사실을 내가 알아챈 것은 몇 년이 지난 뒤였다.

그 뒤 제리 파커와는 수년간 접촉이 없었다. TurtleTrader.com이라는 웹사이트를 개설한 이후에도 오랜 시간이 지나서야 그를 만날 수 있었다. 이번에는 제리 파커와 그의 2인자 존 호드John Hoade, 마케팅 담당 케이스 바이어스Keith Byers, IT 전문가 등과 대회의실에서 함께 만났다. 휑해 보이는 회의실만 봐서는 체사피크 캐피탈이 무슨 일을 하는 회사인지 알 수 없을 듯했다. 장식품이라고는 벽에 기대어 놓인 커다란 스위스 알펜호른뿐이었는데, 여기에는 어느 스위스 회사가 새겨넣은 문구가 있었다. 제리 파커와 체사피크 캐피탈에게 감사를 표하는 그 문구만이 체사피크 캐피탈이 전 세계적으로 거래한다는 사실을 말해주고 있었다.

왜 세월이 한참 지나 이 두 번째 미팅을 했을까? 당시 체사피크 캐피탈은 10억 달러를 운용하는 큰 회사였지만 이곳 전문가들은 새로운 마케팅 아이디어를 찾고 있었다. 즉, 인터넷으로 비즈니스를 촉진하는 방법과 이를 효과적으로 활용하는 방안을 모색하고 있었다. 그 회의는 이들에게 생각할 거리를 제대로 준 듯했다. 곧 제리 파커가 내가 보유한 trendfollowing.com이라는 도메인을 사려했기 때문이다(사실 그는 trendfollowing.net과 trend-following.com이라는 두 도메인을 사서 2008년 7월 현재까지 보유하고 있다). 이 도메인을 팔지 않은 것은 현명한 결정이었다. 이 도메인 이름은 4년 뒤 내 첫 책인《추세추종Trend Following》을 쓰는 데 촉매가 되었기 때문이다.

오늘날 제리 파커의 체사피크 캐피탈의 온라인 인지도는 여전히 낮다. 하지만 낮은 인지도가 그의 성공에 걸림돌이 되지는 않는다. 여전히 제리 파커는 터틀 가운데 가장 크게 성공한 사람이기 때문이다. 흥미롭게도 2007년 가을《터틀 트레이딩》이 출간된 뒤 서로 다시 연락할 기회가 있었다. 그때 나는 그에게 다큐멘터리를 찍는 데 참여해 달라고 부탁했다(트레이딩 업계의 여러 전문가와 노벨상을 받은 두 명을 다룬 내용이었다). 그는 정중히 거절했다. 다큐멘터리 내용이 마음에 들지 않아서가 아니라 사생활이 드러나는 것을 꺼리는 스타일이었기 때문이다.

리즈 체블과 루시 와이어트

　여성 터틀은 두 명이었다. 이 책이 출간되기 전까지만 해도 사람들은 여성 터틀은 리즈 체블뿐이라고 알고 있었기 때문에 이는 많은 사람들에게 뉴스거리였다. 그러나 취재 결과, 루시 와이어트 매티넌도 터틀이었다. 다른 여러 터틀이 이 사실을 확인해주었다. 더 자세한 뒷이야기가 있는데 이는 우선 리즈 체블로부터 시작된다.

　리즈 체블은 이 책을 쓰기 위한 내 인터뷰 요청에 다른 중요한 일이 있다며 정중히 거절했다. 그로부터 3주 뒤 사전에 반대 의견 표명이나 접촉도 없이, 본인에 대한 언급이 있으면 법적으로 대응하겠다는 메시지를 불쑥 전해왔다. 그녀는 자신이 신문이나 잡지에 거론되는 트레이딩 업계의 유명인사라도 된다고 생각해 터틀에 대한 스토리에서 자신을 제외시켜 달라는 것이었을까? 분명히 그랬다.

　얼마 뒤 내 책상에 놓인 신문에서 리즈 체블이 시카고에서 진행되는 매니지드 퓨처스 협회Managed Futures Association 컨퍼런스에서 연사로 나온다는 기사를 볼 수 있었다. 그녀는 인터뷰를 거절했지만, 이곳으로 직접 찾아가 이런저런 설명으로 안심시키면 인터뷰 허락을 받을 수도 있겠다 싶었다. 망토처럼 보이는 검은색 옷차림의 리즈 체블은 아주 유창하고 자신 있게 연설했다. 그날 시카고 오찬 세미나에서 그녀는 프레젠테이션을 두 파트로 나눠 진행했다.

1. 투자심리: 감정의 기복
2. 수학적 솔루션

터틀을 아는 사람들이라면 이 중요한 두 주제가 낯설지 않을 것이다. 기조연설을 하는 동안 리즈 체블은 '상관관계'라는 논제도 꺼냈다. '완벽한 역의 상관관계'를 보이는 트레이더 A와 B를 예로 든 표를 보여줬다.

	1월	2월	3월	4월	5월	6월	7월	8월	9월	10월	11월	12월
트레이더A	4%	0%	4%	0%	4%	0%	4%	0%	4%	0%	4%	0%
트레이더B	0%	4%	0%	4%	0%	4%	0%	4%	0%	4%	0%	4%
합계	2%	2%	2%	2%	2%	2%	2%	2%	2%	2%	2%	2%

	총 수익률	평균 수익률	표준편차
A	24%	2%	2%
B	24%	2%	2%
합계	24%	2%	0%

리즈 체블이 한 프레젠테이션의 논거는 리처드 데니스와 함께했던 시절에서 배운 것이다. 모든 트레이더는 포트폴리오 구성 요소들이 서로 최대한 음의 상관관계를 지니도록 해야 한다. 포트폴리오가 플러스 수익률을 기록하는 상태에서 상관관계가 음인 구성 요소를 추가할수록 위험이라 불리는 표준편차가 줄어든다.

리즈 체블의 연설은 내가 터틀에 대해 밝힌 내용, 즉 훈련 내용과 신념 등에 대해 더욱 강한 확신을 심어주었다. 하지만 강연이 끝난 뒤 그녀에게 가까이 갈 수 없었다. 인터뷰를 허락하지 않은 이유가 무엇일까? 그녀는 TurtleTrader.com의 팬이 결코 아니었다. 리즈 체블은 터틀과 관련이 있는 누군가가 '터틀'이라는 단어를 이용해 돈벌

이를 하는 행위를 싫어했을 수도 있다(사실 이 논리라면 미디어업계 종사자나 전기 작가는 어느 분야에 대해서든 아무 얘기도 할 수 없게 된다). 터틀에 대한 내 이야기는 최근 수년간 반응이 아주 좋았기 때문에 그녀의 거부 의사는 도저히 납득할 수 없었다.

그렇게 거절한 데에는 그럴 만한 이유가 몇 가지 있는 듯하다. 그녀가 터틀 수련 첫해 기록한 -20.98퍼센트라는 수익률은 최근 성적표에는 나와있지 않다. 제프 고든과 인터뷰를 하면서 이 누락을 발견했다. 1988년 리즈 체블이 고객 자금을 운용하기 시작할 때 제시한 자료는 마이너스를 기록한 첫해 실적이 아닌, 51.56퍼센트의 수익을 올린 1985년 성과였다.

하지만 저술을 위한 리서치가 끝날 무렵 출간을 저지하려는 리즈 체블의 움직임은 더욱 심해졌다. 2006년 가을 뉴욕의 재즈 음악 프로듀서 찰스 칼리니Charles Carlini가 (내가 터틀에 대한 책을 쓰는 줄 모르고) 터틀 다큐멘터리 관련 아이디어를 얻고자 나를 찾아왔다. 그는 흥분해있었다. 리즈 체블과 접촉했는데 그녀가 모든 터틀을 연결해주겠다고 약속했기 때문이다. 모든 터틀을 연결해주겠다고? 결코 그런 일은 없을 터였다.

찰스 칼리니는 터틀에 대한 자세한 내막을 모르고 있었고 리즈 체블이 내 터틀 책에 대해 거부감을 보이고 있는 상황에서, 그의 다큐멘터리는 내 책보다 더 빨리 나올 듯 보였다. 도대체 리즈 체블이 터틀에 대해 객관적으로 쓴 내 책을 싫어하는 까닭은 무엇일까? 어쨌든 내 책을 능가하는 것을 만들 수 있는 사람들과의 경쟁은 불 보듯 뻔했다. 나는 압박을 느꼈다.

한 터틀은 리즈 체블의 행동을 '멍청이들의 음모'를 다루었던 드라마 같다고 비꼬았다. 그렇지만 나는 리즈 체블과 불편한 관계를 유지하고 싶지 않아 그녀를 안심시키려고 마지막까지 성의를 다했다. 요약하자면 나는 그녀에게 나쁜 감정이 없었다. 하지만 겉으로는 친절해 보이는 그녀의 이메일 답장은 의심스러웠다. 답장을 받자마자 떠오른 생각은? "트로이 목마"였다.

"귀하께서 TurtleTrader.com 웹사이트를 처음 만든 분 맞습니까? 저는 이 웹사이트가 지난 세월 동안 많이 발전했다고 생각합니다. 내용도 알차다고 판단됩니다. 하지만 귀하께서 이 웹사이트를 처음 창설하셨는지는 잘 모르겠습니다. 만약 그러시다면 러셀 샌즈나 다른 터틀 연락처를 가지고 계시리라 생각하는데 맞습니까? 리처드 데니스 씨께서 제게 터틀 명단을 구해 달라고 부탁했는데, 귀하께서는 저보다 이들에 대한 더 정확한 정보를 가지고 계시리라 판단됩니다. 터틀에 대한 이메일 주소나 다른 정보를 최대한 많이 보내주시면 대단히 고맙겠습니다."

리즈 체블이 호의적이어서 다행이긴 했지만, 내가 인터뷰한 터틀 명단이 책 출간을 지연시키는 데 이용될 수 있다면 다시는 다른 터틀에게 줘서는 안 되겠다고 판단했다. 그렇지만 2007년 10월 내 책이 출간되었을 때 리즈 체블이 부정적 반응을 보인 이유가 또 있었다. 다른 여성 터틀인 루시 와이어트 매티넌 때문이었다.

여성 터틀이 두 명이라는 나의 발표 뒤 바로 폭풍이 몰아칠 줄은 몰랐다. 내 책 내용대로 터틀에 대해 다룬 〈월간 트레이더Trader Monthly〉 2007년 12월호에 실린 내 기고문에 여성 터틀이 둘이라는 내용이 있었다. 이 월간지는 리즈 체블에 대한 내 기고문 내용을 확인할 무렵 리즈 체블로부터 여자 터틀은 오직 자기뿐이라는 연락을 받았다. 하지만 이 잡지는 내 기사에 '여성들'이라는 단어가 있다는 사실을 근거로 여자 터틀이 둘이라는 주장을 굽히지 않았다.

책이 출간되기 전 루시 와이어트 매티넌와 인터뷰한 적이 없었는데도 책이 나오자 그녀가 내게 전화를 걸어왔다. 책 내용 중 다른 터틀이 자기를 사무실에서 '손톱 손질이나 하는' 여자로 묘사한 데에 격분했다(다른 기사에서는 내가 손톱관리사라는 표현을 썼는데 이는 잘못이었다). 루시 와이어트 매티넌은 자기는 그런 모습을 보이지 않았다고 강력히 부인했다. 얼마 뒤인 2008년 4월 12일 우리는 직접 만나기로 했다. 이 만남으로 터틀 실험을 시작하게 된 배경에 대해 더욱 자세히 알 수 있었고, 그녀가 터틀 탄생에 얼마나 중요한 역할을 했는지 확인할 수 있었다.

세계 최초의 펑크댄스 클럽이라 불리는 라 미어 바이퍼가 1977년 시카고 할스테드 거리에 처음 문을 열었다. 하지만 1978년 이 클럽은 화재로 사라졌다. 루시 와이어트 매티넌이 리처드 데니스와 그의 형제 트레이더 톰 데니스를 처음 만난 곳도 이 클럽이었다. 그녀와 톰 데니스가 만나지 않았더라면 터틀 실험은 탄생하지 않았을 가능성이 매우 크다(이 만남이 없었다면 적어도 그날 섹스 피스톨즈Sex Pistols 그룹의 조니 로튼 Johnny Rotten이 〈갓 세이브 더 퀸God Save the Queen〉이라는 노래를 열창하지도 않았을 것이다).

루시 와이어트 매티넌은 톰 데니스, 리처드 데니스와 친구가 된 뒤 리처드 데니스와 어릴 적부터 친구로 지내온 윌리엄 에크하르트를 만났다. 이후 이 둘은 서로 사귀다 헤어지기를 되풀이했다. 그러다가 터틀 실험이 정식 출범하기 전 윌리엄 에크하르트가 그녀에게 트레이딩을 가르쳤다. 그 덕에 그녀는 20대 초반이던 1980년대 초, 수십만 달러를 벌 수 있었다. 루시 와이어트 매티넌은 윌리엄 에크하르트가 그녀가 성공한 이유는 '여자의 직감' 덕분이라며 리처드 데니스를 놀렸다고 털어놓았다. 물론 리처드 데니스는 터틀 실험을 하게 된 근본 배경인 선천적 능력을 결코 믿지 않았다. 그로부터 몇 년 뒤 터틀이 모집되었고 루시 와이어트 매티넌도 원조 터틀로서 터틀 실험실에 합류했다.

걸들이자면 2008년 리즈 체블이라는 이름을 다시 접하게 되었는데, 틀림없이 그녀는 《터틀 트레이딩》에 대해 호의적으로 돌아선 듯하다. 구글에서 내 이름, 마이클 코벨을 검색할 때마다 그녀 회사 광고가 뜨도록 적극 홍보하고 있었기 때문이다.

지리 스보보다

책을 위한 리서치를 하는 동안 루시 와이어트 매티넌 외에 내가 접촉할 수 없었던 또 다른 터틀은 지리 조지 스보보다였다. 지금 그는 라틴음악에서 전자음악과 군악까지 온갖 종류의 음악을 다루는 재주가 뛰어난 기타리스트로 활동하고 있다. 그는 현재 마이스페이스닷컴에서 찾을 수 있는 유일한 원조 터틀이기도 하다. 그가 여전히 매매를 하고 있을까? 다른 터틀인 톰 생크스는 그가 1988년 이후 거둔 수익률은 터틀 중 최고일 것이라 말했다. 하지만 잠깐 수익률 얘기를 접어두고 그의 온라인 뮤직비디오를 보면 정말 환상적이다.

그가 동료와 샌디에이고주립대학에서 연주하는 유튜브 동영상을 보다 보면, 그 순간 교정을 거니는 학생들 중 이 기타 연주자가 대학의 모든 금융학과 교수들이 벌어들이는 돈을 합한 금액보다 더 많이 번다는 사실을 아는 사람이 몇이나 될까 하는 의문이 든다.

리서치 시작부터 끝까지 지리 스보보다를 인터뷰할 방법이 전혀 없었다. 하지만 정말 운 좋게도 (터틀 실험이 끝나고 10년 뒤) 그와 함께 일했던 한 사람이 우연히 내게 이메일로 연락해왔다.

그는 지리 스보보다를 위해 일할 때 원래의 터틀 시스템과 아주 비슷한 프로그램 두 개를 돌렸다고 밝혔다. 하나는 매매 기간이 아주 짧았고 다른 하나는 덜 짧은 시스템이었다. 여러 시뮬레이션을 한 뒤 변수 몇 개를 약간 조정했지만 기본적 트레이딩 규칙은 원래 터틀 시스템과 같았다. 그가 지리 스보보의 회사에서 근무할 때 매매는 태평양 표준시로 저녁 일곱 시에 시작했다. 홍콩과 호주 시장을 대상으로 트레이딩했는데 다음 날 주문을 오후 다섯 시 전까지 준비해야 했기 때문이었다.

"우리는 그날의 숫자를 프로그램에 입력하고 15분 뒤 다음 날 매매를 준비했습니다. 지리 스보보다와 그의 파트너들은 제가 트레이딩 비법을 알게 될까 봐 아주 경계했습니다. 이들은 서로 똘똘 뭉쳤고 자신들의 비법을 아주 소중히 여겼죠. 혹시나 나쁜 평을 듣거나 개인적 자유가 침해당할까 봐 걱정하기도 했습니다."

분명 많은 외부인들이 터틀들의 비밀유지 노력과 피해망상적 우려를 경험했을 테지만, 내가 접한 훨씬 더 특이한 사례는 가장 젊은 터틀에게서 겪은 것이었다.

커티스 페이스

2001년 버진 아일랜드로 떠난 비즈니스 여행에서 커티스 페이스를 처음 만났다. 나는 리처드 데니스가 훈련한 유명한 터틀 한 명을 만날 수 있는 기회가 반가웠다. 그는 세인트 토머스 섬에 있는 프렌치맨스 리프 매리엇Frenchman's Reef Marriott 호텔로 와서 구식 소형 렌탈 승용차 뒷자리에 나를 태우고 얘기를 나눌 만한 해변으로 데려갔다.

첫인상은 어땠을까? 카리브 해에 있는 세인트 토머스 섬은 끊임없는 스틸 드럼 소리가 들려오는 편안한 분위기의 섬이다. 그런데 이상하게도 커티스 페이스를 만나자마자 그가 열등감이 있다는 느낌이 들었다. 하지만 그도 터틀이었고 이 업계에서 겉만 보고 평가하는 행위는 현명치 않다고 생각했다. 당시 그는 마흔 살 정도였지만 실제보다 더 늙어 보였다(지쳐 보인다는 표현이 더욱 적절한 듯싶다).

그를 만난 지 얼마 지나지 않아 대화 주제가 에인 랜즈의 소설《아틀라스Atlas Shrugged》로 이어졌다. 한때 그는 여러 사람들과 골트 캐피탈Galt Capital이라는 운용회사를 설립할 생각으로 논의까지 했다고 밝혔다. 동업자 중 한 친구는 1,200쪽 고전을 단 몇 시간 만에 읽는다고도 했다. 우스꽝스러운 과장이라고 생각했지만 그는 정말 진지했다. 얼마 뒤 그는 새로운 항공사를 설립할 계획이라고 했다(당시 그는 curtis@galtair.com이라는 이메일 주소를 쓰고 있었다). 나는 속으로 '결코 그럴 리 없다'고 생각했지만 터틀 출신인 그가 정말로 '골트 에어Galt Air'라는 항공사를 세우지 말라는 법도 없었다.

그날 밤 저녁식사 자리에서 커티스 페이스는 TurtleTrader.com 웹사이트에 대한 칭찬을 아끼지 않았다. "어떻게 준비했는지는 잘 모르겠지만 제대로 만들었다고 생각합니다." 하지만 누가 봐도 엄청나게 성공했다고 인정하는 제리 파커와 했던 인터뷰와는 분명 다른 느낌이었다. 나중에 구글 검색 도중 그의 이력서가 인터넷에 돌고 있음을 알 수 있었다. 가장 성공한 터틀이라 자평하던 그 유명한 터틀이 일자리를 구한다고? 확실한 증거는 없었지만 그가 재산을 모으지 못했다는 생각이 불쑥 들었다. 커티스 페이스는 모든 터틀이 '크게 성공했다'는 전설에 완전히 상충되는 사람이었다.

알고 보니 주변에서 많은 사람들이 달라붙어 그의 명성을 이런저런 사업에 이용하려 했음이 드러났다. 내게 솔직히 털어놓기 시작한 몇몇 사람들은 커티스 페이스가 돈에 쪼들리고 있음을 확인해줬다.

몇 차례 더 만나고 그 후로는 더 이상 접촉이 없었다. 하지만 그는 곧 내가 공들이는 일에 반하는 행위를 했다. 2003년 그가 내 웹사이트를 공개적으로 폄하했다. "TurtleTrader.com을 운영하는 사람으로부터 전문적인 조언을 기대할 수 없다. 훌륭한 트레이딩 경험에 의해 담금질되지 않은 일반 트레이더의 보잘것없는 조언만 얻을 수 있을 뿐이다. 이곳에서 정보를 얻겠다고 이용료를 내는 행위는 장님을 안내인으로 고용하는 꼴이다."

2007년 10월 《터틀 트레이딩》이 출간되자 모든 터틀 가운데 오직 커티스 페이스만 몹시 화를 냈다. 그는 자신이 쓴 책에서 자신을 엄청나게 성공했다고 과장했던 터라 분명 자신에 대한 전설을 보호할 필요가 있었던 것이다. "내 생각에 (마이클 코벨은) 인류에 뭔가 공헌하는 대신 다른 사람의 업적과 노력에 빌붙어 사는 기생충이다."

프리아푸스 막시무스Priapus Maximus라는 닉네임을 쓰는 사람(아마 커티스 페이스인 듯하다)이 공격을 이어갔다. "마이크가 최근에 낸《추세추종》은 자신의 형편없는 트레이딩 코스를 홍보하는 안내 책자에 불과하다. 어느 책이 더 좋은지는 불 보듯 뻔하다. 마이크는 커티스 페이스가 미울 것이다."

우스꽝스러운 일은 이뿐만이 아니다. 12장에서 다룬 얘기지만 터틀 실험 20년 뒤에 커티스 페이스가 시작한 트레이딩 회사는 처참하게 끝을 맺었다. 이 회사에 대한 정부 당국의 조사 과정에 필요한 쓸데없는 절차 때문에 책을 위한 자료 취합이 고통스러울 정도로 늦어졌다. 실제 내 책이 인쇄되기 시작한 2007년 초까지도 모든 세부자료가 수집되지 못했다. 하지만 책이 출간된 직후 정부는 마침내, 커티스 페이스가 공동 설립했던(이 회사 이름은 엑셀러레이션 캐피탈이었다) 그 작은 트레이딩 회사에 대한 최종 조사 보고서를 냈다.

작가라면 "사실은 허구보다 더 기묘하다."라는 격언이 맞는 말임을 바로 알 것이다. 하지만 미 정부의 조사 과정에서 엑셀러레이션 캐피탈이, 신망 받는 돈치안Donchian의 추세추종 시스템을 하나도 바꾸지 않고 그대로 썼음이 드러났을 때 협잡을 제대로 밝혀냈다는 느낌이 들었다.

엑셀러레이션 캐피탈은 커티스 페이스의 터틀 트레이딩 '전설'을 토대로 설립했다는 점을 내세웠지만 파트너였던 유리 플리암은 커티스 페이스가 트레이딩 시스템에 특별히 가치를 덧붙인 것이 없다고 진술했다. 더욱이 직원이었던 토비 데니스턴(12장 참조)은 회사 돈을 횡령해 자동차를 구입하고 여행을 다녔으며, 위우회술도 하고 남자 친구에게 온갖 선물을 사주었으며 심지어 바비 인형까지 수집했다.

(내가 정보 공개를 신청하지 않았다면 영원히 묻힐 뻔했던) 바비 인형 수집 스토리까지 담긴 요지경 같은 진술 내용은, 자신이 가장 성공한 터틀이라는 커티스 페이스의 주장이 얼마나 터무니없는지를 보여주는 수많은 증거 중의 하나에 불과하다. 사실이 드러나자 그는 "마이클 코벨은 트레이딩에 대해서는 일자무식"이라며 온갖 비난을 서슴지 않았다. 인터넷에서는 "멍청이 사기꾼"이라 욕하기도 했다. 심지어 소송하겠다며 다음과 같이 으름장을 놓기도 했다.

"마이클 코벨은 화가 나고 눈이 멀어 세상에는 정직한 사기꾼들이 있을 수 있다고 착각하는 모양이다. 더욱이 나처럼 성공한 사람이 더 많은 돈을 벌 수 있는 트레이딩을 그만둔 이유를 헤아리지도 못한다. 법원은 그가 악의와 질투심에 불타는 거짓말쟁이라는 사실을 밝혀낼 것이다. …… 그는 운 좋게도 어느 영국 잡지에 자신의 주장을 밝혔다. 하지만 나는 이를 근거로 그를 명예훼손으로 고소할 수 있다. 영국은 왕족에 대해 거짓말을 지어내는 사람들을 싫어하기 때문에 명예훼손에 대해서는 아주 엄격하다. …… 소송 뒤에는 마이클 코벨에 대해서 더 이상 신경 쓸 필요가 없다. …… 그의 멍청이짓을 그만두게 하려고 수없이 노력했는데도 그는 끝내 멈추지 않았고 어리석게도 내 철천지원수가 되었다. …… 바보짓을 계속할수록 자신이 악의적이었음이 더 드러날 뿐이다. 터무니없는 소리를 지껄일 때마다 징벌적 손해배상금은 늘어날 것이다."

커티스 페이스는 소송 논거를 이렇게 제시했다. "마이클 코벨을 상대로 승소해 받은 돈 전부를 가난과 질병, 대체 에너지 관련 비영리 단체에 기부하겠다."

2008년 봄 커티스 페이스의 어릴 적 친구인 팀 아놀드Tim Arnold가 목소리를 높였다. 그는 무엇보다도 커티스 페이스가 여호와의 증인 교도라는 사실을 확인해주었다. 두 사람은 작은 소프트웨어 회사를 함께 차렸지만 이후 팀 아놀드가 커티스 페이스 지분을 모두 인수했다. 하지만 커티스 페이스는 계약금보다 더 많은 돈을 받아낼 목적으로 인터넷 포럼에서 소송을 제기할 수도 있다는 글을 올리며 으름장을 놓았다. 팀 아놀드와 대화해보면 그가 커티스 페이스에게 아주 화가 났다는 것을 알 수 있다. 팀 아놀드는 커티스 페이스가 25년 전의 명성에 매달려 살고 있지만 지금은 쪼들리고 있다고 확인해주었다.

커티스 페이스 스토리는 밴텀 수탉을 보면서 자란 내 어린 시절을 생각나게 한다. 이 수탉들은 우월함을 드러내려고 닭장 안에서 으스대며 다른 닭을 겁주고 괴롭히지만 "부우"하고 소리치며 쫓으면 얼른 도망친다.

터틀 수련생 출신이 어떻게 이처럼 얼간이 같은 행동을 할 수 있단 말인가? 커티스 페이스는 자신이 가장 성공한 터틀이라고 오래전부터 밝혀왔다. 하지만 사실은 그 정반대다. 더 문제가 되는 것은 투자자들이 그의 말을 곧이곧대로 듣고 그를 모범으로 삼는다면 목적지도 없이 헤매는 신세가 될 것이라는 점이다.

최근 커티스 페이스는 버락 오바마Barack Obama의 대통령 선거운동에 자원했다. 그리고 2007년 12월 이와 관련한 유튜브 동영상을 올렸다. 작동 중인 세탁기 같은 것이 보이는 뒤뜰에서, 어떻게 하면 대통령으로 당선될 수 있는지에 대해 4분 동안 연설하는 내용이었다. 누가 봐도 선거 캠페인과는 실질적 관계가 없다는 사실을 알 수 있었다. 버락 오바마를 포함해 수많은 사람들이 그의 한마디 한마디에 귀 기울인다고 착각하는 듯 기괴하고 거만한 말투였다.

결론

2007년 10월 《터틀 트레이딩》이 처음 출간되었을 때 싱가포르를 제외하고는 톱10 베스트셀러에 든 곳이 없었다. 하지만 출간 직후 무슨 이유에서인지 싱가포르에서 논픽션 부문 톱10에 이름을 올렸다. 이후 13주 동안 톱10을 유지하며 《앨런 그린스펀Alan Greenspan》이나 《테레사 수녀Mother Teresa》 같은 책들과 어깨를 나란히 했다. 이는 이런 이야기에 끌리는 사람이 누구이고 그렇지 않은 이가 누구인지를 알려주는 놀라운 경험이었다. 싱가포르가 엄청난 부를 쌓고 자산운용으로 성공을 거둔 사실을 생각하면 어쩌면 당연한 일일 수도 있다.

최근 몇 년 동안 극심한 부침을 보인 중국시장에서 수백만 명의 투자자들이 터틀 철학을 활용할 수도 있었을 것이다. 중국 주식시장 폭락을 다룬 2008년 5월의 〈워싱턴 포스트Washington Post〉 기사를 살펴보라.

"지난 2월, 청두시에서 일하던 스물다섯의 엔지니어 이씨가 7층 빌딩에서 투신했다. 회사는 그가 주식시장에서 큰돈을 잃었다고 밝혔다. 3월 30일에는 산둥에서 아이스크림 가게를 운영하던 서른아홉 살의 이씨가 4,500달러를 투자한 뒤 3분의 1을 잃고 아파트에서 뛰어내렸다. 중국 주식시장이 6개월 넘게 추락하자 중국 정부는 개인투자자가 전혀 예상치 못한 엉뚱한 방식으로 대응했다. 계속 방관만 하다 상하이종합지수가 상징적 마지노선인 50퍼센트 넘게 폭락한 지난주에야 개입했다. 증권거래세를 대폭 내리고 정규시간에 블록매매를 하도록 함으로써 시장을 14퍼센트 끌어올렸다. 하지만 다시 주저앉았다."

분명 이 투자자들은 터틀이나 터틀의 투자기법을 알지 못했을 것이다. 터틀 '비법'을 꼭꼭 숨기려고 온갖 노력을 기울이는 몇몇 터틀이 있지만 이들은 큰 그림을 보지 못하는 것이 아닌가 하는 의구심이 든다. 터틀의 위대하고 통찰력 있는 이야기와 엄청난 성공은 숨길 이유가 전혀 없다. 이 스토리를 널리 퍼트리면 그들뿐만 아니라 모두에게 이롭다.

터틀 스토리를 접하는 사람이 많아서 손해 볼 것이 도대체 무엇이란 말인가? 예컨대 자신의 이름을 드러내고 트레이딩을 하는 몇몇 터틀은 주식시장이 혼돈에 빠진 2008년 첫 3개월 동안 다음과 같은 실적을 올렸다.

제리 파커: +11퍼센트

리즈 체블: +17퍼센트

톰 생크스: +37퍼센트

폴 라바: +13퍼센트

하워드 세이들러: +28퍼센트

빌 에크하르트(리처드 데니스의 옛 파트너): +14퍼센트

살렘 에이브러햄(2세대 터틀): +13퍼센트

터틀 스타일의 수익률은 어느 정도 부침이 따르기 때문에 위와 같은 실적이 계속 이어지리라는 보장은 없다. 하지만 숫자는 숫자다. 더욱이 이 실적은 온종일, 그리고 일주일 내내 떠들어대는 한밤의 뉴스나 CBNC만 봐서는 기대할 수 없는 성과다.

터틀 스토리는 정말로 완벽에 가까운 트레이더들에 대한 이야기라 할 수 있다. 도무지 믿을 수 없다고 여기는 사람들도 있을 정도다. 명백한 사실을 받아들이기를 거부하면 더욱 많은 투자자들이 건전한 투자행위를 익히는 데 가장 큰 걸림돌로 작용할 수 있다. 왜일까? 사람들은 사실을 제대로 인식하는 데 늘 어려움을 겪기 때문이다. 즉, 우리는 믿고 싶은 것만 믿는다.

터틀들은 어디에서 무엇을 하고 있나?

"정작 중요한 것은 참신한 아이디어가 아니라
독창적 실행 능력이다."

• 성명 미상자 •

• 살렘 에이브러햄 •

2세대 터틀

2006년 (에이브러햄 트레이딩의) 숀 조던Shaun Jordan이 살렘 에이브러햄의 집과 사무실이 있는 텍사스 캐너디언에 이틀간 방문하는 일정을 주선해주었다. 방문 중 살렘 에이브러햄은 윌리엄 에크하르트가 설파한 위험 효용이론을 예를 들어가며 설명했다.

1,000만 달러를 가지고 동전 던지기 게임을 한다고 가정하자. 이 게임에서 1,000만 달러를 베팅하면 1,000만 달러를 추가로 획득할 확률은 90퍼센트이고 보유한 1,000만 달러를 모두 잃을 확률은 10퍼센트라고 치자. 이처럼 이길 확률이 높은 상황인데도 가진 돈을 모두

베팅할 수 있을까? 아니다. 살렘 에이브러햄이 설명했다. "저는 확률을 따지고 투자하는 사람으로서 '정말 유리한 게임이야.'라고 생각하며 베팅하려 할 것입니다. 하지만 다시 생각해보죠. 추가로 벌 수 있는 돈도 잃을 수 있는 금액도 1,000만 달러입니다. …… 저는 이곳 텍사스에서 석유가스 사업을 하는 사람들을 많이 봤는데 모두 파산했습니다. 이들은 이 분야에 경험 많은 사람들이었지만 전부 베팅을 너무나 많이 해서 결국 망했습니다."

· 앤서니 브룩 ·
1983년 터틀 수련생

시카고 AIDS 재단 이사라는 사실 외에는 앤서니 브룩에 대해 공개된 정보는 없다. 그렇지만 그는 여전히 C&D 커머더티스와 관련되어있음이 틀림없다. 그러나 C&D 커머더티스가 아직도 사업을 지속하고 있는지는 확실치 않다. 리처드 데니스와 앤서니 브룩이 회사 지분을 공유하고 있는지도 불분명하다.

· 마이클 카 ·
1983년 터틀 수련생

마이크 카는 스노모빌과 겨울 스포츠를 전문적으로 다루는 작가로 활동하고 있다. 다섯 개의 잡지와 〈메이킹 트랙스 Making Tracks〉라는 월간지에 스노모빌 여행 관련 기사를 쓰고 있다. 25년 동안 썰매를 타며 총 4만 마일을 달렸다.

· 마이클 카발로 ·
1983년 터틀 수련생

마이클 카발로는 리처드 데니스의 터틀 수련을 마친 뒤 계속 이런 저런 직업을 찾다가 결국 미국체스협회 이사가 되었다. 그는 뉴욕 주니어 체스 챔피언이었는데 당시 랭킹이 2,142위였다. 또한 한때 '마스터' 레벨에 오르기도 했다.

스스로 카발로 재단도 만들어 업무 현장에서 용기 있게 내부고발을 하는 사람들을 지원하기도 했다. 특히 환경운동가, 과학자, 인종차별과 성희롱에 대항해 싸우는 사람들을 도왔다. 마이클 카발로는 세쌍둥이의 아버지이기도 하다.[1]

· 리즈 체블 ·
1983년 터틀 수련생

리즈 체블은 이 책을 쓰기 위한 내 인터뷰 요청을 거절했다. 오늘날 리즈 체블은 EMC 캐피탈이라는 트레이딩 회사를 이끌고 있다.

· 짐 디마리아 ·
1984년 터틀 수련생

짐 디마리아는 지난 25년 동안 이런저런 상황에 잘 대응하며 살아왔다. 그가 더 많은 돈을 벌고 싶어 했을까? 물론이다. 두 마리 토끼를 잡기는 쉽지 않았지만 그는 늘 이 어려움을 깔끔히 해결했다. "트레이딩은 운신의 여지가 있어서 기술만 제대로 활용한다면 장소가 어디든 상관없습니다. 저는 아이들을 데리고 프랑스로 건너가 3년간 살았습니다. 가족에게는 정말 좋은 경험이었죠. 아이들은 프랑스어도 모국어처럼 잘합니다. 온갖 곳을 돌아다니기도 했고 아주 행복했어요. 제 생각에 스물세 나라를 돌아다니며 트레이딩한 것 같습니다."

헤지펀드 업계에서 왜 파산 사태가 일어나는지를 가장 잘 설명한 터틀은 짐 디마리아였다. 그는 여러 트레이더에 자금을 쪼개주는 '자산배분 기관'에 근본적인 문제가 있다고 보았다. "이 기관들의 가장 큰 문제는, 변동성과 표준편차를 '위험'과 완전히 혼동하고 있다는 데 있습니다. 이 둘은 전혀 상관관계가 없습니다. 이들은 아마란스, 롱텀 캐피탈 매니지먼트, 파산한 헤지펀드인 쓰리ⅲ 등에 돈을 맡기기를 원하는데 이 회사들은 전체의 95퍼센트에 해당하는 기간 동안에는 문제가 없습니다. 하지만 나머지 기간에 파산하죠."

· 윌리엄 에크하르트 ·
리처드 데니스의 동료, 터틀의 스승

터틀들의 스승인 그는 지금도 약 10억 달러의 고객 자금을 운용하고 있으며 매매 이외에도 트레이딩에 관련된 철학적 연구도 지속하고 있다. 1993년에는 〈마인드Mind〉라는 철학 잡지에 "확률 이론과 인류 종말론"이라는 기고문을 썼다. 이어 〈저널 오브 필로소피Journal of Philosophy〉에 "촬영실에서 바라본 인류종말론"에 대한 글을 썼다. 두 기사는 존 레슬리John Leslie가 주창한 인류 종말론을 부정하는 글이다.[2] 인류 종말론은 지금까지 태어난 총인구 추정치만을 근거로 인류의 미래를 예측하는 확률론적 주장이다.[3]

흥미롭게도 2001년 1월 에크하르트 트레이딩 컴퍼니Eckhardt Trading

Company는 C&D 커머더티스에서 일했던 직원 여러 명을 채용했다. 터틀 세계는 좁고 서로의 관계도 끈끈한 듯싶다.

· 커티스 페이스 ·
1983년 터틀 수련생

오늘날 커티스 페이스는 온라인 채팅 포럼에서 왕성한 활동을 하고 있다. 아울러 내가 쓴 터틀 스토리를 소리 높여 비난해왔다. 그는 현재 아르헨티나 부에노스아이레스에서 살고 있다.

· 제프 고든 ·
1983년 터틀 수련생

지금은 개인 투자자로 활동하고 있는 제프 고든은 남을 가르치는 보람으로 살고 있다. 제프 고든 부부는 지난 십 년간 캘리포니아 마린 카운티에서 아이들에게 체스를 가르쳐왔다. 그가 이끄는 마린 컨트리 데이 스쿨Marin Country Day School 체스 팀은 2005년 노스캘리포니아 지역 체스 대회에서 우승했다.

그는 누구나 한 번쯤은 넘어야 하는 무시무시한 '위험'을 되돌아보게 하는 얘기를 해줬다. "위험에 대한 태도는 트레이더가 되는 데 아주 중요한 요소입니다. 이는 배울 수 있는 것일까요? 아마도 배우면 머리로는 이해할 수는 있습니다. 체득해 내 것으로 만들 수 있을까요? 잘 모르겠습니다. 불가능하다는 뜻은 아닙니다만 어렵다고 말씀드리고 싶습니다. 위험 같은 기초적인 것에 대한 기본 태도를 바꾸려고 노력한다면 다른 사람보다 위험을 덜 불편하게 대할 수 있습니다.

이는 훈련으로 얻을 수 있습니다. 태도, 살아온 배경, 과거의 위험에 대한 보상이나 징벌 경험을 통해 길러집니다."

· 얼 키퍼 ·
1984년 터틀 수련생

얼 키퍼는 선발된 터틀 중 나이가 가장 많았다. 터틀 수련 당시 리처드 데니스와 엇비슷한 서른일곱 정도였다. 그는 자신에 대해 묘사하며 빙그레 웃었다. "마치 작은 리치와도 같았죠."

그도 터틀이 되기 전 아주 다양한 경험을 했다. 런던 국제금융선물거래소 창립 회원으로서 초창기의 회원 및 규약 위원회 이사로 활동했다. 미 공군사관학교를 졸업하고 베트남 전쟁에 참가해 항공구조단에서 구조용 헬기인 졸리 그린스Jolly Greens를 조종하기도 했다. 그는 군대에서의 경험이 개인적 발전에 아주 중요한 역할을 했다며 이렇게 말했다. "전투를 하는 순간에는 '지금 현재'에 100퍼센트 집중할수밖에 없습니다. 전투 경험은 여러분의 DNA를 완전히 바꿉니다."

· 필립 루 ·
1984년 터틀 수련생

2006년, 위스콘신 에지우드대학 교수로 재직하고 있는 필립 루에게 인터뷰를 요청했다. 하지만 뜻밖의 답변이 돌아왔다. 그는 리처드 데니스와 맺은 비밀유지 약정이 (1990년대 초에 이미 만료되었는데도) 아직도 유효하다는 이유로 면담을 거절했다.

· 제리 파커 ·
1983년 터틀 수련생

몇 년 전 제리 파커와 첫 면담을 하던 중 배정된 인터뷰 시간이 끝나갈 무렵 (이때다 싶어) 얼른 베어링 은행 파산 때 누가 큰돈을 벌었는지 물었다. 그러자 그가 확인해줬다. 내가 첫 책인《추세 추종Trend Following》을 저술할 수 있었던 것은 그런 확인 덕분이었다. 오늘날 제리 파커는 크게 성공한 터틀로서 트레이딩을 계속하고 있다. 그는 여전히 버지니아 리치몬드 외곽에서 일한다.

· 폴 라바 ·
1984년 터틀 수련생

터틀 중 고객 자금을 두 번째로 많이 운용하고 있는 폴 라바는 크게 성공한 터틀과 그렇지 못한 터틀 사이의 차별점을 다음과 같이 설명했다. "덜 성공한 터틀들은 비즈니스에 별로 신경을 쓰지 않은 사람들입니다."[4]

폴 라바는 1983년 리처드 데니스가 했던 방식과 똑같이 〈뉴욕 타임스〉에 모집 광고를 냈다. 이제 온라인을 검색하면 옛 광고가 아닌, 2006년 폴 라바가 〈뉴욕 타임스〉에 낸 광고를 찾을 수 있다. 자신의 삶에서 성공의 첫걸음을 내딛을 수 있는 기회가 없다고 불평하는 사람들은 더욱 열심히 찾아봐야 할 것이다.

· 톰 생크스 ·
1984년 터틀 수련생

톰 생크스는 터틀 가운데 가장 흥미로운 삶을 산 듯하다. 한 동료 터틀은 몇 년 전 라스베이거스 터틀 재상봉 모임에서 톰 생크스가 유명한 시트콤 여배우와 팔짱을 끼고 나타났던 기억을 떠올렸다.

브래들리 로터Bradley Rotter는 톰 생크스의 모험적인 면을 곁에서 직접 목격했다. "그가 어느 날 제트 헬기를 구입했는데 조종술을 배운 뒤 저를 태우고 처녀비행을 하고 싶다고 했습니다. 저와 함께 금문교 밑을 날아가겠다고 했죠. 저는 트레이더가 조종하는 비행기는 타고 싶지 않다고 솔직하게 말하고 거절했습니다." 곧이어 로터 브래들리는 진지한 태도로 바뀌 말했다. "그는 내가 만난 사람 중 가장 멋진 사람입니다. 의심할 여지없는 원칙주의자이기도 합니다."

톰 생크스는 자기의 첫 고객을 정말 자랑스러워했다. 이 투자자는 1988년 30만 달러로 투자를 시작했다. 그 뒤 100만 달러 넘게 환매했지만 추가 투자를 하지 않고도 잔고가 1,800만 달러 넘게 불어났다.[5]

· 마이클 섀넌 ·
1984년 터틀 수련생

마이클 섀넌은 터틀 수련 뒤 몇몇 월가 거물들과 일할 기회가 있었다. 전설적인 미 국채 트레이더로서 《시장의 마법사들》에도 나오는 토머스 볼드윈Thomas Baldwin과 함께 펀드를 운용하기도 했고, 이후에는 (나중에 루이스 베이컨을 위해 자금을 굴린) 카베 알라무티Kaveh Alamouti와 일하기도 했다. 지금은 미국을 떠나 조용한 삶을 즐기고 있다.

· 지리 조지 스보보다 ·
1984년 터틀 수련생

지리 조지 스보보다는 미스터리로 가득한 터틀이다. 그는 1988년 고객 자금을 운용하기 위해 정부 규제기관인 미국선물협회에 등록을 신청했지만 끝내 인가를 받지 못했다. 1988년 여권을 신청할 때 신분 증과 서류를 위조해 중죄 판결을 받고 관련 자료를 미국선물협회에 제출하지 않았기 때문인 듯하다.

왜 가짜 여권을 만들려 했을까? 뛰어난 도박사인 그는 해외에서 블랙잭 게임을 하고 거기서 딴 돈을 미국으로 몰래 반입하려 하지 않았나 싶다. 이러한 이상한 과거가 있지만 그의 여러 동료는 그에 대한 칭찬을 아끼지 않았다. 한 친구는 이렇게 평가했다. "그는 아주 현실적인 동료였어요. 모든 것을 흑백논리로만 보지 않는 이 친구는 도덕적으로 전혀 문제가 없는 정직한 사람입니다." 지리 조지 스보보다를 아주 좋아하는, 내 인터뷰를 거절했던 다른 터틀은 이렇게 칭찬했다. "1988년 이후 누적 수익률에서는 지리 스보보다가 아마 모든 터틀 중 최고일 것입니다."

들리는 소문에 의하면, 지난 몇 년 동안 지리 조지 스보보다는 라스베이거스 카지노 주인들에게 도박사들이 속임수를 못 쓰게 하는 방법을 가르쳤다고 한다. 이밖에 그에 대해 알려진 얘기는 전혀 없다. 아마도 그는 이런 수수께끼 같은 삶을 즐기는 모양이다.

관련 웹사이트

터틀, 그리고 이들의 스승인 리처드 데니스와 윌리엄 에크하르트에 대한 더욱 자세한 정보는 다음 웹사이트에서 찾아볼 수 있다.

- **www.abrahamtrading.com** (살렘 에이브러햄 웹사이트)
- **www.daledellutri.com** (데일 델루티 웹사이트)
- **www.eckhardttrading.com** (윌리엄 에크하르트 웹사이트)
- **www.emccta.com** (리즈 체블 웹사이트)
- **www.hawksbillcapital.com** (톰 생크스 웹사이트)
- **www.jpdent.com** (짐 디마리아 웹사이트)
- **www.markjwalsh.com** (마크 월시 웹사이트)
- **www.michaelcovel.com** (마이클 코벨 웹사이트)
- **www.saxoninvestment.com** (하워드 세이들러 웹사이트)
- **www.trendfollowing.com** (마이클 코벨 웹사이트)
- **www.turtletrader.com** (마이클 코벨 웹사이트)

터틀들의 연도별 운용성과

"끊임없이 변하는 세상에서는 위험도 사실상 안전의 한 형태라 할 수 있다.
세상을 있는 그대로 받아들이기 때문이다.
우리가 관습적으로 안전하다고 생각하는 곳에도 실제는 위험이 도사리고 있다.
세상이 그러하다는 것을 부정하고 받아들이려하지 않기 때문이다."

• 찰스 샌포드 주니어 Charles S. Sanford, Jr •

1988년 터틀 프로그램 종료 이후 운용성과를 지속적으로 쌓아온 터틀은 제리 파커뿐만이 아니다. 다른 몇몇 터틀도 전문 트레이더의 길을 걸었다. 이들의 성과는, 한 시스템에 굳건히 매달리면 계좌잔고가 얼마나 많이 늘 수 있는지를 명백히 보여준다. 표 3.1과 표 3.2에는 제리 파커와 살렘 에이브러햄의 월별, 연도별 성과가 나타나있다.

표 3.3에는 리처드 데니스의 옛 동료인 윌리엄 에크하르트와 다른 터틀들의 1988년 이후의 연도별 성과가 니와있다.

표 3.1 | 제리 파커의 체사피크 캐피탈 운용성과(1988~2006)

연도	1월	2월	3월	4월	5월	6월	7월	8월	9월	10월	11월	12월	합계
1988	-2.19%	-2.63	-6.89	-10.71	6.93	32.42	-9.41	6.85	2.03	10.65	11.06	7.04	48.91
1989	4.93	-5.42	6.64	-8.82	22.38	-8.28	11.66	-11.75	-2.82	-7.40	3.90	28.56	28.30
1990	0.49	3.37	8.62	4.37	-4.61	1.77	6.25	15.15	0.60	1.86	-0.25	0.11	43.12
1991	-1.29	4.84	2.32	-2.80	0.27	-1.25	-1.75	-3.32	4.39	4.21	-4.68	12.08	12.51
1992	-10.98	-2.86	0.53	-0.44	-3.66	6.52	12.96	3.16	-6.78	5.21	2.27	-1.93	1.81
1993	0.42	15.99	5.86	7.38	0.40	0.98	9.49	5.88	-2.63	-0.06	1.03	5.77	61.82
1994	-3.33	-4.88	0.09	-0.60	9.06	7.02	-1.70	-2.98	3.49	1.97	4.83	2.86	15.87
1995	-3.23	-4.39	8.60	1.45	6.84	0.88	-3.09	-2.66	0.20	-1.11	1.76	9.18	14.09
1996	1.69	-4.26	0.28	10.16	-3.04	3.27	-7.64	0.57	6.47	5.92	6.57	-4.30	15.05
1997	1.86	5.48	-1.24	-2.41	-2.28	1.44	6.24	-7.88	5.06	-2.34	1.70	4.88	9.94
1998	-1.29	6.06	3.65	-2.16	3.62	-0.67	3.03	7.27	-0.59	-3.21	-1.68	1.80	16.31
1999	-2.76	1.90	-2.65	8.42	-8.71	3.57	-4.80	3.37	1.98	-7.88	4.16	8.49	3.30
2000	-0.87	0.92	1.88	-3.80	0.63	-0.99	-3.71	3.90	-7.30	-0.62	7.42	8.80	5.23
2001	-0.43	3.75	4.98	-7.50	-1.43	0.16	-3.06	-3.40	7.15	5.01	-10.09	-1.92	-7.98
2002	-2.11	-1.79	2.43	-3.27	2.26	4.19	2.84	2.55	3.81	-2.63	-1.58	4.31	11.07
2003	6.52	3.61	-8.76	0.29	5.35	-5.65	-1.85	2.42	-2.78	15.48	1.91	6.61	23.08
2004	1.63	5.05	-2.70	-6.05	-0.50	-2.90	-1.86	-3.23	3.50	2.32	8.89	1.53	4.84
2005	-3.82	0.46	-0.92	-3.62	-1.25	3.41	0.45	4.70	-1.10	-4.75	4.33	1.97	1.15
2006	5.54	-0.69	5.37	3.23	-1.47	-0.77	-2.13	-4.66	-1.53	1.38	3.38	3.32	10.90

출처: 미국 상품선물거래위원회 제출 자료

표 3.2 | 샬렙 에이브라햄의 에이브라햄 트레이딩 운용성과(1988~2006)

연도	1월	2월	3월	4월	5월	6월	7월	8월	9월	10월	11월	12월	합계
1988	4.17%	-2.59	-8.78	-12.35	32.34	71.99	-2.82	3.45	-1.98	8.01	17.83	4.51	142.04
1989	-8.05	-12.64	13.91	-20.08	38.65	-4.40	16.08	-13.84	-7.75	-14.40	10.30	39.52	17.81
1990	3.65	1.81	9.45	12.90	-7.90	2.49	20.08	18.54	8.57	-0.36	0.31	-0.09	89.95
1991	-15.94	1.30	2.43	-13.70	2.94	2.11	-1.52	-6.33	11.61	16.61	-2.09	33.75	24.39
1992	-12.6C	-6.00	-5.47	0.31	-5.71	6.58	16.52	1.92	-0.34	-3.31	4.65	-4.54	-10.50
1993	-4.21	6.10	4.57	9.24	4.88	-1.22	6.60	-5.28	1.16	-6.59	3.71	12.83	34.29
1994	-1.45	-4.16	2.87	-8.39	15.01	1.47	0.98	-7.38	5.05	5.43	14.24	1.06	24.22
1995	-7.91	1.24	6.63	4.73	8.22	0.11	-8.75	-5.34	-1.84	-6.67	-0.19	19.11	6.12
1996	-6.85	-13.78	9.66	14.27	-9.41	1.52	-6.30	-3.34	6.03	16.84	2.45	-6.41	-0.42
1997	5.28	9.15	-1.50	-5.16	-1.32	0.38	4.11	-8.08	4.95	-5.37	2.10	7.46	10.88
1998	-0.90	4.09	-4.45	-4.45	2.61	-2.34	-0.83	23.24	-3.33	-11.39	0.94	4.67	4.39
1999	-11.56	13.35	-9.43	7.52	-6.09	-0.68	-0.83	3.12	0.99	-9.57	13.64	8.41	4.76
2000	8.02	-9.05	-4.16	5.48	-2.58	-2.19	-5.26	11.76	-4.53	9.51	8.58	-0.18	13.54
2001	2.28	2.99	15.17	-10.20	5.13	4.47	-2.85	4.89	9.28	4.13	-13.68	-0.50	19.16
2002	-1.73	1.33	-6.62	4.99	1.51	7.75	-3.97	9.86	3.29	-10.19	-1.80	18.41	21.51
2003	24.18	13.18	-4.73	2.02	5.59	-7.06	-4.86	-3.54	7.02	22.09	-0.03	8.69	74.66
2004	0.47	8.38	0.88	-6.22	2.53	1.37	6.74	-12.25	7.84	4.32	2.79	-0.51	15.38
2005	-5.48	-8.95	-1.00	-10.04	1.93	6.66	-12.16	15.74	-5.79	-5.98	14.15	3.96	-10.95
2006	2.56	-1.53	5.71	2.75	-1.70	-2.32	5.26	2.72	-1.51	4.08	2.23	1.36	8.88

출처: 미국 상품선물거래위원회 제출 자료

표 3.3 | 윌리엄 에크하르트와 다른 터틀들의 운용성과(1988~2006)

연도	에크하르트 트레이딩 컴퍼니 스탠다드 프로그램 (윌리엄 에크하르트)	EMC 캐피탈 매니지먼트 클래식 프로그램 (리즈 체블)	촉스별 캐피탈 매니지먼트 글로벌 분산 프로그램 (톰 생크스)	JPD 엔터프라이즈 글로벌 분산 프로그램 (짐 디마리아)	리바 마켓 리서치 분산 프로그램 (폴 라바)	색슨 인베스트먼트 코퍼레이션 분산 프로그램 (하워드 세이들러)
2006	1.93%	21.33%	1.66%	5.38%	9.40%	11.66%
2005	8.56%	9.48%	1.24%	-7.09%	-5.78%	-6.25%
2004	4.49%	-13.02%	-8.84%	3.74%	-2.81%	2.59%
2003	15.01%	34.72%	27.59%	9.97%	23.93%	45.75%
2002	11.07%	-2.58%	36.37%	19.89%	24.57%	19.98%
2001	5.34%	14.50%	22.76%	0.13%	0.77%	9.34%
2000	17.94%	17.77%	24.76%	3.99%	1.79%	22.45%
1999	-4.54%	-11.05%	-24.55%	-5.50%	-9.27%	14.84%
1998	27.10%	3.76%	43.72%	10.25%	24.29%	20.60%
1997	46.01%	14.14%	73.51%	9.87%	11.39%	7.09%
1996	47.94%	-2.16%	-27.10%	13.87%	0.66%	21.62%
1995	47.33%	21.86%	-7.86%	19.95%	12.57%	-24.78%
1994	-11.69%	-18.25%	11.48%	21.76%	33.91%	63.27%
1993	57.95%	65.29%	114.26%	23.46%	49.55%	52.56%
1992	-7.26%	-32.50%	17.24%	-18.13%	-4.45%	9.31%
1991		3.21%	-29.92%	9.41%	-5.68%	-19.54%
1990		188.07%	252.61%	50.36%	122.51%	19.46%
1989		-4.15%	56.45%	-6.59%	10.00%	29.51%
1988		124.77%	12.05%	31.27%	90.34%	19.18%

출처: 미국 상품선물거래위원회 제출 자료

수련 기간 중 터틀들의 운용성과

아래 운용성과는 지금까지 공개된 적이 없다. 다음 데이터는 터틀들이 리처드 데니스를 위해 운용하던 기간에 기록한 실제 운용성과와 월별 운용금액이다.

표 4.1 | 터틀 수련 당시 마이크 카의 운용성과   (1984. 1~1988. 4)

날짜	VAMI	수익률	운용 규모(백만)
1984.1	986	−1.40%	
1984.2	1032	4.70%	
1984.3	1107	7.20%	$1.0M
1984.4	869	−21.50%	
1984.5	971	11.80%	
1984.6	679	−30.10%	$0.7M
1984.7	1031	51.90%	
1984.8	861	−16.50%	
1984.9	892	3.60%	$1.6M
1984.10	966	8.30%	
1984.11	1000	3.50%	
1984.12	1241	24.10%	$2.3M
1984 최종		24.09%	
1985.1	1247	−0.50%	
1985.2	1301	4.30%	

VAMI (Value Added Monthly Index): 투자원금 1,000달러가 매월 어떻게 달라지는지 나타내는 지수

출처: 바클레이즈 성과보고서(www.barclaysgrp.com)

1985.3	1210	−7.00%	$3.3M
1985.4	892	−26.30%	
1985.5	1030	15.50%	
1985.6	765	−25.70%	$1.6M
1985.7	1251	63.50%	
1985.8	1132	−9.50%	
1985.9	1087	−4.00%	$2.4M
1985.10	1266	16.50%	
1985.11	1637	29.30%	
1985.12	1809	10.50%	$2.8M
1985 최종		**45.78%**	
1986.1	1968	8.80%	
1986.2	3675	86.70%	
1986.3	3917	6.60%	$6.0M
1986.4	3659	−6.60%	
1986.5	3081	−15.80%	
1986.6	3087	0.20%	$5.1M
1986.7	3432	11.20%	
1986.8	3786	10.30%	
1986.9	3487	−7.90%	$5.6M
1986.10	3480	−0.20%	
1986.11	3296	−5.30%	
1986.12	3220	−2.30%	$3.5M
1986 최종		**77.98%**	
1987.1	3513	9.10%	
1987.2	3228	−8.10%	
1987.3	3422	6.00%	$3.3M
1987.4	6043	76.60%	
1987.5	6520	7.90%	
1987.6	5855	−10.20%	$5.4M
1987.7	6148	5.00%	
1987.8	5669	−7.80%	
1987.9	5839	3.00%	$4.7M
1987.10	4799	−17.80%	
1987.11	4799	0.00%	
1987.12	4799	0.00%	$1.3M
1987 최종		**49.06%**	

1988.1	5207	8.50%	
1988.2	5145	−1.20%	
1988.3	4471	−13.10%	$0.1M
1988.4	3849	−13.90%	

표 4.2 | 터틀 수련 당시 마이클 카발로의 운용성과   (1984. 1~1988. 4)

날짜	VAMI	수익률	운용 규모(백만)
1984.1	969	−3.10%	
1984.2	1070	10.42%	
1984.3	1097	2.52%	$1.1M
1984.4	829	−24.43%	
1984.5	760	−8.32%	
1984.6	324	−57.36%	$2.0M
1984.7	605	86.72%	
1984.8	575	−4.95%	
1984.9	608	5.73%	$3.9M
1984.10	791	30.09%	
1984.11	874	10.49%	
1984.12	1145	31.00%	$3.5M
1984 최종		−14.50%	
1985.1	1425	−24.45%	
1985.2	1247	−12.49%	
1985.3	1942	55.73%	$9.0M
1985.4	1643	−15.39%	
1985.5	1717	4.50%	
1985.6	1760	2.50%	$8.6M
1985.7	2706	53.75%	
1985.8	2148	−20.62%	
1985.9	1413	−34.21%	$7.8M
1985.10	1341	−5.09%	
1985.11	1871	39.52%	
1985.12	2298	22.82%	$8.5M
1985 최종		100.72%	
1986.1	3172	38.03%	
1986.2	4726	48.99%	

날짜	VAMI	수익률	운용 규모(백만)
1986.3	3299	−30.19%	$8.0M
1986.4	2439	−26.09%	
1986.5	2390	−2.00%	
1986.6	1495	−37.46%	$4.8M
1986.7	2719	81.92%	
1986.8	3595	32.22%	
1986.9	4092	13.82%	$8.1M
1986.10	3792	−7.33%	
1986.11	2891	−23.76%	
1986.12	3071	6.22%	$8.7M
1986 최종		**33.62%**	
1987.1	3458	12.60%	
1987.2	2941	−14.95%	
1987.3	2603	−11.49%	$6.9M
1987.4	5181	99.03%	
1987.5	6995	35.02%	
1987.6	6995	0.01%	$14.3M
1987.7	8162	16.67%	
1987.8	7447	−8.76%	
1987.9	7961	6.91%	$12.3M
1987.10	6668	−16.24%	
1987.11	7023	5.32%	
1987.12	6487	−7.63%	$3.6M
1987 최종		**111.25%**	
1988.1	6597	1.70%	
1988.2	6769	2.60%	
1988.3	6315	−6.70%	$0.4M
1988.4	6006	−4.90%	

표 4.3 | 터틀 수련 당시 리즈 체블의 운용성과 (1984. 1~1988. 4)

날짜	VAMI	수익률	운용 규모(백만)
1984.1	1004	0.40%	
1984.2	984	−1.99%	
1984.3	1019	3.55%	$1.0M
1984.4	878	−13.83%	

1984.5	800	−8.88%	
1984.6	683	−14.62%	$1.1M
1984.7	1302	90.62%	
1984.8	979	−24.80%	
1984.9	740	−24.41%	$1.2M
1984.10	656	−11.35%	
1984.11	579	−11.73%	
1984.12	790	36.44%	$1.0M
1984 최종		−20.98%	
1985.1	1001	26.70%	
1985.2	1232	23.07%	
1985.3	982	−20.29%	$1.0M
1985.4	709	−27.80%	
1985.5	1223	72.49%	
1985.6	948	−22.48%	$1.0M
1985.7	1225	29.21%	
1985.8	995	−18.77%	
1985.9	727	−26.93%	$1.1M
1985.10	679	−6.60%	
1985.11	998	46.98%	
1985.12	1198	20.04%	$1.3M
1985 최종		51.65%	
1986.1	1600	33.55%	
1986.2	2948	84.18%	
1986.3	3635	23.31%	$3.8M
1986.4	3279	−9.79%	
1986.5	3108	−5.21%	
1986.6	2652	−14.67%	$2.8M
1986.7	2826	6.56%	
1986.8	3030	7.22%	
1986.9	3021	−0.29%	$3.2M
1986.10	2812	−6.92%	
1986.11	2812	0.00%	
1986.12	2812	0.00%	$2.9M
1986 최종		134.68%	
1987.1	3584	27.42%	
1987.2	3251	−9.29%	

날짜	VAMI	수익률	운용 규모(백만)
1987.3	3757	15.57%	$3.2M
1987.4	7826	108.33%	
1987.5	7748	−1.00%	
1987.6	7461	−3.70%	$6.4M
1987.7	8201	9.91%	
1987.8	7127	−13.10%	
1987.9	7603	6.69%	$5.9M
1987.10	7140	−6.09%	
1987.11	7254	1.59%	
1987.12	7819	7.79%	$1.8M
1987 최종		178.02%	
1988.1	8077	3.30%	
1988.2	8836	9.40%	
1988.3	8325	−5.79%	$0.2M
1988.4	6801	−18.30%	

표 4.4 | 터틀 수련 당시 짐 디마리아의 운용성과   (1985. 1~1988. 4)

날짜	VAMI	수익률	운용 규모(백만)
1985.1	979	−2.10%	
1985.2	1229	25.50%	
1985.3	1093	−11.00%	$0.2M
1985.4	791	−27.70%	
1985.5	1034	30.80%	
1985.6	809	−21.80%	$0.2M
1985.7	1348	66.70%	
1985.8	1300	−3.60%	
1985.9	1194	−8.10%	$0.3M
1985.10	1394	16.70%	
1985.11	1720	23.40%	
1985.12	1711	−0.50%	$1.2M
1985 최종		71.12%	
1986.1	2129	24.40%	
1986.2	4451	109.10%	
1986.3	4919	10.50%	$3.4M
1986.4	4491	−8.70%	
1986.5	4060	−9.60%	

1986.6	3853	−5.10%	$2.7M
1986.7	4307	11.80%	
1986.8	4837	12.30%	
1986.9	4556	−5.80%	$3.2M
1986.10	4283	−6.00%	
1986.11	4005	−6.50%	
1986.12	3965	−1.00%	$1.9M
1986 최종		131.68%	
1987.1	4524	14.10%	
1987.2	3669	−18.90%	
1987.3	4113	12.10%	$1.5M
1987.4	8677	111.00%	
1987.5	8782	1.20%	
1987.6	8536	−2.80%	$3.1M
1987.7	9125	6.90%	
1987.8	8057	−11.70%	
1987.9	8597	6.70%	$2.8M
1987.10	7832	−8.90%	
1987.11	7746	−1.10%	
1987.12	7800	0.70%	$1.4M
1987 최종		96.74%	
1988.1	7769	−0.40%	
1988.2	8173	5.20%	
1988.3	7045	−13.80%	$0.1M
1988.4	6192	−12.10%	

표 4.5 | 터틀 수련 당시 제프 고든의 운용성과 (1984. 1~1988. 4)

날짜	VAMI	수익률	운용 규모(백만)
1984.1	996	−0.40%	
1984.2	1028	3.21%	
1984.3	1021	−0.68%	$0.2M
1984.4	972	−4.79%	
1984.5	920	−5.34%	
1984.6	847	−7.93%	$0.2M
1984.7	1118	31.99%	

1984.8	763	−31.75%	
1984.9	830	8.78%	$0.3M
1984.10	783	−5.66%	
1984.11	764	−2.42%	
1984.12	1317	72.38%	$1.2M
1984 최종		**31.74%**	
1985.1	1405	6.63%	
1985.2	1561	11.14%	
1985.3	1522	−2.54%	$2.0M
1985.4	1399	−8.07%	
1985.5	1654	18.28%	
1985.6	1465	−11.48%	$1.9M
1985.7	1867	27.45%	
1985.8	1834	−1.76%	
1985.9	1839	0.29%	$1.8M
1985.10	2032	10.50%	
1985.11	2357	16.00%	
1985.12	2398	1.74%	$1.0M
1985 최종		**82.05%**	
1986.1	2814	17.33%	
1986.2	3958	40.65%	
1986.3	3917	−1.04%	$0.9M
1986.4	3834	−2.12%	
1986.5	3821	−0.34%	
1986.6	3775	−1.18%	$0.9M
1986.7	3758	−0.46%	
1986.8	3815	1.52%	
1986.9	3610	−5.37%	$0.7M
1986.10	3601	−0.27%	
1986.11	3601	0.00%	
1986.12	3618	0.48%	$0.8M
1986 최종		**50.85%**	
1987.1	3907	8.00%	
1987.2	3911	0.09%	
1987.3	3918	0.18%	$0.4M
1987.4	3961	1.10%	
1987.5	3813	−3.74%	

1987.6	3740	−1.91%	$0.6M
1987.7	3960	5.89%	
1987.8	3960	0.00%	
1987.9	3887	−1.86%	$0.4M
1987.10	3986	2.56%	
1987.11	4000	0.36%	
1987.12	4034	0.83%	$0.3M
1987 최종		11.49%	
1988.1	4061	0.67%	
1988.2	4140	1.94%	
1988.3	4181	1.01%	$0.4M
1988.4	4173	−0.21%	

표 4.6 | 터틀 수련 당시 필립 루의 운용성과 (1985. 1~1988. 4)

날짜	VAMI	수익률	운용 규모(백만)
1985.1	951	−4.90%	
1985.2	1272	33.75%	
1985.3	1276	0.31%	$0.8M
1985.4	1088	−14.73%	
1985.5	1462	34.37%	
1985.6	1244	−14.91%	$0.6M
1985.7	1811	45.57%	
1985.8	1840	1.60%	
1985.9	1546	−15.97%	$1.6M
1985.10	1881	21.66%	
1985.11	2045	8.71%	
1985.12	2322	13.59%	$2.0M
1985 최종		132.25%	
1986.1	2645	13.90%	
1986.2	5212	97.01%	
1986.3	5764	10.60%	$5.0M
1986.4	5003	−2.79%	
1986.5	5340	−4.69%	
1986.6	5234	−2.00%	$4.5M
1986.7	5364	2.50%	
1986.8	5831	8.70%	

1986.9	5324	−8.69%	$4.6M
1986.10	5304	−0.39%	
1986.11	5267	−0.69%	
1986.12	5314	0.89%	$2.0M
1986 최종		**128.80%**	
1987.1	5653	6.39%	
1987.2	5371	−5.00%	
1987.3	6122	13.99%	$1.9M
1987.4	9802	60.10%	
1987.5	9802	0.00%	
1987.6	9567	−2.39%	$2.9M
1987.7	10017	4.70%	
1987.8	9377	−6.39%	
1987.9	9649	2.90%	$2.5M
1987.10	8579	−11.09%	
1987.11	8579	0.00%	
1987.12	9437	10.00%	$1.2M
1987 최종		**77.58%**	
1988.1	9842	4.30%	
1988.2	10156	3.19%	
1988.3	10156	0.00%	$1.3M
1988.4	10156	0.00%	

표 4.7 | 터틀 수련 당시 짐 멜닉의 운용성과　(1984. 1~1988. 1)

날짜	VAMI	수익률	운용 규모(백만)
1984.1	721	−27.90%	
1984.2	916	27.04%	
1984.3	591	−35.48%	$1.0M
1984.4	527	−10.82%	
1984.5	967	83.49%	
1984.6	768	−20.57%	$1.0M
1984.7	1680	118.75%	
1984.8	1183	−29.58%	
1984.9	1398	18.17%	$1.0M
1984.10	1356	−3.00%	

1984.11	1370	1.03%	
1984.12	2023	47.66%	$1.0M
1984 최종		**102.33%**	
1985.1	2124	4.99%	
1985.2	2606	22.69%	
1985.3	2030	−22.10%	$1.0M
1985.4	1602	−21.08%	
1985.5	2115	32.02%	
1985.6	1330	−37.11%	$1.0M
1985.7	1938	45.71%	
1985.8	1596	−17.69%	
1985.9	1535	−3.82%	$1.0M
1985.10	2032	32.39%	
1985.11	2769	36.28%	
1985.12	2877	3.90%	$1.0M
1985 최종		**42.18%**	
1986.1	4117	43.11%	
1986.2	7205	75.00%	
1986.3	7888	9.49%	$1.0M
1986.4	7943	0.69%	
1986.5	7609	−4.20%	
1986.6	7677	0.89%	$1.0M
1986.7	8190	6.69%	
1986.8	8035	−1.90%	
1986.9	7538	−6.19%	$1.0M
1986.10	7493	−0.59%	
1986.11	7493	0.00%	
1986.12	7493	0.00%	$1.0M
1986 최종		**160.47%**	
1987.1	8085	7.90%	
1987.2	7876	−2.59%	
1987.3	7829	−0.59%	$1.0M
1987.4	10248	30.89%	
1987.5	10074	−1.69%	
1987.6	9612	−4.59%	$1.0M
1987.7	10150	5.60%	

날짜	VAMI	수익률	운용 규모(백만)
1987.8	10039	−1.10%	
1987.9	11373	13.29%	$1.0M
1987.10	10908	−4.09%	
1987.11	10951	0.40%	
1987.12	10918	−0.30%	$1.0M
1987 최종		45.71%	
1988.1	11376	4.19%	

표 4.8 | 터틀 수련 당시 마이크 오브라이언의 운용성과   (1985. 1~1988. 4)

날짜	VAMI	수익률	운용 규모(백만)
1985.1	1008	0.80%	
1985.2	1271	26.09%	
1985.3	1091	−14.16%	$1.1M
1985.4	1006	−7.79%	
1985.5	1201	19.38%	
1985.6	1175	−2.16%	$0.9M
1985.7	1679	42.89%	
1985.8	1460	−13.04%	
1985.9	1527	4.58%	$1.6M
1985.10	1798	17.74%	
1985.11	1890	5.11%	
1985.12	1995	5.55%	$1.6M
1985 최종		99.46%	
1986.1	2247	12.63%	
1986.2	4417	96.61%	
1986.3	4632	4.86%	$3.8M
1986.4	4767	2.93%	
1986.5	4802	0.73%	
1986.6	4761	−0.85%	$3.9M
1986.7	4955	4.07%	
1986.8	5117	3.26%	
1986.9	4767	−6.83%	$3.9M
1986.10	4657	−2.30%	
1986.11	4649	−0.19%	
1986.12	4704	1.20%	$1.9M
1986 최종		135.86%	

1987.1	5046	7.26%	
1987.2	4854	−3.80%	
1987.3	5324	9.67%	$1.9M
1987.4	7162	34.54%	
1987.5	7129	−0.47%	
1987.6	7120	−0.12%	$2.5M
1987.7	7410	4.07%	
1987.8	7291	−1.60%	
1987.9	7417	1.72%	$2.9M
1987.10	6892	−7.08%	
1987.11	7366	6.89%	
1987.12	8390	13.90%	$1.4M
1987 최종		78.35%	
1988.1	7778	−7.30%	
1988.2	7265	−6.60%	
1988.3	6749	−7.10%	$0.4M
1988.4	5804	−14.00%	

표 4.9 | 터틀 수련 당시 스티그 오스트가드의 운용성과　(1984. 1~1988. 4)

날짜	VAMI	수익률	운용 규모(백만)
1984.1	990	−1.00%	
1984.2	1060	7.07%	
1984.3	980	−7.54%	$1.0M
1984.4	820	−16.32%	
1984.5	740	−9.75%	
1984.6	580	−21.62%	$0.6M
1984.7	1060	82.75%	
1984.8	750	−29.24%	
1984.9	770	2.66%	$0.8M
1984.10	740	−3.89%	
1984.11	710	−4.05%	
1984.12	1200	69.01%	$0.8M
1984 최종		20.03%	
1985.1	1310	9.16%	
1985.2	1390	6.10%	

1985.3	1570	12.94%	$1.1M
1985.4	1130	−28.02%	
1985.5	1190	5.30%	
1985.6	800	−32.77%	$0.6M
1985.7	2350	193.75%	
1985.8	2000	−14.89%	
1985.9	3340	67.00%	$0.7M
1985.10	3940	17.96%	
1985.11	4110	4.31%	
1985.12	4760	15.81%	$1.3M
1985 최종		**296.56%**	
1986.1	4250	−10.71%	
1986.2	10780	153.64%	
1986.3	10741	−0.37%	$2.9M
1986.4	10611	−1.21%	
1986.5	9342	−11.96%	
1986.6	9082	−2.78%	$2.6M
1986.7	8732	−3.85%	
1986.8	9692	10.99%	
1986.9	9991	3.09%	$2.9M
1986.10	9622	−3.70%	
1986.11	9691	0.72%	
1986.12	9911	2.27%	$1.6M
1986 최종		**108.21%**	
1987.1	10460	5.54%	
1987.2	10021	−4.20%	
1987.3	11670	16.46%	$1.6M
1987.4	19230	64.78%	
1987.5	19499	1.40%	
1987.6	16631	−14.71%	$1.8M
1987.7	18849	13.34%	
1987.8	18131	−3.81%	
1987.9	19400	7.00%	$1.9M
1987.10	16351	−15.72%	
1987.11	19660	20.24%	
1987.12	18610	−5.34%	$0.7M
1987 최종		**87.77%**	

1988.1	19040	2.31%	
1988.2	17330	−8.98%	
1988.3	16460	−5.02%	$0.5M
1988.4	14171	−13.91%	

표 4.10 | 터틀 수련 당시 제리 파커의 운용성과　　　　　(1984. 1~1988. 4)

날짜	VAMI	수익률	운용 규모(백만)
1984.1	988	−1.20%	
1984.2	900	−8.87%	
1984.3	969	7.57%	$1.0M
1984.4	804	−16.98%	
1984.5	753	−6.30%	
1984.6	619	−17.89%	$0.7M
1984.7	969	56.56%	
1984.8	699	−27.85%	
1984.9	698	−0.15%	$0.8M
1984.10	654	−6.22%	
1984.11	582	−11.01%	
1984.12	900	54.49%	$1.0M
1984 최종		−10.04%	
1985.1	922	2.51%	
1985.2	1097	18.92%	
1985.3	1000	−8.77%	$0.9M
1985.4	797	−20.38%	
1985.5	936	17.52%	
1985.6	840	−10.30%	$0.8M
1985.7	1352	61.05%	
1985.8	1368	1.18%	
1985.9	1522	11.25%	$1.4M
1985.10	1745	14.61%	
1985.11	2111	20.99%	
1985.12	2059	−2.46%	$1.6M
1985 최종		128.87%	
1986.1	2706	31.43%	
1986.2	5446	101.26%	

1986.3	5472	0.47%	$4.2M
1986.4	5265	− 3.78%	
1986.5	5054	− 4.00%	
1986.6	4921	− 2.63%	$4.2M
1986.7	4898	− 0.47%	
1986.8	5139	4.91%	
1986.9	4685	− 8.84%	$3.7M
1986.10	4668	− 0.35%	
1986.11	4652	− 0.34%	
1986.12	4627	− 0.54%	$1.6M
1986 최종		124.74%	
1987.1	5355	15.72%	
1987.2	4742	− 11.44%	
1987.3	4815	1.53%	$1.4M
1987.4	7669	59.28%	
1987.5	7529	− 1.82%	
1987.6	6988	− 7.18%	$2.0M
1987.7	7826	11.98%	
1987.8	6582	− 15.89%	
1987.9	6800	3.31%	$1.6M
1987.10	6350	− 6.62%	
1987.11	6339	− 0.17%	
1987.12	6328	− 0.17%	$1.5M
1987 최종		36.76%	
1988.1	6190	− 2.19%	
1988.2	6027	− 2.63%	
1988.3	5612	− 6.89%	$2.1M
1988.4	5011	− 10.71%	

표 4.11 | 터틀 수련 당시 브라이언 프록터의 운용성과   (1985. 1~1988. 4)

날짜	VAMI	수익률	운용 규모(백만)
1985.1	985	− 1.50%	
1985.2	1190	20.80%	
1985.3	994	− 16.50%	$0.2M
1985.4	699	− 29.60%	
1985.5	930	32.90%	

1985.6	624	− 32.90%	$0.2M
1985.7	1113	78.50%	
1985.8	1109	− 0.40%	
1985.9	1096	− 1.20%	$0.3M
1985.10	1149	4.90%	
1985.11	1431	24.50%	
1985.12	1548	8.20%	$1.2M
1985 최종		54.82%	
1986.1	1819	17.50%	
1986.2	3706	103.70%	
1986.3	3746	1.10%	$3.7M
1986.4	3821	2.00%	
1986.5	3504	− 8.30%	
1986.6	3508	0.10%	$3.6M
1986.7	3767	7.40%	
1986.8	4069	8.00%	
1986.9	3902	− 4.10%	$4.1M
1986.10	3480	− 10.80%	
1986.11	3320	− 4.60%	
1986.12	3347	0.80%	$2.1M
1986 최종		116.17%	
1987.1	3658	9.30%	
1987.2	3205	− 12.40%	
1987.3	3817	19.10%	$1.9M
1987.4	7133	86.90%	
1987.5	8410	17.90%	
1987.6	8646	2.80%	$5.0M
1987.7	9329	7.90%	
1987.8	9273	− 0.60%	
1987.9	9486	2.30%	$5.2M
1987.10	9609	1.30%	
1987.11	9609	0.00%	
1987.12	9542	− 0.70%	$1.2M
1987 최종		185.10%	
1988.1	9895	3.70%	
1988.2	9657	− 2.40%	
1988.3	9764	1.10%	$0.1M

1988.4	10291	5.40%	

표 4.12 | 터틀 수련 당시 폴 라바의 운용성과

(1985. 1~1988. 4)

날짜	VAMI	수익률	운용 규모(백만)
1985.1	993	- 0.70%	
1985.2	1100	10.80%	
1985.3	1001	- 9.00%	$0.8M
1985.4	790	- 21.10%	
1985.5	992	25.60%	
1985.6	839	- 15.40%	$0.7M
1985.7	1505	79.30%	
1985.8	1495	- 0.70%	
1985.9	1433	- 4.10%	$1.8M
1985.10	1594	11.20%	
1985.11	1849	16.00%	
1985.12	1917	3.70%	$2.0M
1985 최종		**91.72%**	
1986.1	2172	13.30%	
1986.2	4520	108.10%	
1986.3	5550	22.79%	$5.9M
1986.4	4801	- 13.50%	
1986.5	4590	- 4.39%	
1986.6	4177	- 9.00%	$4.4M
1986.7	4745	13.60%	
1986.8	5234	10.30%	
1986.9	4753	- 9.20%	$5.0M
1986.10	4273	- 10.10%	
1986.11	4200	- 1.70%	
1986.12	4330	3.10%	$2.0M
1986 최종		**125.86%**	
1987.1	4906	13.30%	
1987.2	4121	- 16.00%	
1987.3	4657	13.00%	$1.8M
1987.4	9612	106.40%	
1987.5	9055	- 5.79%	

1987.6	8566	−5.40%	$3.3M
1987.7	9516	11.09%	
1987.8	8688	−8.70%	
1987.9	9139	5.19%	$3.1M
1987.10	7220	−21.00%	
1987.11	7306	1.20%	
1987.12	7716	5.60%	$1.2M
1987 최종		78.19%	
1988.1	7792	0.99%	
1988.2	8563	9.90%	
1988.3	7818	−8.70%	$0.1M
1988.4	7037	−9.99%	

표 4.13 | 터틀 수련 당시 하워드 세이들러의 운용성과 (1984. 1~1988. 4)

날짜	VAMI	수익률	운용 규모(백만)
1984.1	973	−2.70%	
1984.2	1097	12.70%	
1984.3	1090	−0.60%	$1.1M
1984.4	989	−9.30%	
1984.5	1049	6.10%	
1984.6	881	−16.00%	$0.8M
1984.7	1322	50.00%	
1984.8	924	−30.10%	
1984.9	970	5.00%	$2.0M
1984.10	990	2.10%	
1984.11	883	−10.80%	
1984.12	1159	31.20%	$2.0M
1984 최종		15.91%	
1985.1	1214	4.70%	
1985.2	1580	30.20%	
1985.3	1401	−11.30%	$3.4M
1985.4	1266	−9.70%	
1985.5	1490	17.70%	
1985.6	1284	−13.80%	$3.0M
1985.7	1690	31.60%	

1985.8	1632	−3.40%	
1985.9	1658	1.60%	$6.1M
1985.10	1905	14.90%	
1985.11	2130	11.80%	
1985.12	2320	8.90%	$6.3M
1985 최종		**100.16%**	
1986.1	2343	1.00%	
1986.2	4368	86.40%	
1986.3	5420	24.10%	$14.4M
1986.4	4754	−12.30%	
1986.5	4459	−6.20%	
1986.6	4231	−5.10%	$12.1M
1986.7	4401	4.00%	
1986.8	4982	13.20%	
1986.9	4872	−2.20%	$13.5M
1986.10	4804	−1.40%	
1986.11	4597	−4.30%	
1986.12	4547	−1.10%	$7.0M
1986 최종		**95.98%**	
1987.1	4801	5.60%	
1987.2	4379	−8.80%	
1987.3	4668	6.60%	$5.8M
1987.4	9181	96.70%	
1987.5	8961	−2.40%	
1987.6	8719	−2.70%	$10.4M
1987.7	9565	9.70%	
1987.8	9115	−4.70%	
1987.9	9425	3.40%	$9.9M
1987.10	6475	−31.30%	
1987.11	7116	9.90%	
1987.12	8162	14.70%	$5.0M
1987 최종		**79.52%**	
1988.1	8236	0.90%	
1988.2	8219	−0.20%	
1988.3	7685	−6.50%	$3.7M
1988.4	7685	0.00%	

표 4.14 | 터틀 수련 당시 톰 생크스의 운용성과 (1985. 1~1988. 4)

날짜	VAMI	수익률	운용 규모(백만)
1985.1	941	−5.90%	
1985.2	1155	22.70%	
1985.3	935	−19.00%	$0.8M
1985.4	683	−27.00%	
1985.5	765	12.00%	
1985.6	561	−26.60%	$0.5M
1985.7	1065	89.70%	
1985.8	1034	−2.90%	
1985.9	850	−17.80%	$1.3M
1985.10	1031	21.30%	
1985.11	1198	16.20%	
1985.12	1181	−1.40%	$1.7M
1985 최종		18.10%	
1986.1	1629	37.90%	
1986.2	3052	87.40%	
1986.3	3125	2.40%	$4.8M
1986.4	3266	4.50%	
1986.5	3063	−6.20%	
1986.6	3109	1.50%	$4.8M
1986.7	3330	7.10%	
1986.8	3470	4.20%	
1986.9	3345	−3.60%	$5.1M
1986.10	3238	−3.20%	
1986.11	3109	−4.00%	
1986.12	3183	2.40%	$4.2M
1986 최종		169.53%	
1987.1	3813	19.80%	
1987.2	3813	0.00%	
1987.3	4771	25.10%	$5.1M
1987.4	8740	83.20%	
1987.5	9212	5.40%	
1987.6	9083	1.40%	$9.6M
1987.7	9846	8.40%	
1987.8	9284	−5.70%	

1987.9	9303	0.20%	$9.5M
1987.10	7554	−18.80%	
1987.11	7902	4.60%	
1987.12	7846	−0.70%	$2.4M
1987 최종		146.49%	
1988.1	7289	−7.10%	
1988.2	6932	−4.90%	
1988.3	5740	−17.20%	$0.2M
1988.4	4976	−13.30%	

"저를 오만하고 건방지다고 해도 좋고 울보라거나
불평만 늘어놓는 사람이라 해도 상관없습니다. 하지만 적어도 더 이상
저를 패배자라고는 부르지 않습니다. 사람들이 당신을 정말 좋아한다면
아마도 당신을 이길 수 있기 때문일 것입니다."

• 스티브 스퍼리어Steve Spurrier, 사우스캐롤라이나대학 미식축구팀 감독 •

겉으로 드러난 대로만 보지 않는 것이 내 스타일이다. 사실 나는 어릴 적부터 어떤 것을 대할 때 기존 통념에 의문을 제기하곤 했다. 더불어 장막을 치고 숨기려는 사람들에게 늘 도전하며 살아왔다. 세상 좁다는 말마따나 전혀 뜻밖의 인물이 내게 이런 질문을 던졌다. "어떻게 그런 자세한 내막을 캐냅니까?" 이 사람은 바로 미하일 고르바초프Mikhail Gorbachev였다. (이 일은 매니지드 퓨처스 회사인 슈퍼펀드Superfund를 운영하는 크리스천 바하Christian Baha가 후원한 리셉션에서 일어났다.)

러시아 대통령이었던 그는 내가 큰돈을 굴리는 사람들에 대한 글을 쓴다는 말을 전해 듣고 나를 마주했을 때 러시아어로 이런 질문을 던졌다. "그런 사람들에 대해 글을 쓰면 어떤 기분이 드세요?" 그와

애기할 시간이 제한되어있어서 짧게 답했다. "아주 재미있습니다." 그가 통역을 기다렸다. "숨은 애기를 캐는 일은 쉽지 않을 텐데 어떤 방법으로 찾아내나요?" 나는 미소 지으며 대답했다. "아 네, 저는 뭔가를 찾아내는 일은 원래 능숙합니다." 그가 웃었다. 더 이상 통역이 필요 없었다. 내 영어를 완벽히 알아들었기 때문이다.

터틀 세계로 들어가는 일은 내 당초 계획에는 없었다. 하지만 이는 특별한 여정이었다. 1994년 봄에 이르러 '때가 되었으니 실행에 옮겨야지.'라는 생각이 들었다. 그즈음 나는 플로리다주립대학에서 MBA 과정을 마치고 런던에서 국제관계를 공부하며 마지막 학기를 보내고 있었다.

소위 높은 학위를 취득하고 미국으로 돌아온 나는 큰돈을 벌려는 강한 열망에 월가를 찾아가고자 했다. 불행히도 내 고향인 버지니아는 조언자를 찾거나 큰돈을 벌 기회를 살피기에는 적절하지 않았다. 내 친구들은 대부분 정부 관련 기관에서 일하고 있어서 증권투자와는 어울리지 않았다.

그래서 월가에서 일하는 플로리다주립대학 동문 명부를 뒤지던 중 최근 은퇴한 제임스 매시James Massey를 찾아냈다. 살로먼 브라더스에 있는 동안 수백만 달러를 번 그는 마이클 루이스Michael Lewis의 고전인《라이어스 포커Liar's Poker》에 인상적으로 묘사되기도 했다.

"짐 매시는 당시 CEO였던 존 거트프런드John Gutfreund 밑에서 온갖 궂은일을 담당했다. 그가 버릇없는 신참 교육생들을 끝이 면도날처럼 날카로운 중절모로 참수하는 모습을 상상하기는 그리 어렵지 않다. 그는 흔히 말하는 표정 문제가 있었다. 즉 전혀 웃지 않았다. …… 교육생들은 그를 무서워했다. 일부러 그런 것 같기도 했다."[1]

점심을 같이 하면서도 짐 매시는 한동안 한마디도 하지 않았다. 하지만 30분이 지났을 무렵부터 대화가 일사천리로 진행됐다. 죽이 되든 밥이 되든 어쨌든 진행을 해야 했기 때문에 내가 재빨리 물었다. "제가 드린 말씀 중에 혹시 엉뚱한 내용이라도 있습니까?"

드디어 그가 관심을 보였다. "그렇습니다. 최고가 되고 싶다고도 말했고 최고가 되기 싫다고도 얘기했습니다. 그저 성공하기를 바라고 있군요." 짐 매시는 다른 훌륭한 코치와 마찬가지로 성공하는 사람은 어느 누구보다도 더 열심히 해야 한다는 사실을 상기시켜주었던 것이다.

운이 좋았는지 나빴는지, 살로먼 브라더스에는 채용되지 못했지만 짐 매시와 만난 직후 내 책상을 내려다보는 순간 '터틀'이라는 단어가 처음으로 눈에 들어왔다. 그 뒤 얼마 지나지 않아, 유튜브, 구글, 그리고 수백만의 블로그가 생기기 훨씬 전인 1996년 추세추종 전략과 터틀 트레이딩 기법을 가르치는 논란 많은 웹사이트를 시작하게 되었다. 그 뒤 이것은 세상에서 가장 인기 있는 금융 사이트가 되었고 결국 이 책을 쓰는 출발점이 되었다.

나는 늘 사람들로 하여금 다시 한 번 생각하게 하는 일을 목표 중의 하나로 삼아왔다. 이 때문에 님의 표석이 되기도 했지만 야구에서 포수 역할을 맡았기 때문에 많이 익숙하다. 전혀 생각지 않은 다른 면을 제시하기 때문에 종종 강한 반발을 사기도 한다. 지난 10년간 숨은 이야기를 캐내 글로 옮기는 일을 하다 보니 나를 정당하게 또는 부당하게 비판하는 사람들이 꽤 있다. 사람들은 나 같은 메신저를 향해 쏘기를 좋아한다.

어쨌든 지금까지 걸어온 길은 내가 대학을 갓 졸업했을 때 계획했던 방향이 아니었다. 하지만 지구상에서 가장 뛰어난 트레이더들을 만나고 이들의 통찰력을 전달하는 작업은 내가 유일하게 열정을 가지고 하는 일이다.

더욱 자세한 정보는 www.turtletrader.com, www.michaelcovel.com을 참조하기 바란다.

주
석

머리말

1. David Greising, "Adlai Bankroller Dennis Eschews 'Millionaire' Tag," *Chicago Sun-Times,* August 3, 1986, A3.

2. Andy Serwer, "The Greatest Money Manager of Our Time," *Fortune,* November 15, 2006 (4:07 p.m. EST).

3. Jeffrey Kluger, "Why We Worry About the Things We Shouldn't and Ignore the Things We Should," *Time,* November 26, 2006.

4. Adam Levy, "Brain Scans Show Link Between Lust for Sex and Money," February 1, 2006. www.bloomberg.com.

1장

1. Jack D. Schwager, *Market Wizards: Interviews with Top Traders* (New York: HarperCollins, 1993).

2. Jack D. Schwager, *The New Market Wizards: Conversations with America's Top Traders* (New York: HarperBusiness, 1992).

3. Stephen Jay Gould, *The Mismeasure of Man* (New York: W. Norton & Company, 1996).

4. 주3 참고

5. Marc E. Pratarelli and Krystal D. Mize, *Biological Determinism/Fatalism: Are They Extreme Cases of Inference in Evolutionary Psychology,* 2002.

6. Jeffrey Pfeffer, "Only the Bulldogs Survive," *Business 2.0,* September 2006, p. 62.

7. Thomas Petzinger, Jr., "Speculator Richard Dennis Moves Markets and Makes Millions in Commodity Trades," *Wall Street Journal,* November 8, 1983.

8. Jenny Anderson, "Hedge Funds Are Back (Were They Ever Gone?)," *New York Times,* August 4, 2006.

9. Andrew Barber and Rich Blake, *Trader Magazine,* August/September 2006, p.76.

2장

1. Making Oodles of Boodle, *Time,* June 22, 1987, p. 49.

2. Julia M. Flynn, "Market Turmoil; Trader's Survival Lessons," *New York Times,* October 28, 1987.

3. Manager Profiles, Dennis Trading Group, Inc., BMFR, 4th Quarter (1998). www. barclaygrp.com.

4. Flynn, "Market Turmoil."

5. David Greising, "Richard Dennis: The Man Behind All That Money," *Chicago Sun-Times,* February 1, 1987, p. A1.

6. www.philosophypages.com.

7. Kevin Koy, *The Big Hitters* (Chicago: Intermarket Publishing Corp., 1986)

8. Richard J. Dennis, Cato's Letter #6, "Toward a Moral Drug Policy," The Cato Institute, 1991.

9. Douglas Bauer, "Prince of the Pit," *New York Times,* April 25, 1976.

10. Geoffrey Keating, "How Richard Dennis Became a Commodity Trader and Made $102,000 One Year While Remaining Skeptical of Fat Cats," *Chicago Tribune,* November 4, 1973, p. H24.

11. Bauer, "Prince of the Pit."

12. Keating, "How Richard Dennis Became a Commodity Trader."

13. Bauer, "Prince of the Pit."

14. 주13 참고

15. Dennis, Cato's Letter #6.

16. 주15 참고

17. Holcomb B. Noble and David C. Anderson, Endpaper, *New York Times,* December 26, 1976.

18. Art Collins audiotape interview with Richard Dennis, 2005.

19. Bauer, "Prince of the Pit."

20. 주19 참고

21. Thomas Petzinger, Jr., "Speculator Richard Dennis Moves Markets and Makes Millions in Commodity Trades," *Wall Street Journal,* November 8, 1983.

22. 주21 참고

23. David Greising, "Adlai Bankroller Dennis Eschews 'Millionaire' Tag," *Chicago Sun-Times,* August 3, 1986, p. A3.

24. 주23 참고

25. Donald R. Katz, "Richard Dennis: The Once and Futures King," *Esquire,* December 1986.

26. Jonathan R. Laing, "$200 Million Swinger: Meet Richard Dennis, Commodities Speculator," *Barron's National Business and Financial Weekly,* vol. 66, no. 7 (February

17, 1986), 8.

27. Laurie Cohen, "Farmers Fume Over Prices," *Chicago Tribune,* January 15, 1984.

28. 주27 참고

29. Michael Ervin, "Trader Richard Dennis Gets Back Into the Game . . . Again," *Central Penn Business Journal,* vol. 7, no. 2, sec. 1 (September 1992), 12.

30. 주29 참고

31. Peter Newcomb, "Would You Play Poker With This Man? Do You Think You'd Win?" *Forbes* (October 27, 1986), p. 324.

32. Kevin Koy, *The Big Hitters* (Chicago: Intermarket Publishing Corp., 1986).

33. Laurie Cohen, "A Rare Trip: Trading Pit to Think Tank," *Chicago Tribune,* July 31, 1983.

34. Dennis, Cato's Letter #6.

35. Laing, "$200 Million Swinger."

36. 주35 참고

37. Collins Audiotape interview with Richard Dennis.

38. Ginger Szala, "Once a Trader . . . Profile of Richard J. Dennis, Futures Funds Trader," *Futures,* August 1991, p. 46.

3장

1. *Trading Places,* directed by John Landis and written by Timothy Harris and Herschel Weingrod. Don Ameche, Dan Aykroyd, Ralph Bellamy and Eddie Murphy, performers. Distributed by Paramount, 1983.

2. Collins audiotape interview with Richard Dennis.

3. Koy, *The Big Hitters.*

4. Keith Button, "A Turtle's Take." *Managed Account Reports,* February 2004, p. 8.

5. "The Billion Dollar Club," *Financial Trader Magazine,* vol. 1, no. 7 (September/October 1994).

6. Stanley W. Angrist, "Winning Commodity Traders May Be Made, Not Born," *Wall Street Journal,* September 5, 1989.

7. Greg Burns, "Financial on the Move: Former 'Turtle' Turns Caution into an Asset," *Chicago Sun-Times,* 1989.

8. Koy, *The Big Hitters.*

9. "The Life Blood of Chicago," *Managed Account Reports,* September 2004, pp. 11–12.

10. 주9 참고

11. Button, "A Turtle's Take."

12. Schwager, *The New Market Wizards.*

13. 주12 참고

14. 주12 참고

15. Laing, "$200 Million Swinger."

16. 주15 참고

17. Katz, "Richard Dennis: The Once and Futures King."

18. Adam Hamilton, "Surviving Speculation," December 31, 2004. www.ZealLLC.com.

19. "Turtles Outperform Industry in a Challenging Year," The Barclay Group (1995), 1st quarter.

20. 주19 참고

21. Button, "A Turtle's Take."

4장

1. http://en.wikipedia.org/wiki/Scientific_method.

2. 주1 참고

3. Collins audiotape interview with Richard Dennis.

4. Van Tharp. www.iitm.com.

5. Collins audio tape interview with Richard Dennis.

6. 주5 참고

7. Barbara Saslaw Dixon, "Confessions of a Trend Follower," *Commodities Magazine,* December 1974, pp. 19–21.

8. 주7 참고

9. Darrell Jobman, "Richard Donchian: Pioneer of Trend-Trading," *Commodities Magazine,* September 1980, pp. 40–42.

10. Koy, *The Big Hitters.*

11. Katz, "Richard Dennis: The Once and Futures King."

12. Laing, "$200 Million Swinger."

13. "The Whiz Kid of Futures Trading," *Business Week,* 1982, p. 102.

14. Susan Abbott, "Richard Dennis: Turning a Summer Job into a Legend," *Futures Magazine,* September 1983.

15. Collins audiotape interview with Richard Dennis.

16. Abbott, "Richard Dennis."

17. "William Eckhardt: Top Systems Traders," Futures Industry Association. Speech on

audiotape, 1992.

18. 주17 참고

19. Abbott, "Richard Dennis."

20. "William Eckhardt: Top Systems Traders."

21. 주20 참고

22. 주20 참고.

23. 주20 참고

24. 주20 참고

25. 주20 참고

26. Keating, "How Richard Dennis Became a Commodity Trader."

27. "William Eckhardt: Top Systems Traders."

28. "The Whiz Kid of Futures Trading."

29. Abbott, "Richard Dennis."

30. Kevin, *The Big Hitters.*

31. Laing, "$200 Million Swinger."

32. "William Eckhardt: Top Systems Traders."

33. Koy, *The Big Hitters.*

34. Abbott, "Richard Dennis."

35. "William Eckhardt: Top Systems Traders."

36. 주35 참고

37. Bradley Rotter interview.

5장

1. http://en.wikipedia.org/wiki/Type_I_and_type_II_errors.

2. TASS, "Twenty Traders Talk," William Eckhardt. June 29, 1996.

3. http://en.wikipedia.org/wiki/Occam's_Razor.

4. Collins audiotape interview.

5. TASS, "Twenty Traders Talk."

6. 주5 참고

7. Trading Systems Review, FIA Futures and Options Expo Audio, November 8, 2002.

8. Stanley W. Angrist, "Traders in the Slippery Oil Market Bet That Slide Won't Last,"
    Wall Street Journal, October 25, 1990.

9. 주8 참고

10. Trading Systems Review, FIA Futures and Options Expo Audio.

11. TASS, "Twenty Traders Talk."

12. Ben Warwick, "Turtle Wisdom." Managed Account Reports, Inc., 2001.

13. "William Eckhardt: Top Systems Traders."

14. David Cheval and Patricia N. Gillman. How to Become a CTA: *Based on CME Seminars,* 1992–1994, edited by Susan Abbott Gidel (Chicago Mercantile Exchange, 1994).

15. FIA Futures and Options Expo Audio.

16. 주15 참고

17. McRae, "Top Traders." *Managed Derivatives,* May 1996.

18. 주17 참고

19. 주17 참고

20. 주17 참고

21. Cheval and Gillman, *How to Become a CTA.*

22. McRae, "Top Traders."

23. Boris Schlossberg, "Trading House," *Stocks, Futures & Options Magazine,* vol. 5, no. 2 (February 2006).

24. 주23 참고

6장

1. RAM Management Group, Ltd., *Barclays Managed Futures Report,* 2nd Quarter (1998).

2. Ervin, "Trader Richard Dennis Gets Back Into the Game . . . Again."

3. Ginger Szala, "Even Without Dennis, 'Turtles' Still Keeping Apace in Trading Race: Traders Following Methods of Retired Trader Richard J. Dennis," *Futures,* vol. 18, no. 5 (May 1989), 72.

4. Greg Burns, "Rich Dennis: A Gunslinger No More," *Business Week,* April 7, 1997.

5. Brett N. Steenbarger, "Trading the Ranger Way: Training the Elite Trader." www.BrettSteenbarger.com.

6. Brace E. Barber, *Ranger School: No Excuse Leadership* (Brace E. Barber, 2000).

7. Button, "A Turtle's Take."

7장

1. *Trading Places.*

2. Stanley W. Angrist, "Winning Commodity Traders May Be Made, Not Born," *Wall*

Street Journal, September 5, 1989.

3. www.turtletradingsoftware.com, April 16, 2003.
4. 주3 참고
5. 주3 참고
6. www.turtletradingsoftware.com, July 25, 2003.
7. www.turtletradingsoftware.com, November 14, 2005.
8. www.turtletradingsoftware.com, February 08, 2006.
9. Richard Dennis memo, April 23, 1986.
10. Collins audiotape interview with Richard Dennis.

8장

1. Burns, "Financial on the Move."
2. "Dennis Trading Group, Inc: At a Glance," The Barclay Group, 4th Quarter (1998).
3. Julia Flynn Siler, "A Commodity Trader Fares Poorly in Funds," *New York Times,* April 26, 1988.
4. Scott McMurray, "Personal Finance (A Special Report): No Future-Safety in Numbers?" *Wall Street Journal,* October 19, 1990.
5. Michael Abramowitz, "Dennis Faces Doubts After Drexel Debacle," *Washington Post,* September 1, 1991, p. H1.
6. "Judge Approves Dennis Pact," *New York Times,* November 11, 1990.
7. Szala, "Once a Trader."
8. www.turtletradingsoftware.com, March 14, 2005.
9. Collins audiotape interview with Richard Dennis.

9장

1. *Trading Places.*
2. McRae, "Top Traders."
3. McIntire School of Commerce, University of Virginia. *McIntire now,* Spring 2002.
4. Trading Systems Review, FIA Futures and Options Expo Audio.
5. Szala, "Even Without Dennis, 'Turtles' Still Keeping Apace."
6. Carla Cavaletti, "Turtles on the Move; Former Students of Rich Managed Money," *Futures,* vol. 27, no. 6 (June 1998), 76.
7. lacm-usvi.com.
8. Cavaletti, "Turtles on the Move."

9. Burns, "Financial on the Move."

10. Jack Reerink, "Turtle Bisque; Money Management Experts Educated Richard Dennis." *Futures,* vol. 24, no. 5 (May 1995), 60.

11. "Dealing with the Challenge of Unfavorable Markets Strategies and Methods CTAs Apply in Difficult Trading Environments," The Barclay Group, 4th quarter (1993).

12. Ginger Szala, "Trader Profile: Tom Shanks: Former 'Turtle' Winning Race the Hard Way," *Futures*, vol. 20, no. 2 (1991), 78.

13. Reerink, "Turtle Bisque."

14. Elizabeth Anne Cheval, "MFA Journal Encore: Why Choose High Volatility Trading?" *EMC Capital Management,* vol. 9, issue 1 (1994).

15. Cheval, "MFA Journal Encore."

16. "What's in Store for 1991?" The Barclay Group, 1st Quarter (1991).

17. www.jwh.com.

18. Michael W. Covel, *Trend Following: How Great Traders Make Millions in Up or Down Markets* (New York: Prentice Hall, 2004).

19. Cavaletti, "Turtles on the Move."

20. Reerink, "Turtle Bisque."

21. McRae, "Top Traders."

22. 주21 참고

10장

1. Szala, "Once a Trader."

2. Burns, "Rich Dennis: A Gunslinger No More."

3. Michael Fritz, "Richard Dennis: He's Baaaaaack-A Quiet Return for Futures Exile," *Crain's Chicago Business,* vol. 18, no. 50, sec. 1 (December 11, 1995), 1.

4. "Dennis Trading Group, Inc: At a Glance."

5. Michael Abramowitz, "Dennis Faces Doubts After Drexel Debacle," *Washington Post,* September 1, 1991, p. H1.

6. Fritz, "Richard Dennis: He's Baaaaaack."

7. Laurie Cohen, "Promotion for Seminar on Futures Trading Secrets Not Telling All," *Chicago Tribune,* August 30, 1992, Bus 1.

8. 주7 참고

9. 주7 참고

10. 주7 참고

11. 주7 참고

12. 주7 참고

13. 주7 참고

14. Collins audiotape interview with Richard Dennis.

15. "Dennis Trading Group, Inc: At a Glance."

16. 주15 참고

17. Burns, "Rich Dennis: A Gunslinger No More."

18. Daniel A. Strachman, "Trader Profile: Back from the Bottom of the Pit, *Financial Trader.*

19. Andrew Osterland, "For Commodity Funds, It Was as Good as It Gets," *Business Week,* September 14, 1998.

20. Peter Coy and Suzanne Woolley, "Failed Wizards of Wall Street," *Business Week,* September 21, 1998.

21. Diane Kruegar, "Managed Money Review: Richard Dennis Closes Shop-Again," *Futures* (November 2000).

11장

1. David Nusbaum, "Charles Faulkner: Mind Reader," *Futures,* vol. 22, no. 12 (November 1993), 98.

2. Koy, *The Big Hitter*s.

3. "Technical vs. Fundamental: How Do Traders Differ?" The Barclay Group, 3rd Quarter (1991).

4. Ginger Szala, "Trader Profile: Tom Shanks: Former 'Turtle' Winning Race the Hard Way," *Futures,* vol. 20, no. 2 (1991), 78.

5. Jerry Parker, Chairman of VCAP. April 18, 2005, www.vcap.org.

6. Malcolm Gladwell, "The Talent Myth," *The New Yorker,* July 22, 2002.

7. Carol Hymowitz, " Nation's Top Chief Executives Find Path to the Corner Office Usually Starts at State University," *Wall Street Journal,* September 18, 2006, p. B1.

8. "What Does It Take to Be an Entrepreneur?" *Under 25,* Summer 1993.

9. Greg Farell, "Does Harvard 'Brand' Matter Anymore? 1980 Grads Reflect on What They Learned," *USA Today,* June 7, 2005.

10. McIntire School of Commerce, University of Virginia. *McIntire now*, Spring 2002.

11. McIntire School of Commerce, *McIntire now.*

12. "Roundtable: The State of the Industry II," *Managed Account Reports,* Inc., no. 257

(July 2000), 8.

13. "Roundtable: The State of the Industry," *Managed Account Reports*, Inc., No. 256 (June 2000).

14. 주13 참고.

15. McIntire School of Commerce, University of Virginia, *McIntire now*. Spring 2001, 17.

16. 주15 참고.

17. Disclosure Document of Chesapeake Capital Corporation, March 29, 1999.

18. "Technical vs. Fundamental: How Do Traders Differ?" The Barclay Group, 3rd Quarter (1991).

19. FIA Futures and Options Expo Audio, Trading Systems Review, Friday, November 8, 2002.

20. 주19 참고.

21. 주19 참고.

22. 주19 참고.

23. "Roundtable: The State of the Industry II," *Managed Account Reports,* Inc.

24. Allan Sloan, "Amaranth's Wilting Is a Lesson on Hedges," *Washington Post,* September 26, 2006, p. D2.

25. Nathan Slaughter and Paul Tracy, "Profiting from Mean Reversion." www.streetauthority.com, February 21, 2006.

26. FIA Futures and Options Expo Audio.

12장

1. Button, "A Turtle's Take."

2. Collins audioTape interview with Richard Dennis.

3. 주2 참고

4. www.turtletradingsoftware.com, April 12, 2005.

5. 주3 참고

6. www.originalturtles.org, 2003.

7. Collins Audiotape Interview with Richard Dennis.

8. www.turtletradingsoftware.com, February 13, 2004.

9. 주8 참고

10. www.turtletradingsoftware.com, August 19, 2004.

11. Paul Barr, "New Futures Fund Rolls at Acceleration Capital," *Hedge-World Daily*

News. May 20, 2004.

12. 주11 참고

13. www.turtletradingsoftware.com, July 24, 2003.

14. Commodity Futures Trading Commission. www.cftc.gov/opa/enf06/opa5211-06. htm, August 8, 2006.

13장

1. Ginger Szala, "Top Traders Who Tamed the Rough and Tumble Markets of 1993," *Futures,* vol. 23, no. 3 (March 1994), 60.

2. Mark Aronson, "Trading Advisor Review: Learning from a Legend," *Managed Account Reports,* June 1997.

3. Diane Brady, "Yes, Winning Is Still The Only Thing," *Business Week,* August 21, 2006.

4. Bill Deener, "Who Is This Man? And Why Is He Trading So Many Futures Contracts Out of Canadian, Texas?" *Dallas Morning News,* September 7, 2003.

5. Simon Romero, "A Homespun Hedge Fund, Tucked Away in Texas," *New York Times,* December 24, 2003.

6. Jim Sogi, "The Killer Instinct." www.dailyspeculations.com, March 15, 2005.

14장

1. Art Collins, *Market Beaters (*South Carolina: Traders Press, Inc., 2004), pp. 190–91.

2. Michael J. Mauboussin, "Mauboussin on Strategy: Are You an Expert?" *Legg Mason Capital Management*, October 28, 2005.

3. 주2 참고

4. Atul Gawande, *The New Yorker,* January 28, 2002.

부록 I

1. Don Schultz, *United States Chess Federation President's Letter,* January 17, 1997.

2. en.wikipedia.org/wiki/William_Eckhardt_(trader).

3. en.wikipedia.org/wiki/Doomsday_argument.

4. Reerink, "Turtle Bisque."

5. Elise Coroneos, "Trading Advisor Review: Steadying the Ship," *Managed Account Reports,* Inc., January 2004, p. 15.

저자에 대해

1. Michael Lewis, *Liar's Poker* (New York: W. W. Norton & Company, October 1989).